"十四五"职业教育国家规划教材

"十三五"江苏省高等院校重点教材（2019-2-051）
高等职业教育汽车类专业创新教材

汽车市场营销

金立江　裘文才　主编

机械工业出版社

本书详细介绍了汽车营销理论与历史演变、汽车市场营销环境分析与应对策略、汽车市场调研与市场预测、汽车购买动机与购买行为分析、汽车市场细分与目标定位、产品决策及新产品营销、汽车定价策略与价格调整、汽车销售渠道管理、汽车促销组合与活动策划、国际汽车市场营销策略。

本书采用模块化结构，任务引领。在教学过程中，强调混合教学法等现代教学手段的应用，强调学生的主体作用与自适应学习。在任务实施中，强调学生应对未来岗位基本技能的培养。在教学评估上，强调平时为主、任务实施为主，学生个人、任务小组和教师相结合的评估方法。所有这些安排都是为了实现"产业"与专业结合的生动场景，引导学生在边学边做的专业场景中愉快学习，有效学习。

本书在编写过程中注重结合我国汽车市场的发展现状，尽力反映我国汽车市场的未来趋势，充分理解高职高专学生的学习特点，力求做到理论表述清晰简洁，内容安排生动活泼、清晰易懂，在实务操作上有章可循，重在培养学生的综合素养和职业能力。

全书内容通俗易懂，深入浅出，适合作为高等职业院校汽车营销与服务、汽车检测与维修技术、汽车运用与维修技术等专业教材。

图书在版编目（CIP）数据

汽车市场营销／金立江，裘文才主编. —北京：机械工业出版社，2020.12（2024.8重印）
高等职业教育汽车类专业创新教材
ISBN 978-7-111-66822-0

Ⅰ.①汽… Ⅱ.①金… ②裘… Ⅲ.①汽车-市场营销学-高等职业教育-教材 Ⅳ.①F766

中国版本图书馆 CIP 数据核字（2020）第 204542 号

机械工业出版社（北京市百万庄大街22号　邮政编码100037）
策划编辑：齐福江　　责任编辑：齐福江　丁　锋
责任校对：王　欣　　封面设计：张　静
责任印制：单爱军
北京虎彩文化传播有限公司印刷
2024年8月第1版·第8次印刷
184mm×260mm·16印张·405千字
标准书号：ISBN 978-7-111-66822-0
定价：49.00元

电话服务　　　　　　　　　网络服务
客服电话：010-88361066　　机　工　官　网：www.cmpbook.com
　　　　　010-88379833　　机　工　官　博：weibo.com/cmp1952
　　　　　010-68326294　　金　书　网：www.golden-book.com
封底无防伪标均为盗版　　　机工教育服务网：www.cmpedu.com

关于"十四五"职业教育
国家规划教材的出版说明

为贯彻落实《中共中央关于认真学习宣传贯彻党的二十大精神的决定》《习近平新时代中国特色社会主义思想进课程教材指南》《职业院校教材管理办法》等文件精神,机械工业出版社与教材编写团队一道,认真执行思政内容进教材、进课堂、进头脑要求,尊重教育规律,遵循学科特点,对教材内容进行了更新,着力落实以下要求:

1. 提升教材铸魂育人功能,培育、践行社会主义核心价值观,教育引导学生树立共产主义远大理想和中国特色社会主义共同理想,坚定"四个自信",厚植爱国主义情怀,把爱国情、强国志、报国行自觉融入建设社会主义现代化强国、实现中华民族伟大复兴的奋斗之中。同时,弘扬中华优秀传统文化,深入开展宪法法治教育。

2. 注重科学思维方法训练和科学伦理教育,培养学生探索未知、追求真理、勇攀科学高峰的责任感和使命感;强化学生工程伦理教育,培养学生精益求精的大国工匠精神,激发学生科技报国的家国情怀和使命担当。加快构建中国特色哲学社会科学学科体系、学术体系、话语体系。帮助学生了解相关专业和行业领域的国家战略、法律法规和相关政策,引导学生深入社会实践、关注现实问题,培育学生经世济民、诚信服务、德法兼修的职业素养。

3. 教育引导学生深刻理解并自觉实践各行业的职业精神、职业规范,增强职业责任感,培养遵纪守法、爱岗敬业、无私奉献、诚实守信、公道办事、开拓创新的职业品格和行为习惯。

在此基础上,及时更新教材知识内容,体现产业发展的新技术、新工艺、新规范、新标准。加强教材数字化建设,丰富配套资源,形成可听、可视、可练、可互动的融媒体教材。

教材建设需要各方的共同努力,也欢迎相关教材使用院校的师生及时反馈意见和建议,我们将认真组织力量进行研究,在后续重印及再版时吸纳改进,不断推动高质量教材出版。

机械工业出版社

前　言

我国已经成为全球最大的汽车生产和消费国。2018年全国汽车保有量达2.46亿辆。经历了汽车市场的快速增长以后，当前汽车销量的增幅虽然出现了回落，但我国汽车市场仍然处于普及期，远未达到饱和。我国正走在由汽车大国向汽车强国转变的路上，电动化、智能化、网联化正在将中国汽车市场带向更加灿烂的前方。

但是必须看到，我国汽车市场在产品技术、产品结构、价格设计、渠道扩张、服务促销等各个领域与汽车先行国家之间还有距离，与人民对美好生活的向往和追求还有距离。任务非常艰巨，竞争异常激烈。汽车厂商正普遍遭遇到市场变化、竞争加剧、顾客难找、成本增加、利润减少和人才难觅的多重压力。创新产品、深挖市场、拓宽渠道、调整管理、提升服务、苦练内功已经成为汽车厂商应对激烈竞争、提升核心竞争力的主导思想。

为了达成建设汽车强国的伟大梦想，我国汽车行业必须坚定不移地进行结构调整。以开拓农村市场为主，调整市场结构；以自主创新为主，调整技术结构；以节能减排及新能源汽车为主，调整产品结构；以推动集团化为主，调整产业组织结构。

为了完成从数量型增长向质量型突破的转变，我国汽车行业必须加大力度，把研发和营销放到更为重要的位置上，在科学和艺术的结合上创新汽车市场营销。

为了达成这些目标，中国汽车需要大量的相关人才。党的二十大报告提到人才强国战略，内涵更丰富，更具有新时代的特色。报告非常明确地把大国工匠和高技能人才作为人才强国战略的重要组成部分，人才培养已经成为重大课题。因为未来我国汽车市场的人才需求不仅数量巨大，而且职业素养要求更高。这是因为，我国汽车市场在战略、品牌、产品、销售、价格、业态、渠道、消费、推广、服务等诸多方面已经出现了一系列值得研究的新趋势。为了适应未来汽车市场的紧迫需求，必须认真研究这些新趋势，坚持创新思考。

2018年以来，国家出台了一系列职业教育改革的文件，特别强调产教融合。产教融合，职业教育法把它作为一个基本制度提出来。十九大之后，《关于深化产教融合的若干意见》提出普通高校也要走产教融合、校企合作的路。总书记在十九大、二十大报告中连续两次提到产教融合，可以看出它是职教很重要的一个基本制度。产教融合的重要标志是打造"对接产业链的专业体系"。

汽车营销专业的产业接口是汽车后市场。汽车后市场的专业链很长，内容十分丰富。汽车物流、整车与零部件营销、二手车评估与交易、汽车金融、汽车电子商务、汽车检测与维修、汽车装潢与改装、汽车置换与拆解、汽车再制造、互联网与大数据工具应用、汽车进出口贸易等所有的专业方向，都应当在汽车后市场营销的专业链中找到定位，才能服务好汽车后市场产业链。

本书在编写过程中注重结合我国汽车市场的发展现状，尽力反映我国汽车市场的未来趋势，充分理解高职高专学生的学习特点，力求做到理论表述清晰简洁，内容安排生动活泼、清晰易懂，在实务操作上有章可循，重在培养学生的综合素养和职业能力。

本书采用模块化结构，任务引领。在教学过程中，强调混合教学法等现代教学手段的应用，强调学生的主体作用与自适应学习。在任务实施中，强调学生应对未来岗位基本技能的培养。在教学评估上，强调平时为主、任务实施为主，学生个人、任务小组和教师相结合的评估方法。所有这些安排都是为了实现"产业"与专业结合的生动场景，引导学生在边学边做的专业场景中愉快学习，有效学习。

本书是镇江市高等专科学校汽车营销科研项目的成果材料，被列为"十三五"江苏省高等院校重点教材，江苏省"十四五"首批职业教育规划教材，本书由镇江市高等专科学校金立江老师和研究员级高级工程师裘文才先生合作主编，山东济南职业技术学院薛明芳老师任副主编，湖北交通职业技术学院娄敏老师参与了本书的编写工作。本书在编写过程中，得到了镇江宝马汽车4S店市场部经理马芸女士的大力支持，山东交通职业学院、浙江交通职业学院等兄弟院校的相关老师也提出了宝贵意见，在此一并表示感谢。

本书可以满足汽车市场营销专业高职学生的学习需要，也可作为汽车厂商从事市场营销岗位的专业人员的培训用书和工作参考。

限于编者水平，错漏难免，恳望读者指正。

编　者

目 录

前言

模块一 汽车营销理论与历史演变

任务一 汽车市场营销基本理论 ...003
 一、汽车产品的社会经济价值 ...004
 二、我国汽车市场的发展趋势 ...007
 三、汽车市场概念与基本分类 ...008
 四、市场营销概念与历史演变 ...010

任务二 汽车市场竞争与营销创新 ...017
 一、汽车市场面临的创新任务 ...018
 二、汽车市场营销价值链创新 ...019
 三、几种创新的市场营销理论 ...022

模块二 汽车市场营销环境分析与应对策略

任务一 汽车市场营销环境分析 ...029
 一、汽车市场营销的微观环境 ...030
 二、汽车市场营销的宏观环境 ...032

任务二 汽车市场营销环境应对策略 ...036
 一、市场营销环境的普遍特点 ...037
 二、市场营销环境的不同对策 ...039
 三、营销环境管理的 SWOT 分析 ...039

模块三 汽车市场调研与市场预测

任务一 汽车市场调研 ...047
 一、汽车市场调研的基本概念 ...048
 二、汽车市场调研的基本程序 ...050
 三、几种不同目的的市场调研 ...053

任务二 汽车市场预测 ...059
 一、汽车市场预测的基本概念 ...060
 二、汽车市场预测的基本步骤 ...060
 三、汽车市场预测的主要方法 ...061

模块四 汽车购买动机与购买行为分析

任务一　汽车购买动机与购买决策 …069
- 一、多元汽车产品与购买行为 …070
- 二、影响购买行为的基本因素 …071
- 三、汽车消费市场与购买行为 …078
- 四、汽车购买行为的基本模式 …080
- 五、汽车购买行为的特征分析 …080

任务二　汽车组织用户的行为特征 …086
- 一、汽车组织市场的购买行为 …087
- 二、汽车组织市场的客户开发 …089

模块五 汽车市场细分与目标定位

任务一　汽车市场细分与定位策略 …097
- 一、汽车市场细分前提与作用 …098
- 二、汽车市场细分依据与原则 …100
- 三、汽车市场细分的主要方法 …101
- 四、反细分策略以及定制营销 …102
- 五、汽车市场细分的基本步骤 …103

任务二　目标市场选择与市场定位 …106
- 一、汽车目标市场选择与评估 …106
- 二、汽车目标市场的定位策略 …110

模块六 产品决策及新产品营销

任务一　汽车产品决策与营销策略开发 …119
- 一、产品整体概念及基本构成 …121
- 二、汽车产品组合与四个变数 …122
- 三、产品生命周期与阶段特征 …124

任务二　汽车新产品开发及营销 …129
- 一、汽车新产品开发及作用 …130
- 二、汽车新产品的分类与特征 …130
- 三、新产品开发方式及策略 …131
- 四、汽车新产品的定位与推广 …133

模块七　汽车定价策略与价格调整

任务一　汽车价格体系与定价策略研究　…141
- 一、汽车定价策略的基本概念　…142
- 二、汽车价格构成与价格体系　…142
- 三、汽车定价过程的六个步骤　…143
- 四、影响汽车定价的关键因素　…144
- 五、汽车产品定价的主要目标　…145
- 六、汽车产品定价的基本方法　…145
- 七、汽车产品定价的基本策略　…149

任务二　汽车产品价格的调整策略　…158
- 一、价格意识与产品价格调整　…159
- 二、汽车产品价格调整策略　…159
- 三、汽车产品价格的竞争策略　…161

模块八　汽车销售渠道管理

任务一　汽车销售渠道与功能类型分析　…167
- 一、汽车销售渠道与制约因素　…169
- 二、汽车销售渠道的类型选择　…169
- 三、汽车销售渠道的强大功能　…170
- 四、汽车经销企业的重要作用　…171
- 五、汽车中间商及主要类型　…172
- 六、汽车分销系统的类型特征　…173
- 七、汽车销售渠道的历史演变　…174
- 八、汽车经销商的评估与选择　…177
- 九、汽车销售渠道的诊断与管理　…178

任务二　汽车销售渠道的管理任务　…183
- 一、汽车销售渠道的成员管理　…184
- 二、汽车厂商合作关系的管理　…186

模块九 汽车促销组合与活动策划

任务一　汽车市场促销与促销组合认知　　…　193
　　一、汽车促销组合与工具选择　　…　194
　　二、汽车营业推广的主要特点　　…　195
　　三、汽车人员推广的主要特点　　…　196
　　四、汽车公共关系的主要特点　　…　198
　　五、汽车广告促销的主要特点　　…　199

任务二　汽车促销活动策划　　…　207
　　一、汽车营销策划的基本概念　　…　208
　　二、汽车营销策划的七大环节　　…　210
　　三、汽车促销活动的策划过程　　…　211
　　四、几种典型促销活动的策划　　…　215
　　五、促销活动中的客户邀约　　…　217

模块十 国际汽车市场营销策略

任务一　国际汽车市场的环境分析　　…　225
　　一、国际汽车市场的营销概述　　…　227
　　二、国际汽车市场的环境分析　　…　228
　　三、国际汽车营销的市场细分　　…　229

任务二　国际汽车市场营销实务　　…　232
　　一、国际汽车营销的主要形式　　…　233
　　二、国际汽车进出口营销实务　　…　234
　　三、国际汽车市场的营销策略　　…　236

模 块 一

汽车营销理论与
历史演变

市场营销学脱胎于市场学、销售学、推销学，但其研究范围和应用范围更广、更深、更大。汽车市场营销研究的内容包括汽车市场的调研、预测与分析；汽车经营模式的选择与创新；汽车市场活动的策划与实施；汽车营销过程的策略与技巧、汽车客户的开发与关系管理等，以及由此产生的一系列系统化、理论化的观念。

汽车市场营销是一门实践性极强的应用学科。宏观经济的发展与政策引导，汽车产能过剩，市场竞争加剧，市场增速减缓，消费升级与分级趋势的出现，客户购买行为的不断改变，汽车营销成本日益提高，销售利润下降等诸多因素都是推动汽车营销学科向前发展的强大动力。变化世界中的汽车市场营销，必须与时俱进。

汽车市场面临许多不确定的因素，但以下原则则是确定无疑的。

第一、汽车市场营销与推销是两个不同的概念，推销只是市场营销过程中的一个职能。

第二、汽车市场营销活动的核心是满足消费者的需求，并实现企业盈利目的。

第三、汽车市场营销不断与智能网联技术、新媒体技术、社会学、心理学、行为学、管理学、统计学以及汽车工程领域相关知识紧密结合的趋势越发明显，汽车营销的实践过程将会变得更加复杂多变。

第四、汽车营销理论必须经受汽车营销实践的检验，并在实践中被不断丰富。

本模块将重点解决以下三个问题，以使学生在进入汽车营销领域的实践岗位前，就能牢固确立起"客户为本"和"创新创业"的思想。

1）汽车市场营销的出发点是研究消费者的需求，汽车市场营销的终点是营造客户满意，并在此基础上获得企业盈利。

2）汽车市场营销的本质是通过为客户提供与客户需求相关的合适服务，为实现消费者的利益去工作。

3）面对快速发展的中国汽车市场，面对日益激烈的市场竞争，确立"创新是汽车市场营销的根本出路"的思想。

任务一

汽车市场营销基本理论

学习目标

1. 了解汽车产品的社会经济价值。
2. 理解我国汽车产业发展的现状与趋势。
3. 理解市场的概念、市场分类和市场细分。
4. 掌握选择目标市场的一般方法。
5. 熟悉不同汽车目标市场的营销策略。
6. 理解汽车市场营销的含义和核心观念。
7. 理解市场营销观念的历史演变和新旧营销观念的区别。
8. 熟悉4P、4C、4R等常见的营销理论。

任务导入

材料阅读：

奔驰营销的成功之道

德国奔驰（Benz）汽车公司在世界汽车行业独树一帜，以优质优价闻名于世。在激烈的市场竞争中，成为世界汽车工业的佼佼者。

（一）奔驰的定位：元首座驾

奔驰的定位是"高贵、王者、显赫、至尊"，奔驰的电视广告中较出名的系列是"世界元首使用最多的车"。为了达到这一定位目的，奔驰公司一方面在产品的品质上追求精益求精，另一方面在价格定位上，也选取了高价位。价值定价成为奔驰公司最重要的制胜武器。无怪乎消费者为了得到身份与地位的心理满足感而不惜重金。

（二）奔驰的质量观

奔驰汽车的质量是首屈一指的。在产品的构想、设计、研制、试制、生产、维修等环节都突出了质量标准。其措施主要有如下几个方面：

1）不断提高职工的技术水平，造就一支技术熟练的员工队伍。奔驰公司在国内有502个培训中心，受基本训练的员工平均每年维持在6000人左右，另外每年约有2万~3万名在职员工参加培训，以保证员工的业务水平不断提高。

2）建立严格的质量检测制度。奔驰公司一向将高品质看成是取得用户信任和加强竞争能力的最重要的一环，讲究精工细作，强调"质量先于数量"，要"为做得更好、最好而斗争"。公司每年要用100辆崭新的汽车进行各种破坏性试验测试，如以时速56km去冲撞坚固的混凝土厚墙等。

3）宁缺毋滥，确保优质。为确保奔驰车的质量，公司始终严格限制产品数量。多年来，奔驰车的产量一直控制在70万辆左右，即使在世界汽车市场萧条的时候，仍能保持较大销售量。

（三）奔驰的创新观

奔驰汽车公司自开创以来，一直坚持大胆而科学的创新，以创新求发展是该公司的一贯方针，他们不断变换车型，不断地将新的工艺技术应用到生产上。奔驰公司在创新中始终贯彻"顾客要求第一"的经营理念。顾客的要求通过计算机向生产流水线发出指令，即可生产出符合顾客要求的产品。

（四）奔驰的社会营销观

奔驰的汽车产品不仅优质，而且在造车时始终抱着对社会负责的态度，充分体现了奔驰的社会责任感。

1）造全世界最"安全"的车。

2）造环保至上的车。

（五）"奔驰"的CS理念

1. 顾客满意从生产车间开始

奔驰公司的CS从生产车间就已经开始。厂里在未成型的汽车上挂有一块块牌子，写着顾客的姓名、车辆型号、式样、色彩、规格和特殊要求等。不同色彩，不同规格，乃至在汽车里安装什么样的收录机等千差万别的要求，奔驰公司都能一一给予满足。

2. 服务人员和生产人员一样多

奔驰公司的售后服务无处不在，使奔驰车主没有任何后顾之忧。在德国本土，奔驰公司设有1700多个维修站，雇有5.6万人做维护和修理工作，在公路上平均不到25km就可以找到一家奔驰车维修站。

3. 顾客满意从儿童开始培养

奔驰公司十分重视争取潜在的客户。公司瞄准未来，心理争夺战从娃娃开始做起。每个来取货的顾客驱车离去时，奔驰都赠送一辆可作为孩子玩具的小小奔驰车，使车主的下一代也能对奔驰车产生浓厚的兴趣，争取一代代都成为奔驰车的客户。这样客户对奔驰品牌的忠诚就世代地继承下来，从小喜爱奔驰车的幼童渐渐地被培养为终生喜爱奔驰车的客户。

> 阅读以上案例，并通过本任务的学习，理解下列问题：
> 1. 奔驰是如何理解汽车市场营销概念的？
> 2. 分析奔驰汽车具体采用了哪些市场营销策略？

知识准备

一、汽车产品的社会经济价值

1. 汽车与人类生活

汽车的产生深深影响和改变着人类的生活，不仅扩大了人的活动半径、加快了社会节奏，还改变着人们的生活习俗、生活方式，人们的周末生活、夜间生活、旅游活动以及围绕汽车的消费大幅增加。汽车还使人们的文化、体育、娱乐活动更加丰富（图1-1～图1-4）。

图1-1 汽车模特大赛

图1-2 汽车书画摄影大赛参赛作品

图1-3 汽车特技比赛

图1-4 汽车旅游

2. 汽车与交通运输

铁路、公路、水运、航空、管道是目前基本的五种交通运输方式。汽车在交通运输中有着独特的、不可替代的作用，汽车承担着全世界65%以上的货运量，80%左右的客运量。汽车作为交通工具，具有普遍性、方便性、灵活性、私密性和赢利性（图1-5、图1-6）。

图1-5 汽车货运

图1-6 汽车客运

3. 汽车与相关产业

汽车的上下游相关产业有150多个，包括交通、能源、冶金、机械、化工、制造、互联网、人工智能、电子、销售、修理、检测、保险、金融、教育、广告、咨询、展览、运动、出版、俱乐部等。汽车工业的规模发展到一定程度对下游的带动作用将大于上游。

汽车产业的产值提升一个百分点，汽车上下游产业产值的提升可以达到 17 个百分点。生产汽车需要的材料高达 4200 多种，其中：消耗石油 46%；消耗钢材 20%；消耗铜和铝 30%；消耗橡胶 60%；消耗塑料 15%；消耗玻璃 25%（图 1-7）。

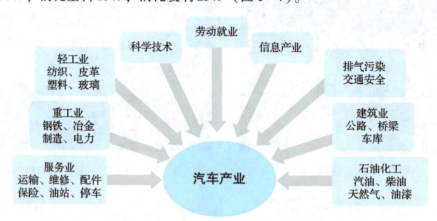

图 1-7 汽车产业对相关产业的影响

4. 汽车与劳动就业

汽车对劳动就业有 1∶7 左右的带动效应。目前我国与汽车相关产业的就业人数，已经占到了社会就业总人数的 1/6 左右。预计到 2025 年，仅汽车后市场的服务人才需求量就将达到 90 万人，2030 年我国与汽车相关产业的就业人口总数将达到上亿人。

5. 汽车与公路建设

现代的运输活动都是在特定的交通设施上进行的，铁路运输要以轨道交通为基础，汽车运输则要在公路上进行。公路建设为汽车产业的发展提供通行条件，我国汽车产业的快速发展，又推动着公路建设的同步发展。

20 世纪 90 年代以后，我国经济建设和汽车工业得到全面发展。与此相适应，国家将交通运输事业特别是公路的发展作为国民经济发展全局性、战略性和紧迫性任务，公路建设得以迅速发展。至 2018 年底我国高速公路总里程突破 14 万 km，国省干线公路建设、农村公路建设也不断加强。未来，我国公路建设将继续保持稳步发展的态势。

6. 汽车与现代科技

汽车是现代工业之花，是高新技术的集合体，是科学技术的催化剂。在技术进步方面，汽车为先进技术提供展示舞台，智能网联技术、新材料技术、新能源技术、电子技术都在汽车产业得到应用。汽车工业的制造技术已经成为衡量一个国家制造业现代化水平的重要标志。

7. 汽车与经济发展

汽车工业产生 100 多年来，一直被当成工业发达国家的经济指标，对于增强国家实力发挥着极为重要的作用。从工业化中期到最后完成工业化和现代化，没有一个大国不是靠汽车工业的高速发展来完成这一过程的。

2018 年末全国民用汽车保有量已经达到 24028 万辆（包括三轮汽车和低速货车 906 万辆），比上年末增长 10.5%，其中私人汽车保有量 20730 万辆，增长 10.9%。民用轿车保有量 13451 万辆，增长 10.4%，其中私人轿车 12589 万辆，增长 10.3%。

汽车工业的快速发展，为国民生产总值的增长、交通运输等相关产业的发展、促进新技术发展、创造出口和外汇储备、增加就业和财政收入等多方面做出了巨大贡献。

二、我国汽车市场的发展趋势

1. 我国汽车市场的历史回顾

新中国的汽车工业起始于20世纪50年代初,1953年一汽在长春奠基,1956年第一辆国产解放牌CA10型4t载货汽车正式下线,实现零的突破,我国汽车工业开始了缓慢的发展过程。

20世纪90年代,汽车市场步入快速增长期,并于1992年实现了100万辆的突破,汽车开始进入家庭。

2018年,我国汽车销售量超过2808万辆,虽然增速出现下滑,但国内汽车销售总量依然位居世界第一(图1-8)。我国汽车市场远未达到饱和期,增长的潜力依然很大。

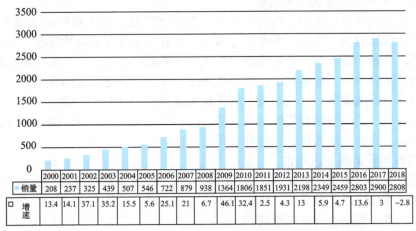

图1-8 中国汽车的快速增长和增速调整

2. 汽车消费快速增长的原因

我国汽车消费快速增长的基本原因有两个:

(1) 政策推动

改革开放、国家汽车产业发展政策,以及扩大内需、拉动消费等一系列政策,推动了我国汽车工业的迅速发展。

(2) 规律所致

汽车消费先行国家的发展轨迹表明,汽车进入家庭与人均GDP的水平密切有关。改革开放后,我国经济得到了长足的发展,2018年,我国GDP已经突破90万亿元,人们的消费能力同步增长,汽车不再是一般百姓遥不可及的奢侈品,汽车作为普通商品,进入家庭的普及率将会越来越高(图1-9)。

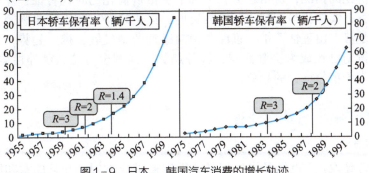

图1-9 日本、韩国汽车消费的增长轨迹

3. 我国汽车市场营销的发展趋势

（1）我国汽车产业的机遇与挑战

中国汽车产业的机遇与危机并存，主要表现在：第一，中国经济快速增长，人民生活水平不断提高，强大的购买力是中国汽车企业的绝佳机会。第二，全球一体化趋势不断走强，全球汽车产业向发展中国家转移是大势所趋。但是经常发生的世界金融危机、债务危机又使贸易保护主义重新抬头成为可能，使得这个转移不太可能顺利实现。这种趋势促使中国汽车制造企业必须快速升级，进行结构调整，但升级成本必须以企业的竞争力来支撑。第三，由于消费者日益成熟、销售渠道不断膨胀，以及经济发展不确定因素增加等诸多原因，汽车市场的竞争会越发激烈。

（2）我国汽车营销企业的基本弱点

我国已经成为世界汽车大国，但离汽车强国的路还很长。为了提升我国汽车产业的核心竞争力，必须清醒地看到，我国汽车产业还客观存在着诸多需要解决的问题。这些问题包括：开发能力不强，质量问题不断，售后维修体系还相对薄弱；面对快速发展与变化的汽车市场，营销能力不强、手段单一，成本过高；品牌积累还未成熟；白热化的竞争使一些基础本就薄弱的企业削弱了自身的竞争力，汽车行业集中化和边缘化趋势同时并存；中国汽车市场的继续增长和消费升级、消费分级趋势的出现，需要时间和耐心解决一系列配套问题。面对内需不足、外资威胁、自身欠缺的现状，过分乐观为时过早。

（3）汽车市场营销的主流思想

汽车营销企业必须坚持稳增长、调结构、保民生、促稳定的主流思想，创新产品、深挖市场、改善渠道管理、提升服务、苦练内功。

一个优秀的汽车营销企业必须做到：

第一，研发好的产品，包括学习、模仿、引进、购买，但需要适应市场需求。

第二，改进企业管理，精益生产需要精细管理，成功管理需要管理成功。

第三，按照市场发展趋势建设、改善、创新营销渠道，因为中国这一庞大的多元市场一定需要多元渠道。

第四，精准营销，发现和创造市场，科学应用互联网、新媒体和大数据等先进工具，将目标客户需要的产品精准地销售给目标客户。

第五，在产品功能、过程服务、情感满足、成功体验等多个维度满足客户需求。

第六，贯彻低成本的差异化和差异化的低成本的营销原则，实现企业持续赢利。

（4）汽车市场营销的总体趋势

目前，我国汽车市场营销的各个环节出现了一系列明显的趋势：战略趋势，强调低成本与差异化并举；品牌趋势，呈现品牌集中化替代品牌多元化趋势；产品趋势，出现了时尚化、个性化高于高性价比的情况；价格趋势，出现了价格价值化的时代特征；业态趋势，呈现星级化与多元化并存、实体化与虚拟化交错的局面；渠道趋势，跨界策略联盟、厂商和谐关系成为主流；消费趋势，由理性营销、感性营销向感动营销发展；推广趋势，出现了促销游戏化的情况，营销策划已经成为决胜武器；服务趋势，强调全方位、延伸性服务；销售趋势，出现了资讯服务先于销售行为的趋势。

三、汽车市场概念与基本分类

1. 市场的概念

菲力普·科特勒说："市场是由一切具有特定需求或欲望，并且愿意和能够以交换来使需求和欲望得到满足的潜在顾客所组成的"。在这里，市场概念把人的需求、顾客的满足放到了重要位置。现代市场概念认为，市场就是具有购买需求、支付能力、购买权利的人或组织。市场的构成要素包括人口、购买力和购买欲望。因此，研究汽车市场的重点是研究消费者的需求。

2. 市场的构成要素

市场是个有机体，它是价值规律的实现形式。市场离不开消费者，在市场的"人""物""事"中，"人"即消费者最为关键。汽车市场营销只有牢牢把握市场，充分适应消费者的需求，才能实现自己的价值（图1-10）。

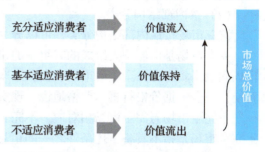

图1-10 汽车营销企业价值实现规律

3. 汽车市场的特点

我国汽车市场有着自己的鲜明特点。主要表现在：发展迅猛、机会无限；增幅随国民经济运行波动而波动；市场开发和营销能力不足；汽车零部件开发和营销水平相对落后；价格过高制约汽车工业发展；潜在市场受政策环境制约，经济、政策对汽车消费市场影响较大；个体消费发展迅猛；产业集中趋势明显；推动新能源、智能网联汽车的发展，成为未来汽车发展的重要政策。

4. 汽车市场的类型

我国汽车市场主要可以分为公务车市场、商务车市场、经营用车市场和私人用车市场四大类。其中：

公务车市场主要包括政务与业务用车两类，其特点是财政拨款、级别划分、需求稳定、品种集中。

商务车市场主要包括各种经济实体生产与商务用车，其特点是规模大，以生产与经营活动拓展为原动力，以自身经济实力为后盾。

经营用车市场以汽车为资本，通过汽车运营盈利，其特点是与经济发展水平密切相关，与社会需求密切相关，与企业经济效益密切相关。

私人用车需求最为强劲，层次复杂，兴趣多样，强调个性、时尚、智能（表1-1）。

表1-1 我国汽车市场的类型

公务车市场（政务与业务用车）	商务车市场（各种经济实体生产与商务用车）	经营用车市场（以汽车为资本，通过汽车运营盈利）	私人用车市场（纯私人用车或兼顾经营用车）
特点：财政拨款、级别划分、需求稳定、品种集中	特点：规模大，以生产与经营活动拓展为原动力，以自身经济实力为后盾	特点：与经济发展水平密切相关，与社会需求密切相关，与企业经济效益密切相关	特点：需求最为强劲，层次复杂，兴趣多样，强调个性、时尚

5. 汽车市场的分类

（1）按覆盖范围分类

汽车市场按其覆盖范围来分，可以分为地方市场、国内市场和国际市场。

地方市场是指仅由某一个地方的买者和卖者的交易活动所决定的市场。目前汽车4S店面临的市场主要是地方市场。

国内市场是指由国内各地的买者和卖者共同决定的市场。我国汽车厂家目前的市场就是面对全国的，尽管他们的产品在各个不同的地区表现并不平衡。

国际市场是指由多个国家的买者和卖者构成的市场。在全球化背景下，国外的汽车产品进入我国，我国的汽车产品走出国门，就是国际市场的鲜明写照。

（2）按内部结构分类

汽车市场按照内部结构分类，可以分为完全市场和不完全市场两类。

完全市场是由经济人组成的有组织的市场，同种商品最终能按同一价格进行销售。完全市场假设买卖双方完全了解市场现在和未来的情况，信息非常畅通，因而买卖双方听从价格召唤，完全依据价格行事。严格地说，现实中的市场不可能具备完全市场的条件。

不完全市场与完全市场相对应。不完全市场意味着竞争性均衡的基本性质不能得到满足。不完全市场是指不具备下述条件之一的市场：同质产品；众多的买者与卖者；买者和卖者可以自由进入市场；所有买者和卖者都掌握当前物价的完全信息，并能预测未来物价；就总成交额而言，市场各个经济主体的购销额是无关紧要的；买者与卖者无串通合谋行为；消费者追求效用最大化，生产者追求利润最大化；商品可转让。现实的市场基本上是不完全市场。

（3）按竞争程度分类

汽车市场按竞争程度来分可以分为完全竞争市场和不完全竞争市场两类。

完全竞争市场有许多买者和卖者，他们当中任何个别人都不具有影响和决定商品市场价格的力量，而只能是市场价格的接受者；他们都有充分的市场信息和商品知识；相同数量的同种商品之间是完全同质的，不存在差别；每个买者和卖者都是自由地参与或退出市场经济活动。

不完全竞争市场是不具备完全竞争性的市场。不完全竞争市场又按竞争的不完全程度分为垄断竞争、寡头垄断和完全垄断市场三种。

垄断竞争市场是一种既垄断又竞争，既不是完全垄断又不是完全竞争的市场。垄断竞争市场的特点是产品存在差别性又存在替代性。在短期内，每一个生产有差别性产品的厂商都可以在部分消费者中形成自己的垄断地位，但这种短期均衡会被替代产品所打破。垄断竞争市场的竞争包括价格竞争、品质竞争、营销竞争等。

寡头垄断市场是少数企业控制整个市场，他们供应的商品占这个市场最大、最主要的份额。一般以市场集中率区分，市场集中率在20%以下的为竞争性市场；20%~39%为弱寡头市场；40%~59%为寡头市场；60%以上为强寡头市场。

完全垄断市场是一种与完全竞争市场相对立的极端形式的市场类型。完全垄断市场也叫作纯粹垄断市场，一般简称垄断市场。完全垄断市场就是指只有唯一一个供给者的市场类型。完全垄断市场的假设条件有以下三个方面。

第一，整个市场的物品、劳务或资源都由一个供给者提供，消费者众多。

第二，没有任何接近的替代品，消费者不可能购买到性能等方面相近的替代品。

第三，进入限制使新的企业无法进入市场，从而完全排除了竞争。

四、市场营销概念与历史演变

市场实践需要市场营销理论支撑，而复杂多变的市场实践却在不断丰富着市场营销理论。从这个意义上讲，营销没有固定模式，营销必须与时俱进，应因而变。

第一，世界各国具有不同的政治、经济和文化，营销的环境各不相同。

第二，即使在同一个国家，各种行业的营销方式也不可能一样。

第三，即使在同样的行业里，不同的企业，在不同的阶段也可能采用各自不同的营销方式。

1. 什么是市场营销

关于市场营销的定义，相关组织和著作有着许多不同的表述。

(1) 市场营销的一般概念

一般认为，市场营销是与市场有关的人类活动，即以满足人类各种需要和欲望为目的，通过市场变潜在交换为现实交换的活动。

市场营销概念的要点是：市场营销是一种人类社会活动，是一种有目的、有意识的活动；市场营销的研究对象是市场营销活动和营销管理；满足和引导消费者的需求是市场营销的出发点和中心；市场调查、环境分析、目标市场选择、开发产品、定价、分销、促销和提供服务以及实现它们之间的协调配合，实施最佳的市场组合，是市场营销活动的主要内容；环境不同，各企业的营销活动是多样性的；市场营销与销售或促销并不相同。

(2) 美国市场学会的定义

美国市场学会认为市场营销是对思想、产品及劳务进行设计、定价、促销及分销的计划和实施的过程，从而产生满足个人和组织目标的交换。

美国市场学会这一定义认为市场营销包括两个方面。第一，市场营销是一种哲学、一种态度、一种预见或是一种以顾客满意为导向的管理模式。第二，市场营销是用来实施这种哲学的一系列活动。这一定义强调了产品包括：产品、劳务、思想、服务；市场营销概念适应一切组织；强调了交换的过程；突出了营销计划的制定和实施，即强调市场营销策略的有效性。

(3) 菲利普·科特勒的定义

菲利普·科特勒用最简单的概念定义营销。他说："营销最简单的定义是赢利性地营造顾客满意"。菲利普·科特勒关于营销的简单定义从本质上揭示，所谓营销必须紧紧抓住"顾客满意"和"企业赢利"这两个关键目标，并将这两个关键目标有机统一起来，两者不可偏废。因为没有客户满意，客户就会远离我们而去，企业就不可能持续发展；反过来，如果企业不能实现盈利，企业的生存都会存在问题，更谈不上持续发展。

2. 营销观念的历史演变

营销观念的变化是一个历史过程，从营销理论诞生至今大致有过下列一些营销观念（图1-11）。

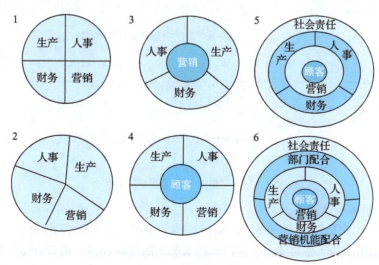

图1-11　市场营销观念的历史演变

(1) 生产观念

由于商品供不应求，强调扩大生产，降低成本，这是一种重生产、轻市场的商业哲学。

(2) 产品观念

这种观念认为消费者喜欢高质量、多功能、有特色的产品，因此强调致力于生产高值产品，看不到市场变化。

(3) 推销观念

这种观念认为，消费者有惰性和抗衡心理，因此必须积极推销和大力促销。

(4) 市场营销观念

这种观念认为实现企业目标的关键在于确定目标市场的需要和欲望，比竞争者更有效地传送目标市场所期望的物品和服务，从而能够满足市场的需要和欲望。

(5) 社会营销观念

这种观念是对以上市场营销观念的修改和补充，把市场营销原理运用到环境保护、计划生育、改善营养等方面。一些国际组织也承认和推广这一理论。具体来讲又有社会市场营销观念、宏观市场营销观念、绿色市场营销观念之分。

(6) 整体营销观念

这种观念强调企业既要进行外部市场营销，又要进行内部市场营销。营销需要内部职能部门的配合；更需要运用产品、定价、分销、促销等营销机能的保证。

各种不同营销观念最大的区别在于：第一，在市场营销过程中，是否把顾客放到中心位置上来；第二，在市场营销过程中，是否强调企业各职能部门之间的配合；第三，在市场营销过程中，是否强调企业的社会责任。

3. 市场营销的核心概念

(1) 需要、欲望与需求

需要是个人没有得到某些满足的状态。欲望是对满足的企求，与个人文化背景及个性有关。需求则是有能力并愿意购买某种物品的欲望。市场营销真正需要研究的是人或组织的需求，因为需求不仅反映人或组织的需要、欲望，而且反映人或组织的购买能力和购买权力。因为只有具备所有市场各个要素的人或组织才能真正成为现实的目标客户（图1-12）。

图1-12 需要、欲望与需求的概念

(2) 产品、服务与体验

市场营销学认为产品是指人们通过购买而获得的能够满足某种需求和欲望的物品的总和，它既包括具有物质形态的产品实体，又包括非物质形态的各种利益。消费者是从产品、服务与客户体验等各个方面来理解价值的，在汽车营销实践中，消费者正是这样理解产品的（表1-2）。

表1-2 消费者对产品的实际理解

产品	服务	人员	渠道	形象
特色	订货方便	能力	专业化	品牌
性能	送货	资格	效能	标志
一致性	安装	谦恭	方便	覆盖面
耐用性	客户培训	诚实	维修点	文字及视听
可靠性	维修	可靠	联络	传媒
可维修性	多种服务	负责		事件
风格		沟通		诚信
		尽心		担保

(3) 效用、价值与满意

在对能够满足某一特定需要的一组汽车产品进行选择时，人们所依据的标准是各种汽车产品的效用和价值。

效用是消费者对满足其需要的汽车产品的全部效能的评价，是指汽车产品满足人们欲望的整体能力。效用实际上是一个人的自我心理感受，它来自人的主观对"客观存在"的判断评价。每种汽车产品具有不同的能力来满足其不同的需求。

价值是指顾客期望从某一特定产品或服务中获取的一系列利益构成的"总和"。顾客价值包括企业产品价值、服务价值、企业人员形象价值等。

顾客满意取决于消费者用所理解的汽车产品的效用与自己的期望值进行的比较。如果产品的效用低于顾客的期望，消费者就不满意；如果汽车产品的效用符合消费者的期望，消费者便会感到满意；如果汽车产品的效用超过消费者的期望，消费者就会感到十分喜悦。这种比较的前提是顾客"让渡价值"的获得程度，是顾客总成本与顾客总价值之间的差额。

顾客总成本包括顾客所支付的货币成本、时间成本、精力成本、体力成本及其购买的风险成本等。

顾客总价值是顾客通过购买获得的产品价值、服务价值、人员价值和企业的形象价值。顾客让渡价值就是指顾客价值与其获得这些价值所付出的顾客总成本之间的差额。

顾客购买产品时的选择过程是顾客追求最大让渡价值的过程。企业只有提供比竞争对手更大的顾客让渡价值，才能够吸引并留住顾客。因此销售人员应尽力提高顾客的让渡价值，办法只有两个，一是通过自己的服务过程，增加顾客总价值，二是在服务过程中尽可能减少客户的时间、精神、体力以及风险成本，减少顾客总成本（图1-13）。

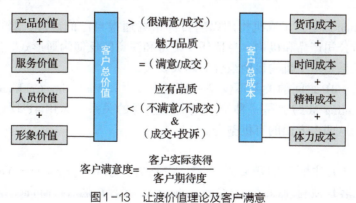

图1-13 让渡价值理论及客户满意

(4)交换、交易与关系

交换是市场营销的核心概念,是指通过提供某种东西作为回报,从别人那里取得所需物的行为。交换发生的基本条件:第一,交换的主体至少有两方;第二,交换的每一方都有被对方认为有价值的东西;第三,交换的每一方都能沟通信息和传送物品;第四,交换的每一方都可以自由接受或拒绝对方的产品;第五,每一方都认为与另一方进行交换是适当的或是满意的。

交易是交换活动的基本单元,是由双方之间的价值交换所构成的行为。

关系是指企业向顾客做出各种许诺、履行诺言。与顾客建立长期、稳定的关系是关系市场营销的核心概念。

(5)市场营销网络

市场营销网络是指企业及与之建立起牢固的互相信赖的商业关系的其他企业,包括跨界企业所构成的网络,是企业的独特资产。在市场营销网络中,企业不但可以借助网络在各地市场上推出新产品,减少由于产品进入市场的时间滞后,而被富有进攻性的模仿者夺走市场的风险,而且可以通过战略合作伙伴,获得更为广泛、更为有效的地理占有,实现双方互利关系的最佳化。

(6)市场营销者

比另一方更积极地寻求交换的一方称为市场营销者。市场营销者可以是卖主,也可以是买主。如果双方都在积极寻求交换,称为相互市场营销。在买方市场条件下,汽车营销企业毫无疑问应当积极、主动地在产品交换活动中追求市场营销者的地位,实行主动营销。

4. 三种典型的营销理论

(1)4P理论

4P理论强调营销必须重视产品、价格、渠道、促销四个方面。这一理论最早由杰瑞·麦卡锡(Jerry McCarthy)在《营销学》中提出。

产品(Product)是指能够提供给市场被人们使用和消费并满足人们某种需要的任何东西,包括有形产品、服务、人员、组织、观念或它们的组合。

价格(Price)是指顾客购买产品时的价格,包括折扣、支付期限等。价格或价格决策,关系到企业的利润、成本补偿,以及是否有利于产品销售、促销等问题。影响定价的主要因素有三个:需求、成本、竞争。最高价格取决于市场需求,最低价格取决于该产品的成本费用,在最高价格和最低价格的幅度内,企业能把这种产品价格定多高则取决于竞争者同种产品的价格。

渠道(Place)是指在商品从生产企业流转到消费者手上的全过程中所经历的各个环节和推动力量之和。

促销(Promotion)是公司或机构用以向目标市场通报自己的产品、服务、形象和理念,说服和提醒他们对公司产品和机构本身信任、支持和注意的任何沟通形式。广告、销售促进、人员推销、公共关系是一个机构促销组合的四大要素。

需要注意的是,4P之间的关系不仅是一种组合关系(Marketing Conbination),而且是一种营销混合(Marketing Mix),是一种牵一发而动全身的关系。运用4P理论必须强调产品、价格、渠道、促销这四个方面的有机整合。

(2)4C理论

4C理论强调要关注顾客的需要及欲求,包括客户价值(Customer Value)、客户成本(Customer Cost)、客户便利(Customer Convenience)、客户沟通(Customer Communication)。

4C理论明确指出客户需要的是价值、低成本、便利和沟通。必须关注顾客的成本,其中包括：软、硬成分的整体顾客成本以及产品的认知价值；关注顾客的方便性、强调出售产品的配销通路以及产品带给顾客的方便程度，应以顾客立场认为的方便性为重，而不是传统性生产者立场的安排；关注顾客和企业需要双向沟通，而不是传统的大众传播式的单向沟通。

(3) 4R 理论

4R 理论是一种以竞争为导向的营销理论，要求以关联、关系、反应和回报长期拥有客户，延伸和升华便利性，实现双赢。

关联（Relevancy）是强调企业与顾客是一个命运共同体，建立并发展与顾客之间的长期关系是企业经营的核心理念和最重要的内容。

反应（Respond）是强调在相互影响的市场中，对经营者来说最现实的问题不在于如何控制、制定和实施计划，而在于如何站在顾客的角度及时地倾听和从推测性商业模式转移成为高度回应需求的商业模式。

关系（Relation）是强调在企业与客户的关系发生了本质性变化的市场环境中，抢占市场的关键已转变为与顾客建立长期而稳固的关系。

回报（Return）是强调任何交易与合作关系的巩固和发展，都是经济利益问题。因此，一定的合理回报既是正确处理营销活动中各种矛盾的出发点，也是营销的落脚点。

4R 营销以竞争为导向，在新的层次上提出了营销新思路，真正体现并落实了关系营销的思想，是实现互动与双赢的保证，使企业兼顾到成本和双赢两方面的内容。

5. 三种营销理论的关系

4P、4C、4R 营销理论的先后出现，不是后者对前者的否定，而是通过营销实践对前者的补充和提升。这是供求关系在不同的经济发展阶段随市场变化的产物。

4P 理论由杰罗姆·麦卡锡在其 1961 年出版的《基础营销》一书中提出，4P 理论站在企业的角度看营销，第一次将企业营销归结为产品、价格、渠道、促销 4 个要素的组合。

1990 年，劳特朗站在消费者的角度，对应传统的 4P 理论提出了 4C 新观点，认为营销应当在认真研究客户需求的基础上提供产品和服务；应当注意不但研究自己的定价，而且要充分了解客户为了满足自己的需要而必须付出的成本；应当思考如何让消费者便利地获得商品和服务；应当把促销变成与消费者的沟通，积极主动与客户沟通找到双赢的同感。

4R 营销理论是由美国整合营销传播理论的鼻祖唐·舒尔（Don E. Schuhz）在 4C 营销理论的基础上提出的新营销理论。4R 营销理论认为企业与顾客是一个命运共同体，建立并发展与顾客之间的长期关系是企业经营的核心理念；4R 营销理论强调在相互影响的市场中，对经营者来讲不在于如何控制、制定和实施计划，而是在于如何站在顾客的角度及时地倾听，建立高度回应顾客需求的商业模式；4R 营销理论明确与顾客建立长期互动和和谐关系的重要性；4R 营销理论认为任何交易合作关系的巩固和发展，都是经济利益问题，因此一定的合理回报既是正确处理营销活动中各种矛盾的出发点，也是营销的落脚点。

任务实施

汽车市场营销优秀案例分析

1. 目的要求

1) 到学校图书馆或图文中心，通过阅读相关报纸杂志或搜索网上信息，寻找当前汽车市场中汽车营销（包括商业模式变化、产品创新、服务突破、渠道拓展、促销活动）的优秀案例。

2）提高学生运用市场营销基本理论发现、分析、总结市场营销实战案例的能力。

2．器材与设备

1）利用学校的图书馆或图文中心。

2）学生带好用以记录的文具用品。

3．注意事项

1）摘录材料需说明来源。

2）摘录材料需要经过整理后，进行分析、总结，明确说明案例的成功原因和与市场营销相关的理论依据。

4．操作过程

1）教师事先说明作业要求及正确步骤。

2）事先设计好汽车营销企业市场营销优秀案例采集表。

3）组织学生到学校图书馆或图文中心查阅资料。

4）正确填写汽车营销企业市场营销优秀案例采集表（表1–3）。

5）组织学生选择若干优秀案例进行讨论。

表1–3 汽车营销企业市场营销优秀案例采集表

姓名		班级		学号	
案例名称					
所涉企业					
材料来源					
案例实录					
成功表现					
理论依据					
实施体会					
教师评价					

任务评价

学生自评、小组互评、教师评分（表1–4）

表1–4 汽车营销企业市场营销优秀案例采集评价表

评价要素	得分	评分细则
汽车营销企业市场营销优秀案例采集	5	任务明确、操作合理、内容完整、信息正确、分析准确、填写完整
	4	以上内容中有1项不符合要求
	3	以上内容中有2项不符合要求
	2	以上内容中有3项不符合要求
	1	总体上不符合要求
最终得分		

任务二

汽车市场竞争与营销创新

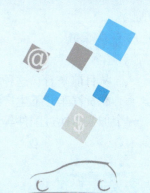

学习目标

1. 了解我国汽车营销企业面临的市场竞争。
2. 了解企业核心竞争力、核心运作竞争力、核心知识竞争力的关系。
3. 理解创新的概念和重点。
4. 熟悉汽车营销价值链创新的主要内容。
5. 掌握当前汽车市场常用的创新市场营销策略。

任务导入

案例 1：

中国重汽重视营销创新

中国重汽重组之初，采取的是自销的营销方式，自有营销人员多达 1400 余名，而年销量仅有 1 万辆左右，单车用在销售环节的费用高达 3 万元。在重汽大力发展经销商、改装厂和 4S 店，依靠社会力量销售产品以后，重汽的专业营销人员压缩了 40%，销量大规模提升，成本大幅下降。2006 年，重汽销售管理人员有 590 人，支撑了 7 万辆的销量，单车销售费用仅为 2000 元左右。

目前，重汽的"亲人"服务已经被纳入"一线通"信息系统，将用户、服务店、备件中心等有机结合起来。

案例 2：

一张小芯片年省 20 亿

中国重汽卡车公司每天装配 85 种驾驶室，同时为不同的用户生产不同的载货汽车，每辆车的零部件必须准时送到指定工位，每安装一个配件都要记录相关信息。之所以能把这一切做得有条不紊，全靠车头上的这块神奇芯片。

这张小小的芯片就是每一辆载货汽车的一个电子身份证，这里每一个工位上扫描的每一块零部件的信息最终都汇集到这里，并随车销售给用户。

现在中国重汽卡车公司在全国，包括世界各地的客户，都能够通过计算机系统来检索这辆车处于什么状态。通过网络和全球定位系统，不仅客户知道自己的车况，零部件供应商也能了解到总装线还需要多少配件，这种随时随地的联系，使企业实现了整车销售和零部件采购"零库存"。

从目前来看,这种模式每年节约流动资金约20亿元,与原来相比,成本下降2%左右。

载货汽车开下生产线后,这张芯片又增加了病例卡的功能,什么时间、什么地点、由哪一个加盟店换过配件等售后信息,都在客户服务人员的密切关注下。

知识准备

一、汽车市场面临的创新任务

1. 汽车营销企业面临的挑战

汽车营销企业在市场竞争中面临一系列的挑战,包括来自顾客的挑战,来自竞争对手的挑战,来自市场变动的挑战。

(1) 来自顾客的挑战

来自顾客的挑战主要表现在汽车购买对象和顾客的购买行为随时在发生各种转变,表现在:企业和政府消费为主向私人消费为主转变;从满足单一的需求,向满足多方面需求转变;从依赖朋友协助选购向获取更多信息、自行选购转变;从单一强调性能价格比向同时考虑产品、价格、服务、品牌、人员价值、感觉和企业质量方面转变;从片面考虑购车向全面考虑用车全过程转变;从强调个人需求向结合整体宏观环境对自己的购车行为做出总体判断转变;购车对象的平均年龄逐年降低,并出现多元化倾向;顾客购车从感性思考向感性和理性思考相结合的方向转变;顾客的品牌意识逐步形成,车型选择逐步向优质品牌集中;顾客和经销商的关系从银货两讫向长期化方向转变。

(2) 来自竞争对手的挑战

产能过剩是买方市场的基本特征,供求关系决定着市场竞争的激烈程度。在供大于求的情况下产销关系、竞争内容、竞争焦点都会发生与此相关联的变化。在供大于求的情况下,顾客更加关注服务满足、知识信息。这就对汽车营销企业提出了更高的服务要求(图1-14)。

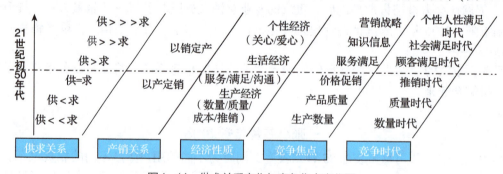

图1-14 供求关系变化与竞争焦点变化图

(3) 来自市场变动的挑战

中国汽车市场与改革开放初相比已经发生了翻天覆地的变化。发展格局国际化、市场增长持续化、行业竞争白热化、消费需求个性化已经成为市场的新特点。汽车经营的环境变了,如果企业不能因应而变,仅仅重视手法的导入,却忽略了观念的改变实际上是最大的危险。

2. 汽车营销企业主要任务

低利时代的竞争力将由"规模竞争力"向主要依靠"效率竞争力"转变。在这种情况下,营销、管理、创新、学习已经成为企业发展的重要任务。因为营销所以要管理,管理的目的是要营销;因为创新所以要学习,学习的目的是要创新。

3. 创新的前提是发现问题

汽车市场的大量实践证明,没有营销哲学的提升,一般技术难有成效。随时注意发现企业在竞争意识、营销战略、营销组织、营销策略、企业发展等种种环节上可能存在的问题,这对于改变营销思想,开展营销创新具有重要意义。寻找企业在市场营销过程中存在的问题,必须从大处着手。关键观点、关键策略选择没有错误,细节才决定成败。

(1) 检查核心竞争力

核心竞争力是创造顾客价值的能力;是独特的组织、观念、思维、行为能力;是企业价值链上的全部创新能力。检验企业核心竞争力的标准有三个:

第一,本企业的竞争力必须能够超比例地提供顾客能察觉的价值。

第二,本企业的竞争力必须是独有的,且具竞争性。

第三,本企业的竞争力是打入新的产品市场的基础。

(2) 检查核心运作能力

核心运作能力是使企业能高速度、高效率地生产高质量的产品和服务的过程和功能。例如:迅速推出新产品,包括服务产品的能力;迅速改进产品与服务,以适应顾客需求的能力;整合信息技术,使其产生效能的能力;后勤管理能力;重新设计核心商业过程的能力;吸引和招聘优秀雇员的能力;共享学识、洞察力和最佳实践的能力(图1-15)。

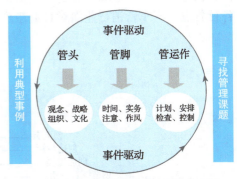

图1-15 确认创新课题的前提是寻找问题

(3) 检查核心知识竞争力

相对于核心运作能力,核心知识竞争力对特定商务而言属于独一无二的专长知识和技术知识的范畴,如关键知识的掌握、关键技术的把握、关键流程的执行等(图1-16)。

4. 全员营销与全员创新

营销是企业全员的活动,创新必须渗透到企业价值链的各个环节(图1-17)。

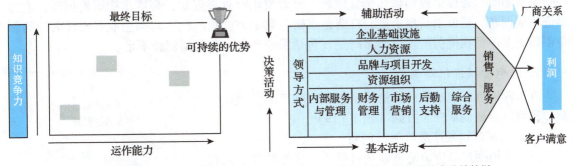

图1-16 汽车营销企业竞争能力图　　图1-17 汽车营销企业价值链

二、汽车市场营销价值链创新

1. 创新(创造)的概念

创新就是创造性地提出问题和解决问题。创造性的评价标准是新颖、有价值。低层次创造是初级的、普遍的、多样性的创造;中间层次创造具有地区、行业的新颖性,具有一般社会价值,能带来经济和社会效益;高层次创造具有历史性价值、世界新颖性,有划时代意义,有时可以改变整个社会理念,改变科学和技术的面貌。

2. 管理学、经济学对创新的定义

管理学、经济学将创新定义为新产品的开发,新市场的开拓,新生产要素的发现,新生产经营管理方式的引进,新企业组织形式的实施。创新是有系统地抛弃昨天,有系统地寻求新机会。

3. 创造学的理论框架

创造学是创新的理论武器,创造学认为创新首先要解决的是创造哲学、创造心理、创造思维、创造环境、创造教育、创造技法。没有观念的改变、心理的预期、环境的认识,创新无从谈起。创造学同时认为,创新成果需要从以下几个方面进行评价,包括创造者、创造目标、创造过程、创造综合分析、创造性决策、创造性成果、创造性评价等。创新可以应用于各行各业。汽车营销行业面对日益激烈的竞争,营销创新已经刻不容缓(图1-18)。

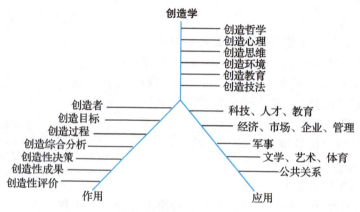

图1-18 创造学的理论框架

4. 汽车市场营销创新的重点

创新不仅应表现在科技上,它应该像血液一样,成为所有汽车营销企业的功能,流经每一个企业细胞。通过全程创新和全员创新,努力消化吸收再创新,高度重视原始创新,大力推进集成创新,建设创新型企业,打造企业核心竞争力。我国汽车营销企业目前最大的问题是创新更多停留在模仿阶段,产品研发(包括服务产品)和营销创新不足。

5. 汽车营销价值链创新

汽车营销创新包括硬产品价值链创新、软产品价值链创新和管理价值链创新三大方面(图1-19)。

(1) 汽车营销硬产品价值链创新

汽车营销硬产品价值链创新通过研发、成果转化、规模生产、销售、售后服务等各个环节展开。研发的创新,包括基本概念、应用技术、产品开发等方面的创新;成果转化创新包括产品工艺设计、产品试制、产品定型、生产工艺设计等方面的创新;规模生产的创新包括原料采购、生产制造和仓储运输方面的创新;销售创新包括营销分析、销售网络、

图1-19 汽车市场营销价值链创新

销售模式等方面的创新;售后服务方面的创新主要是客户服务的创新(图1-20)。

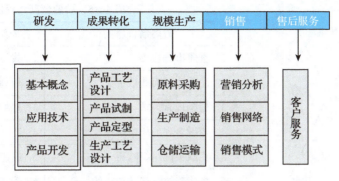

图1-20 汽车营销硬产品价值链创新

(2) 汽车营销软产品价值链创新

软产品价值链创新从服务研发、整体规划、实施监督、执行改进等方面展开。服务研发的创新从顾客心理与顾客需求方面的研究展开;整体规划的创新从服务产品开发、建立服务标准、服务产品定型等方面展开;实施监督的创新从整体培训、监督系统设计、整体执行等方面展开;执行改进则从顾客反馈、应对措施、持续改进等方面展开(图1-21)。

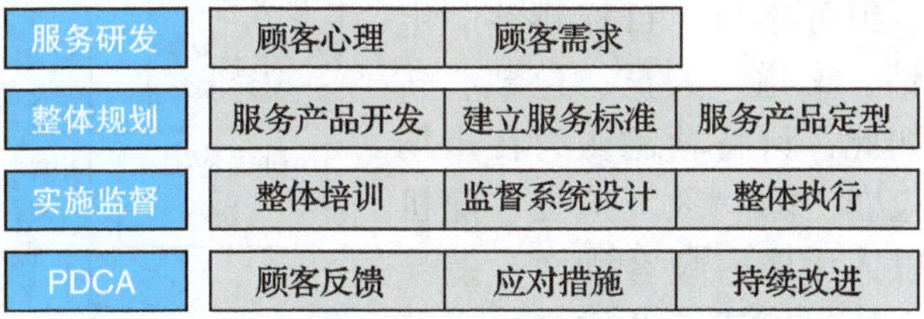

图1-21 汽车营销软产品价值链创新

(3) 汽车营销管理价值链创新

汽车营销管理价值链创新涉及面很广,包括战略决策、政策制定、组织架构、人力资源、财务策略、经营方针、营销管理、企业文化、方针目标展开和系统激励等诸多方面(图1-22)。

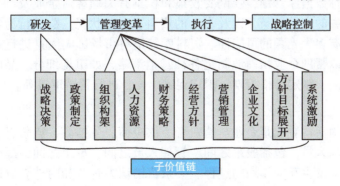

图1-22 汽车营销管理价值链创新

6. 价值创新的六项原则

美国管理学家彼得斯讲过,在这个疯狂的世界里,稳定的放之四海而皆准的东西是没有的。价值创新强调对"价值"和"创新"同样重视。价值创新强调集合最佳元素,减少其他不必要的元素,既有差异性又强调低成本(图1-23)。从战略上讲,价值创新强调六项原则(表1-5)。

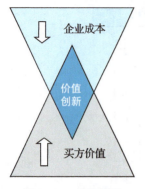

图1-23 价值创新

表1-5 价值创新六项原则

战略制订原则	各原则降低的风险因素
1. 重建市场边界	1. 找寻的风险
2. 注重全局而非数字	2. 规划的风险
3. 超越现有需求	3. 规模的风险
4. 遵循合理的战略顺序	4. 商业模式的风险
5. 克服关键组织障碍	5. 组织的风险
6. 将战略执行建成战略的一部分	6. 管理的风险

三、几种创新的市场营销理论

1. 科特勒的精准营销理论

科特勒认为许多因素都会影响营销结果，包括行销、政治、调研、细分市场、目标顾客、定位、产品、价格、促销、渠道、人员、包装、薪酬等各种因素。不仅如此，科特勒还认为在市场营销过程中必须随需应变、随"敌"应变、随机应变，在战略方向、以人为本、顾客满意、差异化、人员能力、竞争、执行管理、低成本、运营流程、创新、反应、焦点集中等要素上把握营销过程，并把这种思考称之为精准营销（图1-24）。

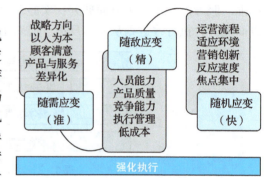

图1-24 精准营销的基本思想

2. 资料库营销

资料库营销也称数据库营销，强调要收集和积累有关顾客对企业及产品的认知、印象识别、支持认同、过去的交易记录，以及个人的资料、财务状况、购买行为等大量信息，经过分析后预测出顾客有多大光顾的可能性。资料库营销将市场影响因素进行系统的定性化及定量化统计分析，可以帮助企业精确地制定各种营销策略，如市场细分，品牌定位，确定目标市场，优化配销通路，制定价格策划，拟定促销组合，进行营销审核等。

3. 关系营销

关系营销把营销活动看成是企业与消费者、供应商、分销商、竞争者、政府机构、外部公众，以及企业内部人员，包括股东之间、管理人员之间、员工之间、部门之间和其他间接影响内部关系的人员发生互动作用的过程。关系营销认为企业和内外人员以及消费者之间的公共关系是企业营销成败的核心问题，其特点是尊重企业与人员或其他组织之间的双向沟通公共关系，而鄙视私人性质的纯人情关系。它的目的是建立一种兼顾双方长远利益且稳定的长期合作的双赢关系，而不是个人短期的金钱利益。

4. 整合营销

近代信息知识及高科技技术的广泛应用，造成传统的经济现象、市场结构、消费行为，甚至消费者的生活方式、文化理念、价值观念等都发生了翻天覆地的改变。在新的情况下许多传统的营销概念有重新整合的必要。整合营销和传统营销最大的区别在于焦点置于消费者和潜在消费者上,而非传统的公司目标营业额或目标利润上。在策略上,整合营销最重要的部分是将消费者购买诱因转到注重宣传产品给消费者带来的利益而非产品的特点。整合营销重新理顺了营销过程中许多不到位、无效率、概念错误以及不切时宜的缺陷,有益于更精确地执行各种营销战略,提升效益,提升企业的成本效益比。

5. 忠诚度营销

忠诚度营销是顾客对所购买的商品及其服务的整体满意程度,包括生理上的物质性硬满足和心理上、精神上、心灵上服务的软满足,以求达到顾客长期不叛离,终身购买,保持顾客终身价值,提高客户继续光顾的可能性。忠诚度营销可以最少的营销费用来增加销售额,有目标地进行精确营销。衡量忠诚度的感性方法有:选购时间的长短,越短越好;对价格的敏感程度,越低越好;对竞争品的认知,越少越好;对质量事故的承受能力,越大越好;对促销活动的反应,越强越好;对受影响者的影响,越弱越好。

6. 直复营销

直复营销是为了达到优质及量化的市场营销目标,公司与顾客及潜在顾客之间进行直接互动式的接触。直复营销的方法有直邮,电话销售,目录式销售,上门推销,信函推售,招贴推销,电视、广播、报纸、杂志、电影直销等。随着电子技术的发展,直复营销通过利用电子媒体,如因特网、电子邮箱、宽频道三合一媒体等达到营销产品的目的。直复营销系统性地使用数据库信息,从中找出适合的轻、重度用户及准客户群,在传播组合的策略下进行有效的一对一营销、个性化营销、订制营销等。直复营销的目标是保持公司与顾客之间的双向沟通,以建立一种长期的良好关系,确保顾客的满意程度,以证明产品及服务的成功。

7. 植入式营销

植入式营销是指将产品或品牌及其代表性的视觉符号甚至服务内容策略性地融入电影、电视剧或电视节目各种内容之中,通过场景的再现,让观众在不知不觉中留下对产品及品牌的印象,继而达到营销产品的目的(图1-25、图1-26)。

图1-25 雷克萨斯LC 500汽车在电影《黑豹》中的植入广告

图1-26 电影《007》中的植入广告

植入式广告不仅可以运用于电影、电视,还可以植入各种媒介,如报纸、杂志、网络游戏、手机短信,甚至小说之中。跌宕起伏、精彩连连的剧情总会让消费者对产品的记忆更加深刻,无意识地记住产品(服务)。

8. 网络营销

网络营销是企业整体营销战略的一个组成部分,是为实现企业总体经营目标所进行的、以互联网为基本手段,营造网上经营环境的各种活动。网络营销概念的同义词包括网上营销、互联网营销、在线营销、网络营销等。笼统地说,网络营销就是以互联网为主要手段开展的营销活动。网络营销具有很强的实践性特征,从实践中发现网络营销的一般方法和规律,比空洞的理论讨论更有实际意义。因此,如何定义网络营销并不是最重要的,关键是要理解网络营销的真正意义和目的,充分认识互联网的营销环境,利用互联网工具为企业营销活动提供有效的支持。加强网络营销研究,必须重视网络营销实用方法的研究。

9. 无线营销

中国是一个以手机为中心的互联网市场。手机的普及使中国成为全世界最大的手机营销平台。无线营销使汽车营销从普通的品牌构建营销过渡到用户与品牌的深度沟通,使之成为精准营销的重要手段。

无线营销的特征是主动式传播、实时互动,以及有针对性地选择传播受众,让企业能够深入地洞察用户的消费形态,建立和保持与消费者之间的主动联系。手机的无线随身性打破了固有的营销方式,正在悄然改变汽车市场的营销格局。

10. 微信营销

微信营销是网络经济时代企业营销模式的一种,是伴随着微信的火热而兴起的一种网络营销方式。

微信营销渠道主要有漂流瓶、位置签名、二维码、开放平台、朋友圈、公众平台等。微信不存在距离的限制,用户注册微信后,可与周围同样注册的"朋友"形成一种联系,订阅自己所需的信息,商家通过提供用户需要的信息,推广自己的产品,从而实现点对点的营销。

微信营销主要体现在商家通过微信公众平台展示商家微官网、微会员、微推送、微支付、微活动、微 CRM、微统计、微库存、微提成、微提醒等,已经形成了一种主流的线上线下微信互动营销方式。

11. 社交网络化营销

社交网络是"网络+社交"的结合体,它通过网络这一载体把人们和机构等个体连接起来,形成有机的、互动的、具备一定属性特点的社会关系团体的集合。社交网络消除或减少了空间和时间的限制;提升了个体之间交流的互动性和效率;增加了个体在社会关系中的影响力。社交网络化营销模式的显著特点表现在:在实现目标上,更好地推动了关系营销模式的发展;在实现结构上,由传统的媒体传播模式,转变为"网络化"的营销结构模式;在实现机制上,由传统的单向传导模式,转变为"病毒化"的互动影响模式;在操作手段上,要求营销者不再是"告知",而更多的是"引导"和"应对"。

任务实施

用"餐垫法"熟悉汽车营销及创新营销的基本问题。

任务执行步骤:

1) 设计好汽车营销及创新营销基本知识考核任务书(表1-6)。

2) 将学生拆分成若干4人小组,照下列方式就座,确定各成员身份号,并选出组长(图1-27)。

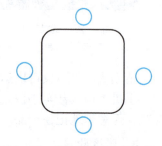

图1-27 餐垫法学习小组分组

3）向学生分发汽车营销及创新营销基本知识考核任务书，每人一份。

4）学生各自在汽车营销及创新营销基本知识考核任务书上填写答案，填写过程保证绝对安静，不准交流。

5）个人完成任务书填写后，按顺时针方向，交给下一位成员补充修改。以此类推做到每个成员的任务书都经过小组所有成员修改。

6）各小组选出一位汇报人，将4位成员的任务书内容进行概括，并准备在班级中汇报交流。

7）抽签组织三四个小组进行汇报交流。

8）汇报交流后各组将4份个人和一份汇总的任务书装订在一起，交给老师。

9）老师对各组经汇总后的任务书进行打分，作为小组成绩，并将成绩录入小组各成员的成绩单。

表1-6 汽车营销及创新营销基本知识考核任务书

组别： 　　　　　成员编号： 　　　　　组长： 　　　　　得分：

请回答下列各个问题				
问题	本编号成员答案	第二位成员补充	第三位成员补充	第四位成员补充
汽车产品的社会经济价值				
什么是市场				
选择目标市场的一般方法有几个				
营销的含义和核心观念				
4P的含义				
4C的含义				
4R的含义				
汽车市场营销创新的重点				
价值创新				
网络营销				
微信营销				

任务评价

1）学生对各组汇报情况进行评价。

2）教师对学生讨论情况进行现场评价。

思考与练习

（本练习做在书上，供老师给出平时成绩抽查使用）

一、填空题

1. 新中国的汽车工业起始于20世纪_____年代初，1953年一汽在长春奠基，_____年第一辆国产解放牌CA10型4t载货汽车正式下线，实现零的突破，我国汽车工业开始了缓慢的发展过程。
2. 我国汽车消费快速增长的基本原因有两个：一是_____；二是规律所致。
3. 就消费者市场而言，归纳起来主要有四大细分变量，包括地理环境因素、人口统计因素、_____因素、消费行为因素等。
4. 市场增长指数是从动态的角度反映企业对子市场开发的可能性。如果增长指数高，说明这个子市场的销售潜力_____，开发价值大。
5. 市场营销学认为产品是指人们通过购买而获得的能够满足某种需求和欲望的物品的总和，它既包括具有物质形态的产品实体，又包括_____形态的利益。
6. 顾客总成本包括顾客所支付的货币成本、时间成本、_____、体力成本及其购买的风险成本等。
7. 4P理论强调营销必须重视产品，价格、_____、促销四个方面。
8. 汽车营销创新包括硬产品价值链创新、_____价值链创新和管理价值链创新三大方面。

二、判断题

1. 广义的市场概念认为：市场是"商品交换关系的总和"。（   ）
2. 实际中的市场就是完全市场。（   ）
3. 一个好的目标市场必须有一定的购买力，企业能够在此取得一定的销售额和利润；有尚未满足的需求，而且有一定的发展潜力；本企业有开拓该市场的能力，而且该市场也未被竞争者完全占领或控制。（   ）
4. 差异性目标市场是指企业针对不同的细分市场，设计生产或经营不同的产品，并根据每种产品的特点分别制定独立的营销策略。（   ）
5. 菲利普·科特勒用最简单的概念定义营销。他说："营销最简单的定义是千方百计地营造顾客满意"。（   ）
6. 需要是个人没有得到某些满足的状态。需求则是有能力并愿意购买某种物品的欲望。（   ）
7. 市场营销者就是卖主。（   ）
8. 核心竞争力是创造顾客价值的能力；是独特的组织、观念、思维、行为能力；是企业价值链上的全部创新能力。（   ）
9. 创新就是创造性地提出问题和解决问题。（   ）

三、简答题

1. 汽车对人类社会的贡献表现在哪些方面？
2. 一个优秀的汽车企业必须做到哪些？
3. 汽车市场营销的总体趋势是什么？
4. 简述我国汽车市场的基本类型。
5. 简述营销观念的历史演变。
6. 新旧营销理论的根本区别在哪里？
7. 简述价值创新的六项原则。

模块二

汽车市场营销环境分析与
应对策略

    汽车市场营销是在一个具体的、日益变动的营销环境中进行的。营销环境包括宏观环境和微观环境两大部分。营销环境可以为企业提供商业机会，也可以对企业造成各种威胁。

    成功的汽车市场营销企业必须持续不断地观察、研究、适应和主动应对不断变化的营销环境，包括预测未来营销环境可能出现的新的变化，改进营销策略，从而把握市场机遇、应对市场挑战。

任务一

汽车市场营销环境分析

学习目标

1. 了解汽车市场营销环境的概念。
2. 熟悉汽车营销微观环境的各种要素。
3. 熟悉汽车营销宏观环境的各种要素。
4. 掌握获取营销环境信息的基本方法。
5. 能通过营销环境信息分析发现市场机会。
6. 能通过各种方法影响营销环境实现主动营销。

任务导入

材料阅读:

1. 经济发展数据（图 2-1）

图 2-1 2014~2019 年我国 GDP 及增速情况

2. 国家政策（图 2-2）

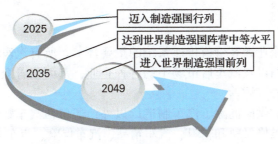

图 2-2 《中国制造 2025》三步走战略

> 阅读以上信息后，请思考"宏观经济变化与汽车市场发展的关系"。

知识准备

汽车营销环境是指那些对汽车企业的营销活动产生重要影响的全部因素，包括汽车营销微观环境和汽车营销宏观环境。汽车营销环境是影响汽车营销部门建立并保持目标顾客良好关系的能力的各种因素和强大力量。

汽车营销企业最终的工作目标是创造顾客价值，营造顾客满意，维持顾客关系，获取企业盈利。任何企业无法单靠营销部门的力量实现这一目标。企业营销目标的实现必须依赖微观环境中的各种要素，并将这些要素整合成一种企业的价值传递系统。汽车营销环境由微观环境和宏观环境组成（图2-3）。

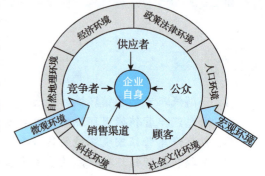

图2-3　汽车营销环境的基本构成

一、汽车市场营销的微观环境

汽车营销微观环境是指与公司关系密切、能够影响公司服务顾客的能力的各种因素，包括公司自身、供应商、销售渠道、顾客、竞争对手以及公众。

1. 企业内部环境

企业内部环境由企业相互关联的各个部门组成，这是对汽车营销结果起决定作用的力量。企业内部环境是一个虽各有分工、但是紧密合作、不可分割的整体，在汽车营销活动中分别承担着决策活动、主要活动和辅助活动的任务，这些活动的合力决定着汽车营销活动的成败。

只有所有部门都从满足顾客需求和营造顾客满意的根本目标出发，通过自己与营销部门协调一致的工作，直接、间接地为顾客提供优质服务和顾客价值，企业的营销目标才能顺利实现。

更为重要的是，企业内部环境中各功能组织的协作水平与企业的竞争力结构密切相关。汽车营销企业的竞争能力包括企业的品牌形象、核心能力、核心竞争力和企业文化，其中品牌形象和核心能力具有张扬性、可见性、可体验性，容易复制，而核心竞争力和企业文化则体现了素质层面的能力，具有隐蔽性和深层性，比较难以复制，对此，尤其值得关注（图2-4）。

2. 供应商情况

供应商是汽车营销企业顾客价值传递系统的重要环节。所有汽车营销企业，包括直接生产和销售汽车的汽车厂商以及汽车后市场中的各种企业，都面临着众多的供应商，为企业提供销售与服务必需的各种资源。

例如：汽车经销商的供应商除了汽车制造厂以外，还包括汽车物流、汽车保修设备与工具、汽车零部件、汽车维修材料和辅料、汽车精品、汽车保险、汽车金融等众多供应商。

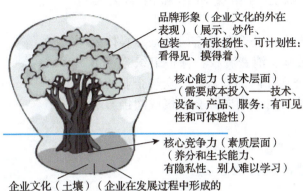

图2-4 企业竞争力图

供应商的品牌特征、供应能力、定价机制、响应速度、人员素质等诸多因素，都会影响汽车销售与服务的品质和客户满意程度，只有随时关注供应商的各种变动，并与之建立和谐的厂商关系，才能真正建立起汽车营销的支持系统，保证客户价值的实现。

3．营销渠道

营销渠道的建立有利于汽车产品和服务的销售，有利于客户开发和客户关系的维护和管理。根据汽车营销自身的产品特征和目标市场，开发和维护各种形式的二级渠道，并与各类渠道建立有效的合作关系，对于企业降低成本、扩大销售、提升客户满意度都有重要意义。

由于我国各地经济、地理、人口分布以及人文特征复杂多元，难以用一种营销模式或者业态来加以规范，这就决定各个品牌、各个区域选用不同的渠道模式，研究、建立适应自身企业的分销渠道，规范、调整、管理已有的营销渠道显得尤其重要。

4．顾客市场

顾客是企业赖以生存和发展的最重要的资源。离开了顾客，企业就没有存在的可能性。汽车营销企业的顾客市场包括私人或家庭顾客、企业顾客、B2B顾客、政府顾客和国际市场顾客（图2-5）。

5．竞争对手

比竞争对手做得更早，比竞争对手做得更准，比竞争对手做得更好，是汽车营销企业获得成功的充分

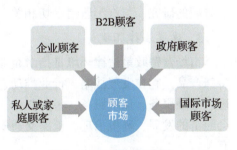

图2-5 顾客市场的种类

条件。研究竞争对手，不应停留在地位优势和企业规模上，应当在更大的范围内展开，包括研究竞争对手的经营策略，研究竞争对手的产品与服务，研究竞争对手的组织构成和竞争能力，研究竞争对手的团队管理和激励机制等，以真正做到"知己知彼"。

6．社会公众

公共关系学认为，所谓公众是指与特定的公共关系主体相互联系及相互作用的个人、群体或组织的总和，是公共关系传播沟通对象的总称。

在汽车营销过程中，公众一般是指汽车营销企业为实现自身目标建立起来的，对其

能力有兴趣或有影响力的相关团体和内部人员（图 2-6）。

汽车营销环境中的主要公众包括金融公众、媒体公众、政府公众、社区公众、消费者权益保护组织等"市民行动"公众、一般公众和内部公众。公众与企业的关系，公众对企业的评价与情感倾向都会直接或间接影响汽车营销。

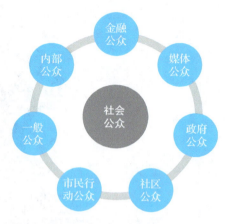

图 2-6 社会公众的类型

二、汽车市场营销的宏观环境

汽车市场营销与宏观环境密切相关，汽车营销需要与之相匹配的宏观环境。与此同时，汽车行业的快速发展又会对宏观环境产生一定的影响。

汽车市场营销宏观环境充满变动因素，可以认识但难以为具体企业所控制，研究与把握宏观环境的变动趋势，利用宏观环境给汽车营销带来的市场机会，规避宏观环境对汽车营销带来的威胁，是汽车营销企业在经营活动中必须随时把握的重要课题。

汽车市场营销宏观环境包括经济环境、政策法律环境、人口环境、社会文化环境、科技环境和自然地理环境六大方面。

1. 经济环境

经济环境对汽车营销的影响尤其明显，这是汽车产业能否发展的基础条件。我国汽车发展的历史表明，自 20 世纪 90 年代汽车开始进入家庭以后，我国汽车保有量逐年递增，到 2018 年底已经达到了 2.48 亿辆，最根本的原因是改革开放极大地促进了我国经济的发展。

2. 人口环境

市场归根结底由人组成。人口学关于人口数量、密度、学历、年龄、性别、职业、种族等方面的研究，与汽车营销密切相关。

3. 政策法律环境

市场营销政策法律环境是指对企业市场营销产生重要影响的各项法律法规之和。汽车是特殊产品，它在发展战略、行业推动、生产制造、技术标准、安全标准、环保标准、商业管理、金融服务、保险服务、售后服务、二手车评估与交易、废旧汽车拆解等诸多方面都与社会经济的发展、环境治理、道路交通安全保障、消费者权益维护等国家利益、公众利益密切有关。

政策法律环境对汽车营销具有重大的影响，汽车营销活动必须清晰了解、适应法律环境的要求，对社会和消费者，用法律和道德要求规范自己的行为。

为此，世界各国在汽车产业发展过程中制定了一系列政策法规，以营造汽车产业发展的政策法律环境，保证汽车与社会、汽车与环境、汽车与资源节约等方面协调发展。我国政府十分重视汽车产业政策法规的制定和实施，汽车政策法律体系基本形成。

4. 社会文化环境

每个消费者都是在一定的文化环境中成长，并在一定的文化环境中生活的，其价值观、生活方式、消费心理、购买行为等必然受到社会文化环境的影响。

社会文化环境具有共有性、差异性、变化性和适应性等基本特点。

社会文化是人类社会发展过程中共同创造、相互影响的各种文化现象和文化活动的总称，某一群体的成员可能具有社会文化上的共同特征、共同方式；个人的社会背景不同，文化特征也不同；社会发展演进，社会文化也会演化更迭；在特定环境下，消费者的心理和行为特征有其客观性和不可控性。汽车营销必须研究新历史条件下的社会文化环境，以适应消费者的真实需求。

5. 科技环境

现代科学技术的高速发展，对推动汽车产品升级，优化产品结构，丰富汽车用户的车上生活都开创了前所未有的新天地。新技术创造新的市场和商业机会，把握智能网联技术、大数据等先进技术在汽车上应用日益广泛的基本事实，及时发现和有效传递新技术给顾客带来的实际利益和愉悦体验，对于汽车营销企业扩大销售，提升客户满意都具有十分重要的意义，这就要求汽车营销人员不断学习新知识，以期为顾客提供更为有力的咨询信息。

6. 自然地理环境

近年来，我国中西部地区的经济发展步伐日益加快，城镇化进程不断加快，农村人口大量地转入城市，全国道路交通情况不断改善，汽车营销的格局也随之发生变化，汽车增长最快的地区逐步转移到了二、三级城市和农村地区。

自然地理环境对于汽车车型需求有着重要的关联度，但随着道路交通条件的不断改变，自然环境、地理特征导致的用车障碍和车型差别将会日益缩小。

有研究表明：中小城市的消费观念大概落后大型城市三年左右，不同级别城市和不同自然地理环境下车主的价值观有所不同。一般来讲，大型城市车主比较强调个性；中型城市车主则比较看重身份地位的体现；小型城市车主在意全面成本和社会归属；地形复杂地区的车主更加强调车辆的通过性和现实意义；与大城市相比，中小城市购车行为更为慎重。这说明，大城市消费者更加注重汽车带来的实际价值，而中小城市消费者对于汽车更看重对社会地位的标榜和社会归属感，农村地区的车主则更加相信先行客户的体验和口碑传递，利益考虑比较现实。

任务实施

一、当地社会经济发展情况信息采集

1. 目的要求

1）采集当地（或自己家乡）上一年社会经济发展情况的主要数据（人口情况、经济发展速度、人均 GDP、人均可支配收入等）。

2）采集当地（或自己家乡）上一年主要产业发展的情况。

2. 器材与设备

1）计算机、外联网络。

2）事先印制本地社会经济发展状况信息采集表（表 2-1）。

表 2-1 本地社会经济发展状况信息采集表

姓名		班级		学号	
信息来源					
采集时间			年　月　日		
采集方法					
数据时限		年　月　——　年　月			
相关数据					
总人口	男（%）	女（%）	年 GDP 总量	同比增速（%）
人均 GDP	人均可支配收入	第一产业	第二产业	第三产业

3．注意事项

1）数据必须来自政府或行业组织相关统计部门。

2）按照学校实际条件，可以组织学生统一上网，也可以分散地以作业形式进行采集。

4．操作过程

1）教师事先说明作业要求及正确步骤。

2）正确开机，认真采集信息。

3）正确填写本地社会经济发展状况信息采集表。

4）将数据统计后张贴在班级壁报栏上展示。

5）评出优秀小组。

二、当地汽车车型结构模拟调查

1．目的要求

1）了解当地汽车车型结构比例。

2）核对当地汽车车型结构与全国的差异。

3）加深对汽车消费与汽车营销环境关系的认识。

2．器材与设备

1）计算机及外联网络。

2）笔记本。

3）事先印制当地汽车车型结构调查表（表 2-2）。

表 2-2　当地汽车车型结构调查表

姓名		班级		学号	
信息来源					
采集时间			年　　月　　日		
采集方法					
相关数据（总量 300 辆）					
农用汽车	微型汽车	轿车	SUV	MPV	商用车
辆	辆	辆	辆	辆	辆
%	%	%	%	%	%
调查体会					

3．注意事项

1）有序组织、注意安全。

2）路口选择要考虑不同类型。

4．操作过程

1）教师事先说明作业要求及正确步骤。

2）学生实地考察。

3）组织学生分组在学校附近不同路口记录经过车辆的车型类别（每人数 300 辆车）。

4）正确填写当地汽车车型结构调查表。

5）各小组综合整理本组同学的调查数据，获得当地某地段通过车辆的类型结构，并进行数据分析。

6）将数据统计后张贴在班级壁报栏上展示。

7）强调调查过程的组织纪律与交通安全。

8）评出优秀小组。

任务评价

1）采用自评、小组或教师相结合的评价方法评价。

2）学生投票选出优秀小组。

3）评价要求见表 2-3。

表 2-3　本地社会经济发展状况信息采集、当地汽车车型结构调查评价内容

评价项目	数据完整性	统计正确性	汇总材料设计	统计图表应用
得分比例	40%	20%	20%	20%

任务二

汽车市场营销环境应对策略

学习目标

1. 知道汽车市场营销环境的一般特点。
2. 熟悉中国汽车市场营销环境的特色。
3. 熟悉中国汽车市场营销环境的发展趋势。
4. 掌握汽车营销环境的应对策略。
5. 能列出和掌握SWOT分析的内容。
6. 能应用SWOT理论,通过材料采集和整理进行SWOT分析。

任务导入

资料阅读:

区域营销成主流　二三线市场谁主浮沉

过去几年,中国汽车市场又进入了一个高速发展的时期。但不可否认,汽车市场在中国一线城市的增长速度已经大幅减缓,其主要增长点落在了二次购车的消费群中,这无疑不能满足各大厂商的产能消化。

从目前披露的信息可以看出,几乎所有的汽车厂家都宣布要加快渠道下沉的速度,加大在二、三级市场的营销资源投入,这预示着二、三级市场将成为下一个10年中国汽车营销的主战场。

海马汽车曾启动过一个名为"骑士之旅·亲近母亲河"的活动,是继完成7726km"万里走黄河"大型自驾采访考察活动后,海马汽车以关爱、保护母亲河的理念开展的区域营销行动。这是海马汽车"发现中国之美"骑士巡展活动开展以来的第二个区域活动。第一次活动时,海马在全国各大区域同时掀起一股文化热潮。三秦之艺、江南之秀、潇湘之曲、燕赵之巧、滇境之奇,各大区域都开展了探寻具有区域特色的人文民俗、自然风光、神奇建筑、地方美食等能体现"中国之美"的元素的活动,让骑士巡展活动真正地实现了感受中国文化之美、自然之美、精神之美的宗旨。同时,随着活动的开展,骑士销量节节上升,达到区域营销的最终目的。

区域营销只有对差异化的市场环境有正确、深入的了解才有可能成功。但是对于差异化的掌握,太细则不利于全国推广,太泛则又无法真正引起区域消费者的共鸣。在这方面,海马骑士沿用"母亲河"的概念,可谓恰到好处。母亲河文化在全国各地都有所体现,而不同区域的母亲河文化恰恰是区域文化特色的核心体现。以此为由头,海马骑士充分调动了区域消费者的积极性，同时也真正引起了消费者的共鸣。

（本文信息来源：《重庆时代信报》）

> 阅读以上资料后请思考：
> 1. 为什么二、三线城市在未来会成为中国汽车的主战场？
> 2. 从营销环境对策的角度分析海马汽车启动的"骑士之旅·亲近母亲河"活动有什么重要意义？

一、市场营销环境的普遍特点

1. 汽车市场营销环境的特点

由于社会、经济、科技等方面的迅速发展，世界经济全球化、一体化过程的加快，IT技术的快速普及，以及消费需求的多样化，使得所有企业所处的环境更加开放和动荡。汽车市场营销就是在这种复杂而多变的营销环境下进行的。汽车市场营销环境的特点是：

（1）复杂性

在微观营销环境中，除了公司自身，供应商、销售渠道、顾客、竞争对手以及公众与汽车营销企业实际上存在着一种竞争或合作的关系，微观营销环境中角色的数量众多且各不相同，可能与之合作，也可能成为对手；在宏观环境中，很多要素信息来源渠道并不畅通，就具体企业来讲也很难控制，且时有变动，这就增加了营销环境的复杂性。

（2）变动性

除了某些比较稳定的法规，营销环境中的诸多因素，无一不在变动之中，如果缺乏有意识的关注，没有持之以恒的观察与分析，不能用新经济条件下的敏锐目光进行创造性的工作，要适应变动中的营销环境就相当困难。

（3）可知性

汽车市场营销环境中的有些因素，从一个具体企业来讲难以控制，然而不可控不等于不可知。事实上，只要思想重视、目标清晰、策略得当、措施到位，汽车营销市场的营销环境是可知的。宏观环境中的许多因素，虽然在信息公开上会有延迟，但主要数据都可以在政府官网上搜索到；全局性的行业数据，一般企业难以得到，但可以通过购买得到。至于微观环境中的各种要素，特别是内部员工和社会公众，都是企业在运营过程中需要经常接触的对象，关键在于善于观察、善于互动，一般都不难了解到。

（4）相关性

汽车市场营销环境各要素之间不是孤立的，而是一个主观与客观相容、微观与宏观关联、相互联系、相互依赖、相互作用、相互制约的关系。例如：汽车刺激消费政策，宏观调控、通货膨胀、道路交通改善、科技进步、内部管理、队伍建设、公关危机等因素，都会对汽车营销带来积极或消极的影响。

（5）差异性

汽车营销企业的微观环境，由于管理思想、人员结构、运作模式表现出很大的差异性。汽车营销宏观环境虽然总体上是一致的，但由于企业、品牌、地理位置、风俗、流行、政府管理体制等不同，使企业实际面对的宏观环境具有明显差异性。例如：国家关于校车政策的推出，对于客车销售的推动很大，但对乘用车销售几乎没有影响。又如：政府采购关于排量限购的规定，对于高排量汽车以及低质量的汽车有消极影响，而对限购范围内的汽车则带来重大商机。

（6）可用性

营销环境对于汽车营销的影响是辩证的，既可能为企业带来机遇，也可能对企业造成威胁。关键在于汽车营销企业如何清晰地了解、理解和利用营销环境，主动转变思想，创造有利条件，优化营销体制和机制，从而抓住市场机会，使企业得到发展。

2. 全球汽车市场的发展趋势

（1）产销格局

全球汽车产销格局发生转变，美、欧、日等发达国家和地区需求趋缓；亚太、东欧、南美等新兴市场增速趋快。发展中国家汽车产量占全球的份额正在逐步扩大。

（2）战略重组

全球汽车产业战略性重组步伐加快。为缓解产能过剩、开发成本大幅攀升，全球汽车产业进行大规模重组，生产集中度明显加快，汽车企业强势联合已成潮流。

（3）竞争焦点

市场向个性化、时尚化、节能环保、智能网联等多方向发展，竞争焦点已开始趋于独创性。

（4）技术创新

技术创新成为获得核心竞争力的关键。国际汽车市场竞争的实质是技术创新能力的竞争，主攻方向从规模生产转向以微电子技术和信息技术、智能网联技术为代表的高新技术生产。新材料、新技术、新工艺、新能源成为重点领域。汽车工业将全面进入智能网联新时代。

（5）供货趋势

平台战略、全球采购、模块化供货渐成趋势。

（6）产业发展

节能、环保、安全成为全球汽车产业发展的主要趋势。

（7）车型开发

安全设计、小排量、轻量化、智能网联、新能源成为车型开发的新趋势。

（8）汽车设计

基于因特网的计算机全程设计、灵境技术应用和设计自动化成为汽车设计的新趋势。

3. 我国汽车市场营销环境的鲜明特征

我国汽车市场是世界汽车市场的一部分，与世界汽车市场一样有着诸多的共同特点。但是，我国汽车市场又不同于世界上任何国家，有着自己鲜明的特色。

为此，我国汽车营销既要讲国际化，也要讲本土化。但凡能够在我国汽车市场得到良好发展的跨国企业，一定高度重视本土化；但凡能够在境外获得良好业绩的我国企业，一定高度重视国际化。

为此，研究汽车市场的营销环境，必须"顶天立地"，高度重视人情、行情、国情和世界格局的变化（图2-7）。

4. 我国汽车市场五大趋势

（1）产业地位

汽车从奢侈品向生活必需品过渡，汽车作为国民经济支柱产业的地位得到进一步的认可。

（2）增速调整

中国汽车市场年增长率将从高速增长向稳定、高质量增

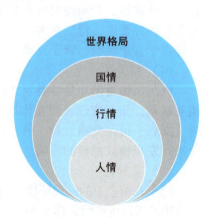

图2-7 聪明的营销环境思考

长发展,整个产业链的资源配置必须做出相应的调整。

(3) 重点市场

三四线市场将成为未来发展的重点市场,从而推动渠道模式变革和营销方式变革。

(4) 渠道变革

市场需求变化催生渠道变革,渠道模式将向大型化、多级化和多样化发展。

(5) 精准营销

传统的营销手段使企业不堪重负,让营销更加精准成为汽车营销的趋势。

二、市场营销环境的不同对策

面对客观存在的营销环境,汽车营销企业可能采取不同的态度,采用不同的应对策略(表2-4)。

表2-4 应对营销环境变化的三种对策

怠于研究	消极接受	积极管理
◆ 对汽车市场环境变化熟视无睹 ◆ 不管环境变化,凭经验盲目行事	◆ 不研究事物发展的客观规律,被动接受变动 ◆ 面对复杂多变的市场环境,消极应对	◆ 积极理解环境变化,主动创造条件影响环境 ◆ 适应市场变化,积极调整管理,主动营销

1. 怠于研究

这类企业热衷于产品优势和地位优势,忽略人的作用,忽视对市场的研究,对营销环境的变化熟视无睹,依赖行业增长,因而盲目行事。市场旺销的时候趾高气扬,一旦遇到市场障碍就垂头丧气。

2. 消极接受

不少企业认为汽车市场营销环境无法控制,企业只能被动接受营销环境。抱有这种观点的企业,对于市场营销环境的主要策略是"适应"。为了适应营销环境,它们分析营销环境,回避威胁因素,利用环境机会。

3. 积极管理

这类企业不仅观察营销环境的变化,及时做出反应,而且主动采取措施去影响营销环境中的某些力量,使之朝着有利于企业的方向去发展。例如,提升客户满意,以获取客户忠诚;强化客户关系管理以争取客户的终身价值;加强团队建设,以增强队伍的核心竞争能力;利用表达编辑者看法的"广告社论",以影响立法或政策的制定;把握自然环境和技术环境的趋势,以修正自己的营销战略;解释文化环境的变化,以改进产品设计和销售中的卖点开发等。所有这些策略都使企业时时站立在行业的前沿,从而掌握营销、主动营销、创新营销。

三、营销环境管理的 SWOT 分析

1. SWOT 分析的含义

SWOT 分析也称态势分析法,是汽车市场营销环境管理中最常用的方法。SWOT 分析的

内容包括企业在营销环境中的优势、劣势、机会和威胁（表 2-5）。这是对企业内外部环境各方面因素进行综合和概括，进而分析企业的优劣势、面临的机会和威胁的一种方法。

通过 SWOT 分析，可以帮助企业把资源和行动聚集在自己的强项和有最多机会的地方，并让企业的营销策略更加明朗。

表 2-5　SWOT 分析与应对策略

	内部优势（S）	内部薄弱环节（W）
外部机会（O）	抓住机会、利用优势、努力发展	克服劣势、利用机会，提升自身能力
外部威胁（T）	用优势化解或减少威胁，保持健康的生存发展	将弱点和威胁最小化，采用防御、收缩或者退出策略

(1) 机会与威胁分析

环境发展趋势分为两大类：一类表示环境威胁，另一类表示环境机会。

环境威胁指的是环境中一种不利的发展趋势所形成的挑战，如果不采取果断的应对策略，这种不利趋势将会导致公司的竞争地位受到削弱。

环境机会是对企业富有吸引力的领域，在这一领域中，企业将拥有竞争优势。

(2) 优势与劣势分析

企业竞争优势是指一个企业具有超越其竞争对手的赢利能力。这种能力可以是有别于竞争对手的任何优越的东西，包括产品线的宽度，产品的大小、质量、可靠性、适用性、风格和形象以及服务的及时、态度的热情等。衡量一个企业及其产品是否具有竞争优势，最根本的是客户的体验、感觉和反应，而不是企业的自我感觉。

企业的劣势是指企业在营销过程中相对于竞争对手更加不利的条件，包括产品、价格、促销、渠道、成本、管理水平、队伍素养等各个方面。

2. 怎样进行 SWOT 分析

(1) SWOT 分析的主要内容

SWOT 分析必须按照企业的实际状态，以及需要解决的营销问题，择其关键要点进行展开。只有这样，才能准确判断自己在汽车营销市场上的客观地位（表 2-6）。

表 2-6　SWOT 分析的主要内容

S：潜在资源力量	W：潜在资源弱点	O：公司潜在机会	T：外部潜在威胁
有力的战略	战略导向模糊	服务独特的客户群体	强势竞争者的进入
有利的金融环境	陈旧的设备	新的地域扩张	替代品引起的销售下降
有利的品牌形象和美誉度	超额负债与不良的资产负债表	产品组合的扩张	市场增长乏力
被广泛认可的市场领导地位	超越竞争对手的超额成本	核心技能向产品组合转化	贸易政策导致的不利转化
专利技术	缺少关键技能和资格能力	垂直整合的战略形式	新规则引起的成本增加
成本优势	利润的损失部分	分享竞争对手的市场资源	商业周期的影响
强势广告	内在的运作困境	竞争对手的弱化	客户与供应商杠杆作用的加强
产品创新技能	狭窄的产品组合	战略联盟与并购带来的超额市场覆盖	消费者购买需求的下降
优质的客户服务	市场规划能力薄弱	新技术开发通路	人口与环境的变化
优秀的产品质量		品牌形象拓展的通路	
战略联盟与并购			

(2) 复合 SWOT 分析

SWOT 分析过程中最容易出现的问题是分析过于简单，结论过于抽象。为了弥补 SWOT 分析过程中普遍存在的缺陷，有必要从 4P 营销理论框架的各个维度出发，对产品、价格、渠道、促销进行较为细致的复合分析。复合 SWOT 分析的结果会使分析者更加清晰地了解自己的问题，从而采取更加有针对性的决策（表 2-7）。

表 2-7 复合 SWOT 分析

	产品	价格	渠道	促销
S 优势	◆ 实体商品特征 ◆ 商品质量水平 ◆ 附属产品	◆ 价格的灵活性 ◆ 价格水平 ◆ 价格的变动期限	◆ 销售渠道类型 ◆ 商品陈列 ◆ 中间商	◆ 促销组合 ◆ 销售人员 ◆ 人员魅力
W 劣势	◆ 产品包装 ◆ 使用保证 ◆ 产品线	◆ 价格的区别对待 ◆ 折扣与让利 ◆ 公开合理	◆ 店面位置 ◆ 商品物流 ◆ 商品仓储	◆ 人际感情 ◆ 促销让利 ◆ 客户关系
O 机会	◆ 品牌质量保证 ◆ 产品性能特色 ◆ 产品风格的一致性	◆ 公平合理 ◆ 分期付款 ◆ 信用条款 ◆ 价格的心理感受	◆ 零配件渠道 ◆ CIS 识别 ◆ 渠道覆盖面 ◆ 渠道专业化	◆ 广告类型 ◆ 广告影响 ◆ 宣传作用 ◆ 媒介类型
T 威胁	◆ 产品的耐用性 ◆ 产品的可靠性 ◆ 产品的可维修性 ◆ ……	◆ 仔细明了的价格构成 ◆ 价格的价值依据 ◆ ……	◆ 维修点 ◆ 展厅管理 ◆ ……	◆ 解释比较 ◆ 活动策划 ◆ 促销创意 ◆ ……

3. 市场营销环境管理策略

(1) 面对机会

面对机会可以采取抢先策略、紧跟策略或观望策略。抢先策略，即市场机会明朗，企业有实力、有把握，抢先一步，积极应对，开发新产品，抢占市场。紧跟策略，即市场机会并不明朗，企业承受风险的能力有限，可以紧跟领先企业，开发新市场。观望策略，即市场机会不明朗，自己的优势也不突出，可以采取积极观望的态度，选择时机再做决定。

(2) 面对威胁

面对威胁可以采取反抗策略、减轻策略或转移策略。反抗策略是指采取措施，设法限制或扭转不利因素的发展。减轻策略是指通过产品、价格、渠道和促销等市场营销组合的手段来改善营销环境，以减轻环境威胁的程度。转移策略是指主动放弃某些业务，把注意力转移到其他盈利更多的业务中去。

任务实施

SWOT 分析应用练习：

1. 目的要求

1) 能熟练列出 SWOT 分析的基本内容。
2) 在网上收集一家汽车企业的综合情况，并进行 SWOT 分析。
3) 提出该家企业营销环境的应对策略。

4）网上收集材料要表明信息来源，并列出参考资料清单。

5）应用练习仅为模拟实训，只作为学生学习、练习、能力考核用，不对外公开。

2．器材与设备

1）计算机和外联网络。

2）事先印制汽车营销企业SWOT分析表。

3．注意事项

1）SWOT各项内容要翔实，不遗漏要点。

2）策略选择要准确。

4．操作过程

1）教师事先说明作业要求及正确步骤。

2）正确开机，认真采集信息。

3）正确填写汽车营销企业SWOT分析表（表2-8）。

4）组织学生交流。

表2-8 汽车营销企业SWOT分析表

姓名		班级		学号	
信息单位					
采集时间	年　　月　　日				
采集方法					
SWOT分析					
对策　　　　企业内部因素 企业外部因素	内部优势（S） 1. 2. 3.		内部劣势（W） 1. 2. 3.		
外部机会（O） 1. 2. 3.					
外部威胁（T） 1. 2. 3.					
调查体会					

采用学生、小组、教师相结合的方法对应用练习的成果进行评价（表2-9）。

表 2-9　SWOT 分析应用练习评价内容

评价项目	归类正确	对策正确	报告清晰	汇报流畅
得分比例	40%	20%	20%	20%

知识拓展

阅读下列材料，思考下列问题：
1. 营销环境与汽车营销之间有着怎样的联系？
2. 六城市汽车生活的差异性是由哪些营销环境因素决定的？

六城市汽车生活素描

北京、深圳、武汉、杭州、昆明和成都六大城市中，北京和深圳是一级城市，生活节奏快，上下班代步使用等工作需要是消费者购车的主要动机。另外，深圳消费者十分注重品牌，选择经销商的主要指标是交通便利。其他四个城市中，杭州经济发达，因此在汽车消费上偏重高档车，广告对于其购车影响不大。武汉汽车工业发达，但武汉人细致、精明，对于车价敏感度高，购车时十分重视朋友的意见。昆明和成都作为西部城市的代表，城市环境较好，周边景色优美，因此，这两个城市的消费者购车以出游为目的的比例较其他四个城市高，在昆明，家庭购车过程中，女性意见十分重要。而成都消费者购车多选择规模较大、实力较强的经销商。

1. 六城市需求及消费结构比较

六个城市汽车消费增长十分迅速。六城市中，2007 年增长率最高的武汉，年增长率为 28%，其次为成都，年增长率为 26.6%。可见，中国二级市场消费潜力正快速释放。

2. 六城市需求市场份额

从消费结构来看，A 级车是各个城市消费最集中的车型。但由于经济发展水平不同，东西部城市汽车消费结构差异较大。成都的消费级别较低，A00 级车所占比例在六城市中最高，达到 20.4%；杭州、深圳的消费级别较高，B、C 级车所占的比例较大，杭州 B 级车消费比例为 33.5%，C 级车消费比例为 6.2%，深圳 B 级车消费比例为 25.4%，C 级车消费比例为 7.4%，是六城市中 C 级车消费比例最高的。

3. 城市购车动机比较

经济条件的提高是人们购车的主要动机，这一特点是六城市的共通之处，武汉 47.8% 的车主因为经济条件提高，购车享受生活。但六城市也显示了各自的特点。北京、杭州由于上下班距离远而选择购车的比例相对其他城市较高，北京 35.8% 的消费者购车是上下班代步，杭州此购车动机占比 37.2%。而深圳外来创业者多，33.7% 的消费者为"工作性质需要"而购车。成都、昆明周边环境优美，为了"外出游玩"而购车的消费者比例较高，分别占 9.6% 和 7.4%。

4. 影响选购的最重要因素

品牌、价格和安全性是中国消费者购车首要的看重因素。六城市中，北京、深圳和成都的消费者对品牌更加看重，所占比例分别为 26.7%、28.2% 和 30.6%。昆明、武汉消费者购车时对价格更加敏感，所占比例分别为 29.4% 和 28.3%。杭州消费者的看重因素较分散，对品牌、价格和安全性三项的看重程度基本相当。

5. 购车主要决策者对比

购车主要决策者更加体现出了各个城市消费者的特征。北京购车家庭中男女购车决策比例相同，均为36.2%，成都、昆明购车家庭中，女性作为决策者的比例高于男性，占比高达63.6%，在武汉，朋友、同事的意见在购车决策中起到了很大作用，所占比例为44.3%。汽车广告宣传对购车选择影响对比。六城市总体看，汽车的广告宣传对消费者购车有一定影响，其中，成都和武汉的消费者受广告影响较大，所占比例分别为62.6%和67.1%。杭州和昆明的消费者对汽车的广告宣传不感兴趣，选择基本没有影响的消费者比例为51.2%和29.8%。

6. 车主选择经销商购车的原因对比

车主在选择经销商时，经销店的地理位置是消费者进行选择时考虑的重要因素。深圳消费者是六城市中最关注交通便利的，占比68%。除了对交通便利因素的考虑，北京消费者比较关注亲朋好友的意见，比例为34.6%。成都和武汉对经销商规模的关注度很高，所占比例分别为52.5%和48.4%。另外，经销商的价格优惠对昆明、武汉、成都消费者是比较有效的吸引手段，分别有45.1%、34.3%和47.4%的消费者会受价格优惠影响。

（材料来源：《每日车市》）

思考与练习

一、填空题

1. 汽车营销环境是指那些对汽车企业的营销活动产生重要影响的_____因素。
2. 顾客是企业赖以生存和发展的_____资源。离开了顾客，企业就没有存在的可能性。
3. 汽车营销企业的顾客市场包括私人或家庭顾客、_____、B2B顾客、政府顾客和国际市场顾客。
4. 经济环境对汽车营销的影响尤其明显，这是汽车产业能否发展的_____条件。
5. 每个消费者都是在一定的文化环境中成长，并在一定的文化环境中生活的，其价值观、生活方式、消费心理、购买行为等必然受到社会_____的影响。
6. SWOT分析的内容包括企业在营销环境中的优势、劣势、_____和威胁。

二、判断题

1. 营销渠道的建立有利于汽车产品和服务的销售，有利于客户开发和客户关系的维护和管理。（　　）
2. 公共关系学认为，所谓公众是指与特定的公共关系主体相互联系及相互作用的个人、群体或组织的总和，是公共关系传播沟通对象的总称。（　　）
3. 市场营销政策法律环境是指合同法。（　　）

三、简述题

1. 简述汽车市场营销宏观环境。
2. 简述汽车市场营销环境的普遍特点。
3. 简述全球汽车发展趋势。
4. 简述中国汽车市场五大趋势。
5. 简述市场营销环境管理策略。

模块三

汽车市场调研与市场预测

企业开展市场营销的目的主要是为了比竞争对手更好地满足市场需要，取得竞争优势，进而取得比竞争者更多的利润收入。如果想达到这样的目的，就必须了解市场需求及竞争者的状况，开展市场营销调研，广泛收集市场营销信息，并根据取得的信息进行分析，预测市场的发展趋势，从而制定市场营销战略。

市场营销信息是指在一定时间和条件下，与企业市场营销有关的各种事物的存在方式、运动状态及其对接收者效用的综合反映。它一般通过语言、文字、数据、符号等表现出来。

所有的市场营销活动都以信息为基础展开，经营者进行决策的过程也离不开各种市场信息。

市场营销信息的来源广泛，种类多样，可分为内部信息和外部信息。市场瞬息万变，与市场营销相关的信息也会随之发生变化，市场营销信息的收集和分析过程变得复杂起来，掌握与此相关的工具应用，显得越发重要。

市场信息是企业市场调研后取得的资源，也是企业进行市场预测的前提和基础（图3-1）。

图3-1 市场调研、市场信息、市场预测三者关系

任务一 汽车市场调研

学习目标

1. 理解汽车市场调研的作用。
2. 熟悉汽车市场调研的类型、范围和方法。
3. 掌握市场调研的概念。
4. 掌握市场调研的工作步骤。
5. 能应用市场调研的步骤和方法进行汽车市场信息的收集、分析。
6. 掌握市场预测的基本方法。

任务导入

资料阅读：

奥迪 A8 轿车是奥迪豪华轿车系列中价格最昂贵、技术最先进的高档旗舰产品，也是奥迪与奔驰 S 级轿车和宝马 7 系列轿车相抗衡的法宝。在中国，豪华轿车市场还在成长中，与经济型轿车和中档轿车相比，市场规模还较小。尽管如此，竞争却非常激烈。值得注意的是，在豪华车市场，品牌知名度是主要的竞争手段。因此奥迪 A8 在进入中国市场时，聘请了罗德公关公司策划并实施一项强有力的媒体报道计划来增强奥迪品牌在中国的总体形象，提高竞争力。

活动实施前，罗德公关公司对中国豪华轿车市场进行了充分调研。调研发现，在中国豪华轿车市场，奥迪 A8 的主要竞争对手是奔驰 S 级轿车和宝马 7 系列轿车。通过调研还发现，在此之前，奔驰 S 级轿车和宝马 7 系列轿车虽然在中国市场有一定的销量，但从来没有在中国国内市场实施过某一具体车型的投放市场公关活动和试驾活动。另据了解，宝马中国区计划在中国市场实施"体验完美"巡回试车活动，但并非针对某一具体车型投放公关活动。因此，罗德公关公司将要实施的此次公关活动，将是中国高端豪华轿车市场第一次车型投放和媒体公关活动，意义非比寻常。奥迪品牌在全球的核心价值是"技术领先"，罗德公关公司为奥迪中国策划的此次公关活动为其实现了"公关领先"——在公关活动和策划上已经领先于其竞争对手。

阅读上述资料后请思考：
1. 罗德公关公司是如何为奥迪中国做到"公关领先"的？
2. 在此案例中，市场调研对奥迪中国和罗德公关公司起到了什么作用？

知识准备

一、汽车市场调研的基本概念

1. 汽车市场调研的含义

（1）狭义的市场调研

狭义的市场调研是从市场营销的角度定义的，认为市场调研就是对消费者进行调查和研究，收集消费者产品购买和使用的信息资料，通过分析研究来获取市场机会和可能存在的问题。狭义的市场调研将市场调研看作是市场营销整个领域中的一个重要元素。

（2）广义的市场调研

广义的市场调研是从整个市场的角度定义市场调研，认为市场调研是运用科学的方法和手段，收集产品从生产者转移到消费者手中的一切与市场活动有关的数据和资料，并进行分析研究的过程。广义的市场调研调查范围从消费流通领域扩大到了生产领域，不仅包括消费者调研，还包括市场分析、销售分析、广告研究和营销环境研究等多方面的调查研究。

2. 汽车市场调研的作用

（1）为政府及管理部门提供决策依据

通过市场调研，可以正确认识国情国力，为宏观经济决策和调控反馈市场信息，并有效地指导管理部门更科学地制定国民经济计划和相关产业政策。

（2）为企业发展提供决策依据

通过市场调研，可以清晰了解市场的供求情况。市场供求状态由商品可供量和购买力组成，通过调研，企业可根据市场情况和企业自身的实力，决定企业的发展方向，进行正确的市场定位和营销决策。

（3）为产品生产和改进提供决策依据

随着科技的进步，产品的更新换代周期日益缩短。市场调研为生产部门提供市场信息，促进产品更新换代，促进新产品的开发和生产。

企业通过对商品消费数量、变化趋势、普及率的分析判断，商品的生命周期表现等调研，并将信息加以反馈，使生产部门据此制订不同的生产销售计划，促进更新换代。

与此同时，企业还可以根据对消费者的分析，发现其潜在需求，为改进产品性能，提高产品质量，开发新产品提供思路。

（4）为产品促销提供决策依据

市场调研有利于促进商品销售。企业通过市场调研活动，广泛了解市场信息，分析各类商品的销售前景，增加质优价廉、适销对路商品的经营，按照消费者的要求调整经营结构，创造企业经营特色，从而起到扩大销售的作用。

3. 汽车市场调研的类型

市场调研涉及的内容很广，为了有针对性地开展市场调查，从不同的角度出发，可以将市场调研划分为不同的类型。

（1）按调查对象的范围划分

按调查对象的范围划分，市场调研可分为全面调研和非全面调研。

全面调研是对调查对象中所有单位全部进行的调查，其主要目的是取得有关总体的、比较全面而系统的总量资料（图3-2）。

图3-2　2018年各月我国汽车平行进口供求情况

非全面调研是对调查对象中的一部分单位所进行的调查，如典型调研、重点调研和抽样调查（图3-3）。

（2）按调查的深度划分

按调查的深度划分，市场调研可划分为探测性调研、描述性调研、因果性调研和预测性调研。

探测性调研是在企业对市场状况不甚明了或对问题不知从何处寻求突破时所采用的一种方式，以便确定调查的重点。

描述性调研是对市场历史与现状的客观情况如实地加以反映的一种调研方法，通过描述性调研可以比较深入且具体地反映调查对象的全貌（图3-4）。

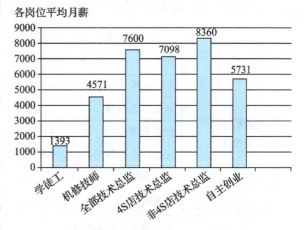

图3-3　某地汽车维修人员平均月薪调查

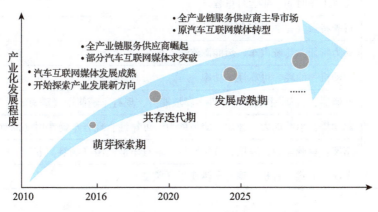

图3-4　2010~2025年汽车产业互联网市场竞争格局

因果性调研就是侧重于了解市场变化原因的专题调研，分析市场上各种变量之间的因果性质的关系，以及可能出现的相关反应。

预测性调研是指对未来可能出现的市场商情变动趋势进行的调研，属于市场预测的范围（图3-4）。

4. 汽车市场调研的范围

企业进行市场调研的内容和范围十分广泛。从广义上说，凡是直接或间接影响企业市场经营活动的资料，都应该收藏、整理；凡是有关企业经营活动的信息都有调研的必要。

对汽车市场而言，其调研的范围内容可以包括汽车市场营销环境调研，如国际国内汽车产业发展宏观环境、政策法律规定、竞争状况等；汽车及零部件市场需求调查；营销组合策略调研，如价格走势、产品开发和技术发展趋势、产品与服务质量状况等；竞争对手调研；用户购车心理与购买行为调研等。

在对汽车市场的调研中，针对汽车消费者的调研应作为调研的重点内容。这是因为企业的销售活动如果没有消费者参与就不能最终实现商品流通的全过程，也就不能使商品实现其最终价值。

汽车消费者调研的主要内容有消费者基本情况及特征、用途及特征、需求特征等内容。例如，对汽车用户基本情况进行市场调研，可从以上三方面展开（表3-1）。

表3-1　汽车用户基本情况市场调查表

消费者基本情况及特征	性别、年龄、婚姻、学历、职业、驾龄
	家庭状况（人口）、家庭年收入、家庭购买模式
	开过车型品牌
	开过车型类别：轿车、MPV、SUV、专用乘用车或其他
	买过什么品牌的车，选择的主要原因？
	所买车辆的类型，选择的主要原因？
	是否购买过二手车？品牌及类型？选择购买二手车及品牌、类型的主要原因？
用途及特征	主要用途？载客状况？
	道路状况：路面、车速、是否固定路线里程等
	连续工作时间、年运行里程
	行驶特点（是否频繁起步、停车等）
需求特征	动力特征：传统汽车、新能源汽车
	发动机：油耗、可靠性、功率
	变速器：自动/手动、可靠性、爬坡能力、现有车辆使用（满意）状况
	驱动桥：承载能力、速比、爬坡能力、可靠性、现有车辆使用（满意）状况
	车架：承载能力、厚度、特殊结构、现有车辆使用（满意）状况
	车厢：形式、容积、现有车辆使用（满意）状况

二、汽车市场调研的基本程序

1. 汽车市场调研步骤

为了使调查研究取得良好的预期效果，必须制订周密的调查研究计划，按步骤做好必要的准备工作，认真实施。市场调研一般分为三个阶段（图3-5）。

(1) 调研准备阶段

准备阶段是调研工作的开端。准备的是否周到，关系到随后实际调查阶段的开展是否能够顺利进行。这一阶段的主要工作有以下三步：

第一步，初步情况分析，确定调研目标。
第二步，成立调研小组，制订调研计划。
第三步，拟定调研问题，制定调研表格。

(2) 调研实施阶段

市场调研的准备工作完成之后，接下来便是调查方案的实施，这个阶段是市场调研工作过程中最费时、费力和花费最大的阶段。调研实施阶段的主要任务是组织调查人员深入实际，按照市场调研方案的具体要求和安排，系统地收集各种信息。

图3-5 汽车市场调研步骤

(3) 分析总结阶段

在这个阶段，调研人员将分头收集到的市场信息资料进行汇总、归纳和整理，对信息资料进行分类编号，然后对资料进行初步加工，并以百分率、平均数、表格、图示等形式把收集到的资料重新展现出来，然后撰写调研报告，将调研结果以书面形式反映出来。

完成调研报告后，并不是调研活动的终结，还要对调研结果进行追踪，即再次通过市场活动实践，检验报告所反映的问题是否准确，所提建议是否可行、效果如何，并总结市场调研的经验教训，以提高市场调研的能力和水平。

2. 汽车市场调研的方法

要有效地组织市场调研，必须根据市场调研的目的、调研内容和调研对象的不同特点，选择恰当的调研方法。市场调研有各种各样不同的分类方法，每种调研方法各有特色，常用的方法有访问调查法、观察调查法、小组访谈法、实验调查法和文案调查法等。

(1) 访问调查法

访问调查法也称询问调查法或问卷调查法，是指按事先拟好的调查问卷，通过询问的方式向被调查者了解并收集市场情况和信息资料的一种调查方法。访问调查法是在市场调查活动中运用最为广泛的一种获取第一手资料的方法。

访问调查法有多种具体的调查方法，根据调查人员同被调查者接触方式的不同可分为面谈调查法、电话调查法、邮寄调查法、留置问卷法、网上调查法五种。这五种访问调查法的特点各异（表3-2）。

表3-2 五种访问调查法的比较

项目/方法	面谈调查法	电话调查法	邮寄调查法	留置问卷法	网上调查法
回收率	高	较高	低	较高	高
灵活性	强	较强	差	强	较强
准确性	好	好	较好	好	好
速度	较慢	快	较快	慢	快
费用	高	较低	低	高	低
资料范围	面窄	面较广	面最广	面窄	面较广
复杂程度	复杂	简单	较复杂	复杂	简单

访问调查法的特点是：以调查问卷为纽带，调查人员和被调查者以直接或间接的方式进行接触。利用这种方法不仅可以了解消费者的消费需求、消费心理、消费态度、消费习惯等情况，而且还可以对产品质量、价格、性能、技术服务等方面进行了解，以此为基础对市场进行分析。

（2）观察调查法

观察调查法是指调查人员在调查现场对调查对象的情况进行直接观察和记录，从而获得信息资料的一种调查方法。

观察调查法的特点是调查人员不直接向调查对象提出问题要求回答，而是依赖于调查人员耳闻目睹的亲身感受，或者利用照相机、摄像机、录音笔等现代化记录仪器和设备间接地进行观察以收集资料。

这种情况下，被调查者的活动可以不受外在因素的影响，处于自然的活动状态；被调查者不愿意用语言表达的情感或实际感觉，也可以通过观察其实际行为而获悉，因而取得的资料会更加反映实际。

但是，对于现场观察者来说，记录的往往是只限于表面的东西，难以了解被调查者内在的思想行为，如人们的动机、态度等是无法通过观察获悉的。而且在有些情况下，当被调查者意识到自己被观察时，可能会出现不正常的表现，从而导致观察结果失真；在对一些不常发生的行为或持续时间较长的事物进行观察时，花费时间长，成本很高。

另外，由于调查人员是身临其境的观察，这就要求观察人员要有良好的记忆、判断能力和敏锐的观察力，同时具备丰富的经验，把握观察调查的要领。

（3）小组访谈法

小组访谈法也称焦点小组访谈法，又称小组座谈法，就是采用小型座谈会的形式，由一个经过训练的主持人以一种无结构、自然的形式与一个小组的具有代表性的消费者或客户交谈，从而获得对有关问题的深入了解。具体步骤是：

第一，准备小组访谈。做好环境准备，征选参与者，确定参与者的基本动机顺序。

第二，选择主持人。小组访谈对主持人的要求是：主持人必须能恰当地组织一个小组；主持人必须具有良好的商务技巧，以便有效地与委托方的员工进行互动。

第三，编制讨论指南。编制讨论指南一般采用团队协作法。讨论指南要保证按一定顺序逐一讨论所有突出的话题；讨论指南是一份关于小组会中所要涉及的话题概要。主持人编制的讨论指南一般包括三个阶段：第一阶段，建立友好关系、解释小组中的规则，并提出讨论的个体；第二阶段：由主持人激发深入的讨论；第三阶段，总结重要的访谈结论，衡量信任和承诺的限度。

第四，编写焦点小组访谈报告。正式报告包括调研目的；调查的主要问题；描述小组参与者的个人情况，并说明征选参与者的过程；总结调研发现，并提出建议，通常为两三页的篇幅。

（4）实验调查法

实验调查是指在市场调查中，通过实验对比取得市场情况第一手资料的调查方法。它是由市场调查人员在给定的条件下，对市场经济活动的某些内容及其变化加以实际验证，以此衡量其影响效果的方法。

采用实验调查法进行市场调研，可以有控制地分析、观察某些市场现象间的因果关系及其相互影响程度。另外，通过实验取得的数据比较客观，具有一定的可信度。但是，实践中影响经济现象的因素很多，可能由于不可控制的实验因素而在一定程度上影响实验效果。而且由于实验法只适用于对当前市场现象的影响分析,对历史情况和未来变化则影响较小,这就使实验调查法的应用受到一定局限。

(5) 文案调查法

文案调查法是指对现成的信息资料进行收集、分析、研究和利用的行为过程,是获取二手资料的方法。

文案调查法与其他调查方法相比较,其特点是:所获得的信息资料比较多,资料的获得也较为方便、容易和迅速,无论是从企业内部还是从企业外部,收集过程所花费的时间比较短,而且调查的费用也比较低。

三、几种不同目的的市场调研

1. 行业背景与竞争趋势调研

成功的汽车市场营销企业必须持续不断地观察、研究、适应和主动应对不断变化的营销环境,包括预测未来营销环境可能出现的新的变化,从而改进营销策略,以把握市场机遇、应对市场挑战。

2. 市场调研与竞争品牌调研

市场调研与竞争品牌调研的内容很多,包括汽车产品政策法规调研,产品车型市场适应性调研,产品与竞争品牌的SWOT分析,产品行业差异性特征调研,消费者对产品的改进期望及需求调查,产品升级的技术性特征调研,产品布置形式、配置变化的调研等。

3. 区域市场竞争者现状调研

区域市场竞争者现状调研应当从下列几个方面展开:准确定位竞争者;了解竞争局面;竞争者具体信息调研;最后对信息进行评估,提出对策建议(图3-6)。

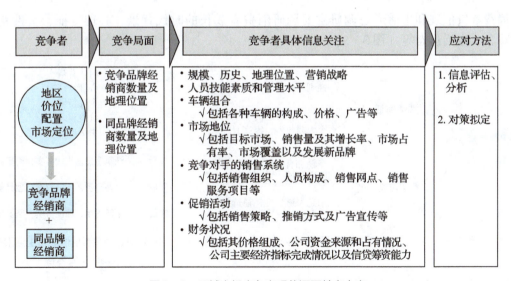

图3-6 区域市场竞争者现状调研基本内容

竞争车型调研的基本内容是设计理念、外观特征、新技术、内部空间、动力系统、节能环保、安全性能、销量趋势、品牌形象、价格策略、销售渠道、服务方式、商务政策、地域适应性、市场占有率等(表3-3)。

表 3-3　竞品调研的基本内容

车型类别	设计理念	外观特征	新技术	内部空间	配置	动力系统	节能环保	安全性能
某品牌								
竞争品牌（N）								
车型类别	销量趋势	品牌形象	价格策略	销售渠道	服务方式	商务政策	地域适应性	市场占有率
某品牌								
竞争品牌（N）								

4. 汽车产品上市前调研

汽车产品上市前调研的目的是，通过调研确认产品组合策略、产品定位策略、产品价格策略、产品促销策略、品牌推广策略（图3-7）。

图 3-7　汽车产品上市前调研主要内容

5. 产品上市前的消费者调研

产品上市前的消费者调研主要包括消费者特征调研和消费者购买习惯调研（图3-8）。

6. 消费者价值观和生活形态调研

消费者价值观和生活形态调研主要调研消费者成长的时代背景、心理特征、个性特征、价值观念、生活形态等（图3-9）。

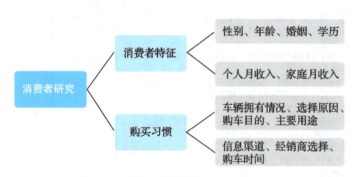

图 3-8　产品上市前消费者调研主要内容

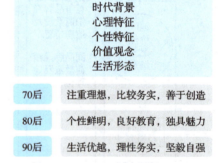

图 3-9　消费者价值观和生活形态调研主要内容

7. 汽车产品上市后的动态调研

汽车产品上市后的动态调研的目的是：通过调研进行产品上市验证、产品改进建议、产品竞争力评估、消费者洞察和品牌检测。因为任何产品与客户体验都存在客观的差距，尽可能缩小这些差距是提升产品竞争力的重要途径（表3-4）。

表 3 – 4　顾客价值与企业价值可能存在的差距

顾客价值与企业价值的差距	想提供的设计价值	顾客的期望价值	企业想提供的价值	顾客得到的价值
	设计差距	感知差距	信息差距	满意差距
	提供的设计价值	企业的设计价值	客户想得到的价值	使用得到的价值
导致的原因	由于企业条件或产品开发与市场脱节等原因，企业以"想提供的价值"为基础，设计出以具体产品或服务为载体的"设计价值"，两者之间存在"设计差距"	顾客的主观性价值感知，使"期望价值"与"设计价值"之间出现"感知差距"	由于信息不对称，或是企业在需求调查中，掺杂了企业自身的思想，对顾客需求的分析未必客观准确，所以企业"想提供的价值"与顾客"想得到的价值"之间存在"信息差距"	当顾客使用产品后，所"得到的价值"与"期望价值"之间的差距为"满意差距"
解决的方法	通过缩小以上各个差距，企业就可以提供真正为顾客所需的价值			

任务实施

一、访问调查法的应用

1. 目的要求

1）采集当地汽车市场状况的主要内容，每人需收集至少 10 份有效资料。
2）采集内容来源必须真实可靠。
3）按照学校实际条件，组织学生外出进行面谈调查法实践，也可分散地以作业形式进行收集。

2. 资源准备

印制汽车市场状况调查表（表 3 – 5）。

3. 操作过程

1）教师事先说明作业要求及步骤。
2）分发印制好的问卷调查表。
3）分配面谈调查法的区域地点，确定回收时间。
4）回收调查问卷，以小组为单位进行统计分析。
5）以小组为单位撰写统计报告。
6）总结评价本次调查。

表 3－5　汽车市场状况调查表

1－1 请问您的家人有没有在以下行业工作？（选项为 D 继续访问，其余终止访问） 　　A. 广告/公关/市场调查/企业管理顾问公司　　B. 电台/电视台/报社/杂志社 　　C. 汽车制造/代理/经销/零售商/维修　　　　D. 以上皆无
1－2 请问您在过去 6 个月当中是否接受过相关汽车的市场调查？ 　　A. 没有　　　B. 有（终止访问）
1－3 您是否拥有汽车？ 　　A. 是（转至 a）　　　B. 否（转至 b）
2－1a 请问您所购买的汽车价格范围？ 　　A. 10 万元以下　　　B. 10 万～20 万元　　　C. 20 万～50 万元 　　D. 50 万～100 万元　E. 100 万～300 万元　　F. 300 万元以上
2－2a 您购置的第一辆车是新车还是二手车？ 　　A. 新车　　　　B. 二手车
2－3a 您的车是什么品牌的？ 　　A. 奔驰　　B. 宝马　　C. 奥迪　　D. 大众　　E. 本田　　F. 丰田　　G. 标致 　　H. 别克　　I. 福特　　J. 马自达　K. 现代　　L. 起亚　　M. 其他
2－4a 总的来看，您的现有车主要用作以下哪种用途？ 　　A. 上班上学　　B. 购物、办事　　C. 休假及兴趣爱好　　D. 工作及商务　　E. 其他
2－5a 您的现有车月均行驶里程是多少？ 　　A. 500km 以下　　B. 500～1500km　　C. 1500～2500km　　D. 2500km 以上
2－6a 您的现有车一年的养车费用大约是多少？（请以元为单位填写，多选） 　　A. 税款（　）B. 保险费（　）C. 汽油费（　）D. 过路费（　）E. 停车费（　）F. 修理费（　）
2－1b 请问将来您是否会考虑购买汽车？ 　　A. 是　　　B. 否
2－2b 您将来会购买新车还是二手车？ 　　A. 新车　　　B. 二手车
2－3b 请问您将来会在多长的时间段内买车？ 　　A. 2 年以内　　　B. 2～4 年内　　　C. 5～7 年　　　D. 7 年以后
2－4b 请问您至今没有买车的原因是什么？（多选） 　　A. 没有驾驶执照　　B. 没有购车资金　　C. 周围交通网发达，很方便　　D. 养车费用高 　　E. 担心交通事故　　F. 没有机会开车　　G. 可以利用亲戚或朋友提供的汽车　　H. 其他
2－5b 如果您想购买汽车的话，请问您所能接受的价位大概是多少？ 　　A. 10 万元以下　　　B. 10 万～20 万元　　　C. 20 万～50 万元 　　D. 50 万～100 万元　E. 100 万～300 万元　　F. 300 万元以上
2－6b 如果您想购买汽车的话，请问您选择什么品牌？ 　　A. 奔驰　　B. 宝马　　C. 奥迪　　D. 大众　　E. 本田　　F. 丰田　　G. 标致 　　H. 别克　　I. 福特　　J. 马自达　K. 现代　　L. 起亚　　M. 其他

（续）

2-7 请问您选择购买该品牌汽车考虑的主要因素是哪些？（排序）
　　A. 安全性　　B. 外形设计　　C. 售后服务　　D. 价格　　E. 舒适性　　F. 油耗量
　　G. 内部设计　　H. 操控性　　I. 动力性　　J. 环保　　K. 其他

2-8 请问您主要通过以下哪些途径了解汽车信息？（多选）
　　A. 上网查询　　B. 观看电视广告及节目　　C. 收听广播　　D. 阅读报纸上的广告及有关报道
　　E. 阅读汽车杂志上的广告及有关报道　　F. 阅读其他杂志上的汽车广告及有关报道
　　G. 观看广告招牌等室外广告　　H. 观看公共汽车或地铁站中的广告
　　I. 阅读宣传单上的广告　　J. 收集并阅读有关汽车信息的小册子　　K. 与周边人商量
　　L. 参加车展等展销活动　　M. 参观展厅或特约销售店　　N. 其他

2-9 请问您喜欢哪种类型的汽车？
　　A. 微型车　　B. 小型车　　C. 紧凑型　　D. 中型车　　E. 大型车　　F. SUV
　　G. MPV　　H. 豪华车　　I. 跑车

2-10 您比较喜欢几厢的车？
　　A. 三厢　　B. 两厢　　C. 其他

2-11 对于手动变速和自动变速，您觉得哪一个更好？
　　A. 手动　　B. 自动

2-12 您觉得哪种排量的汽车适合您？
　　A. 1L 以下　　B. 1~1.6L（含1.6）　　C. 1.6~2.5L（含2.5）
　　D. 2.5~4.0L　　E. 4.0L 以上

3-1 您的性别？
　　A. 男　　B. 女

3-2 您是否已婚？
　　A. 是　　B. 否

3-3 您的年龄？
　　A. 20 岁以下　　B. 20~30 岁　　C. 31~40 岁　　D. 41~50 岁　　E. 50 以上

3-4 您正在攻读或已获得的最高学位是？
　　A. 初中　　B. 高中　　C. 大学　　D. 硕士研究生　　E. 博士研究生

3-5 包括您在内，您全家有几口人？
　　A. 1 人（您本人）　　B. 2 人　　C. 3 人　　D. 4 人　　E. 5 人　　F. 5 人以上

3-6 您家的地理位置是？
　　A. 市区内　　B. 郊区　　C. 农村或农业地区

3-7 您的薪资水平？
　　A. 5000 元以下/月　　B. 5000~9999 元/月　　C. 1 万~2 万元/月　　D. 2 万元/月以上

任务评价

采用教师直接评价(表3-6)。

评价结果计入学生平时成绩。

表3-6 访问调查法练习评价表

小组编号：

评价要素	得分	情况记录
及时完成任务	20%	
问卷数量达成	40%	
有总结报告	20%	
总结报告质量	20%	
总得分		

任务二

汽车市场预测

学习目标

1. 知道市场预测的含义。
2. 能列出市场预测的基本步骤。
3. 知道汽车市场预测的两种方法。
4. 掌握定性预测方法的含义和特点,知道各种定性预测方法的含义。
5. 掌握定量预测方法的含义和特点。

任务导入

资料阅读:

1. 美国汽车市场各个发展阶段的市场表现(图3-10)

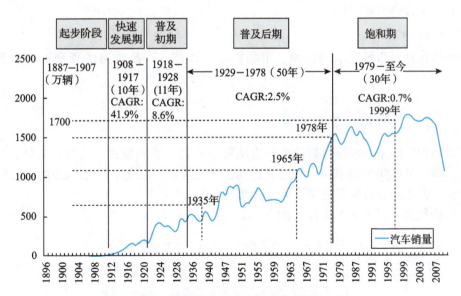

图3-10 美国汽车市场各个发展阶段的市场表现

2. 我国汽车市场目前所处的发展阶段(图3-11)

图3-11 我国汽车目前所处的发展阶段

阅读上述资料后请思考：
1. 目前我国汽车市场发展阶段的判断依据从何而来？
2. 这一预测判断结果对汽车市场营销有何作用？

知识准备

一、汽车市场预测的基本概念

1. 市场预测的概念

所谓市场预测，就是在市场调研的基础上，利用科学的方法和手段，对未来一定时期内影响市场供求变化的诸因素进行调查研究，分析和预见其发展趋势，掌握市场供求变化的规律，为经营决策提供可靠的依据。

2. 市场预测的内容

市场预测包括对市场需求的预测、市场供给的预测、产品价格的预测及竞争形势的预测等。

二、汽车市场预测的基本步骤

汽车市场预测的基本原理以最简单的方法可以表达为下列模式：已知→未知；过去、现在→将来。即，从已知预测未知，从过去、现在预测将来。在汽车市场预测中，规律、趋势、逻辑、经验、实质是分析问题的基本能力和重要手段。

汽车市场预测有以下五个步骤（图3-12）。

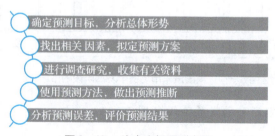

图3-12 汽车市场预测步骤

1. 确定预测目标

确定预测目标是指确定预测的内容、范围、要求和期限。预测目标是整个预测工作的主题。确定预测目标要准确、清楚和具体。例如，要明确描述预测什么，通过预测解决什么问题，是对一种产品还是对几种产品的预测等。

2. 做好组织、行动和财力准备

企业进行市场预测应是一种有组织、有计划、有核算的经济行为，如同企业的其他业务工作一样。所以预测组织者应根据预测目标的内容和要求，制订市场预测工作的整体计划，包括人员的安排、任务的布置、阶段的目标和资金的投入等，为全面开展预测工作做好组织上、行动上和财力上的准备。

3. 准确获得信息、资料

市场预测中所使用的信息、数据资料是指与预测目标有关的所有历史的和现实的资料。它包括通过各种调查形式得到的原始资料和通过报纸、杂志或学术机构公布的统计资料或研究结果获得的二手资料等。市场预测并非把收集到的这些资料全盘吸收，而是要通过整理、筛选、分析，去伪存真，去粗取精，全面、客观、真实、准确地占有有关资料。相关的资料是对市场预测对象基本变化规律的识别依据和提高预测效果的关键，必须强调质量和可靠性。

4. 选择预测方法

选择预测方法，一是要看预测目标的性质和费用、期限、精确度等要求；二是要看占有的信息资料的类型和内容。如企业对下一年度的销售量进行预测，现拥有大量的、比较全面的、系统的数据资料，则可考虑采用某种定量分析预测方法，并针对数据的变化情况，选择一个特定的数学模型，然后分析参数，建立预测模型。利用选定的预测方法和预测模型，对各种变量或各种因素进行计算或分析，即可确定预测的结果。

5. 评价预测结果

一般情况下，在得出具体的预测值以后，还应对其进行进一步的分析、检验和评价。若预测值和测算的值相差较小，在允许的范围之内，则预测效果较好，可以采用，反之则不能使用，或必须经过调整后才能使用。

三、汽车市场预测的主要方法

市场预测的方法大致分为两大类：定性分析预测法和定量分析预测法。

1. 定性分析预测法

定性预测方法又称判断分析预测法，是依赖于预测人员丰富的经验和知识以及综合分析能力，对预测对象的未来发展前景做出性质和程度上的估计和推测的一种预测方法。这种方法有着非常显著的特点：节省时间、节省费用、灵活多变，如果运用得当，极具实用价值。

在企业调研过程中，常用的定性分析预测方法有下列4种。

（1）对比类推法

世界上有许多事物的变化发展规律带有相似性，尤其是同类事物之间。所谓对比类推法，是指利用事物之间的这种相似特点，把先行事物的表现过程类推到后继事物上去，从而对后继事物的前景做出预测的一种方法。对比类推法依据类比目标的不同可以分为产品类推法、地区类推法、行业类推法和局部总体类推法。

（2）集体经验判断法

集体经验判断法，国外又称专家小组意见法。它是利用集体的经验、智慧，通过思考分析、判断综合，对事物未来的发展变化趋势做出估计。

这种预测方法的做法是：首先，由若干个熟悉预测对象的人员组成一个预测小组；其次，要求每个预测者在做出预测结果的同时，说明其分析的理由，并允许小组成员在会上充分争论；再次，在分析讨论基础上，预测者可以重新调整其预测结果；最后，把若干名预测者的预测结果运用主观概率统计法进行综合处理后，得出最终的预测结果。

（3）特尔菲法

特尔菲法（Delphi Method），也称专家调查法或专家意见法，是以匿名方式、轮番征询专家意见，最终得出预测结果的一种集体经验判断法。特尔菲法由美国兰德公司于20世纪40年代末首创和使用，特尔菲是古希腊一座城市的名字，该城有座阿波罗神殿，阿波罗是太阳神，善于预卜未来，后人借用特尔菲比喻预见能力高超。特尔菲法是使用系统的程序，采取不署名和反复进行的方式，先组成专家组，将调查提纲及背景资料提交专家，轮番征询专家意见后再进行汇总预测结果，经过几轮的反复征询、归纳和修改，直到各专家的意见趋于一致，才宣告结束。其结论比较接近实际，适用于总额的预测。该方法的特点是匿名性、反馈性、多轮性、趋同性。

（4）市场调查预测法

市场调查预测法是企业市场营销人员组织或亲自参与或委托有关机构对市场进行直接调查，在掌握大量第一手市场信息资料的基础上，经过分析和推算，对未来市场发展趋势做出预测的一类方法。市场调查预测法根据直接调查获得的客观实际资料，进行分析推断，较少主观判断，可以在一定程度上减少主观性和片面性，故也称其为客观性市场预测方法。市场调查预测法的具体方法主要有购买意向调查法、展销调查法、预购测算法等。

购买意向调查法，国外也称买主意向调查法，这种调查法是指通过一定的调查方式选择一部分或全部的潜在购买者，直接向他们了解未来某一时期购买商品的意向，并在此基础上对商品需求或销售做出估计的方法。

展销调查法是指通过商品展销这一手段，直接调查消费者的各种需求，调查购买能力，同时还调查消费者对商品质量、花色、规格等方面的需求。

预购测算法是根据顾客的预购订单和预购合同来推测估计产品的需求量。这种方法主要适用于一些生产企业和批发企业的微观预测。

2. 定量分析预测方法

（1）定量分析预测方法的含义

定量分析预测方法是根据一定的数据资料，运用数学方法来确定各市场变量之间的数量关系，并据此来预测市场未来的变化的方法。定量分析预测法的特点是"凭数据预测"，它能够通过模拟各变量之间的数量关系，较准确地测算出市场未来的发展变化趋势和具体程度。这种方法由于直接应用了数理统计的理论和方法，整个预测过程比较严谨，具有较强的科学依据，所以预测结果比较精确，预测效率比较高。但这种方法也有其局限性，如对预测项目的历史数据资料要求较高，对预测人员的科技水平和能力要求较高等。目前大多数企业和预测人员不具备这样的条件和素质，所以应用此方法进行普遍的、经常性的或重大项目的市场预测有一定的难度。

（2）定量分析预测法的分类

定量分析预测法大致分为两大类：时间序列分析法和因果关系分析法。

时间序列分析法是以一个指标本身的历史数据的变化趋势,去寻找市场的演变规律,作为预测的依据,即把未来作为过去历史的延伸。时间序列分析法包括平均平滑法、趋势外推法、季节变动预测法和马尔可夫预测法。

因果关系分析法是根据事物之间的因果关系,知因测果。回归预测法是因果关系分析法中很重要的一种,它从一个指标与其他指标的历史和现实变化的相互关系中,探索它们之间的规律性联系,作为预测未来的依据。

3. 综合运用汽车市场预测方法

定性分析预测法和定量分析预测法各自都有一定的优点,并具备相当程度的科学性,但它们在独立进行市场预测时,难免受到自身弱点的限制。因此在市场预测的实践中,需要将定性分析预测法和定量分析预测法相结合,充分发挥各种方法的优势,预测者能发挥其主观能动性,根据他们的实践经验并运用判断分析能力,对难于量化的影响市场现象的因素,以及市场现象未来发展变化特点与其过去和现在的不一致之处,进行深入细致的分析研究,据此对定量分析预测法所得到的预测值,加以适当调整或补充,这显然更能增加市场预测的灵活性和准确性。

4. 趋势预测的数据基础

趋势预测有赖于相关数据,这些数据包括:本企业掌握的历史数据;收集到的相关市场数据;分析者积累的判断经验;经典学者对规律的研究,以及数据时代机器深度学习所获得的数据(图3-13)。

图3-13 趋势预测的数据基础

任务实施

某地汽车市场下一年销售量预测报告

1. 目的要求

1)通过任务实施,使学生学会汽车市场信息资料的收集、整理与分析。

2)学会对材料进行定性和定量分析。

3)要求学生分组利用汽车市场信息资料,完成一篇对当地汽车市场下一年销售量的预测报告。

2. 器材与设备

1)计算机。

2)计算工具。

3. 注意事项

1)信息资料必须来自政府网站、行业网站和相关调研机构统计资料。

2)认真记录信息资料。

3)可以对全国,也可以对某地的销售趋势进行预测。可以对整体也可以对某类汽车销售趋势进行预测。

4．操作过程

1）准备好信息收集表（表3-7）。

表3-7　某地汽车市场下一年销售量预测信息资料收集表

姓名		班级		学号	
信息来源					
采集时间		年　　月　　日			
采集方法					
主要信息					
上一年汽车市场已知信息资料					
人均GDP		汽车销售总量		乘用车销售量	商用车销售量
与前一年同比增降（%）	与前一年同比增降（%）		与前一年同比增降（%）		与前一年同比增降（%）
本年汽车市场预测参考信息资料					
本年经济预计增长（%）					
本年人均收入预计增长（%）					
影响本年汽车市场环境因素变化情况					
本年汽车市场销售量预测					
销售预计增降（%）					
理由阐述					
教师评价					

2）教师事先说明作业要求及正确步骤。
3）正确使用搜索引擎，细心收集信息查找资料。
4）以小组为单位整理相关资料。
5）利用已知资料对当地汽车市场的未来发展趋势做出预测，写出预测报告。
6）组织学生按组发布预测结果。
7）教师评价。

任务评价

采用教师直接评价的方法评价（表3-8）。

表 3-8 汽车市场状况预测报告评价表

评价要素	得分	情况记录
及时完成任务	15%	
说明信息来源	15%	
有预测报告	30%	
预测报告质量	40%	
总得分		

知识拓展

阅读下列材料，思考下列问题：
1. 彩色轮胎的上市需要进行市场调研吗？为什么？
2. 如果让你进行调研的话，你会从哪些方面展开？

让世界因中国多彩

黑色的轮胎，似乎早已成为人们心中的一个普遍共识，然而中国双星集团研制出的彩色轮胎于 2011 年 11 月 16 日投产，此种轮胎适用于轿车、军车、越野车、长途车等各种车型，可满足消费者的个性化需求。据内部人士介绍，他们将制鞋和轮胎的工艺相互借鉴，克服技术上的重重困难，进行了上千次实验，经过两年多的研发试制，最终彩色轮胎研发成功并投入生产。

其实早在 20 世纪，就出现过彩色轮胎的工艺。汽车橡胶轮胎由于添加剂的不同，其颜色并不固定。到了 1915 年，由于采用碳元素和碳氢化合物高温凝聚的工艺，橡胶呈现出墨水般的纯黑色，而且耐磨性也达到前所未有的水平，此后橡胶轮胎便进入了黑色一统天下的漫长时期。虽然在之后的几十年间也曾出现过彩色轮胎，但都因安全问题、成本高以及色彩的搭配问题而昙花一现。

近几年，由于天然橡胶涨价引起的成本上升，以及轮胎特保案带来的市场流失，中国轮胎业面临着更严峻的考验。顶着这些压力，中国企业——双星东风轮胎公司将制鞋和轮胎的工艺相互借鉴，经过两年多的研发试制，最终破解了全球轮胎业乃至汽车业的"哥德巴赫猜想"——彩色轮胎。

如今彩色轮胎已经研发成功并投入生产，并和南非的客户签了订单。双星集团此次研制出的彩色轮胎能否颠覆人们对轮胎以往的认识呢？能否得到大家的青睐认可？让我们拭目以待！

思考与练习

一、填空题

1. 市场营销信息，是指在一定时间和条件下，与企业的市场营销有关的各种事物的存在方式、运动状态及其对接收者效用的综合反映。它一般通过语言、文字、_____、符号等表现出来。

2. 市场调研的作用是多方面的，主要有以下几点：为政府及管理部门提供决策依据；为企业发展提供决策依据；为产品生产和改进提供决策依据；为_____提供决策依据。

3. 市场调研一般分为准备阶段、_____、总结阶段三个阶段。

二、判断题

1. 因果性调研就是侧重于了解市场变化原因的专题调研，分析市场上各种变量之间的因果性质的关系，以及可能出现的相关反应。（ ）

2. 对汽车市场而言，汽车市场调研的范围就是价格走势。（ ）

3. 对汽车用户基本情况进行市场调研，可从消费者基本情况及特征、用途及特征、需求特征三方面展开。（ ）

4. 对比类推法是定性分析预测法中的一种。（ ）

三、名词解释

1. 市场调研。
2. 访问调查法。
3. 市场预测。
4. 定量分析和定性分析预测方法。

模块四

汽车购买动机与
购买行为分析

  顾客是营销环境中最重要的因素。汽车市场营销的目的在于影响消费者的想法和行为,从而购买企业提供的产品和服务。为了达成这样的目的,必须理解影响消费者购买的各种因素和我国汽车消费市场的多元特征,理解消费者的购买动机和决策过程,把握不同消费者的购买特点,把握不同客户开发的基本方法。

任务一
汽车购买动机与购买决策

学习目标

1. 了解我国汽车市场的特征和多元复杂的汽车购买行为。
2. 熟悉影响消费者购买行为的基本因素。
3. 掌握需要、欲望和需求的区别和联系;掌握消费者动机和行为的关系。
4. 熟悉我国汽车消费市场的主要特点和汽车消费者购买行为的基本模式。
5. 掌握汽车消费者购买的基本特征。
6. 熟悉汽车消费者购买的决策过程。

任务导入

资料阅读：

汽车消费者的购买动机（表4-1）

表4-1 汽车消费者的购买动机

购买动机	微型轿车	小型轿车	紧凑型轿车	中型轿车	中大型轿车	轿车	SUV	MPV
上下班方便	88.7%	82.4%	81.7%	75.7%	71.4%	80.8%	70.9%	64.5%
休闲旅游	41.1%	38.4%	41.0%	38.9%	38.7%	39.8%	48.6%	46.2%
接送家人	42.5%	35.6%	41.5%	37.7%	29.3%	38.5%	32.9%	34.1%
喜欢汽车	30.8%	33.0%	30.5%	31.6%	32.3%	31.5%	30.6%	27.5%
有多余的钱	22.9%	30.5%	25.9%	32.6%	31.6%	28.3%	29.3%	25.7%
打交道获得信任	13.9%	17.3%	19.9%	28.0%	37.6%	21.4%	26.2%	32.4%
享受驾驶乐趣	19.9%	22.5%	21.3%	22.9%	29.0%	22.3%	28.1%	21.1%
见面交流方便	22.3%	17.1%	18.5%	18.6%	18.9%	18.7%	16.7%	17.1%
周围人都有车	18.8%	19.3%	20.4%	15.4%	13.9%	18.3%	10.6%	11.0%
访问顾客运送货物	12.8%	13.9%	13.1%	16.3%	15.4%	14.1%	19.0%	28.0%
业务扩大或扩大业务	11.6%	13.2%	11.8%	15.1%	20.3%	13.5%	16.2%	27.5%
要适合品位的车	5.4%	11.8%	13.5%	15.7%	29.3%	13.6%	22.8%	17.6%
结婚生子人口增加	12.8%	13.6%	12.9%	13.4%	8.7%	12.8%	11.6%	14.2%

结合上述资料，通过本项目的学习，请思考：
1. 我国汽车市场的多元特点和汽车购买动机的丰富内涵。
2. 理解各种因素对消费者购买行为的影响。

知识准备

一、多元汽车产品与购买行为

1. 多元复杂的汽车产品

由于用途不同，用以满足消费者的汽车产品类型众多。从大类来分，汽车产品可以分为乘用车和商用车两大类（图4-1）。

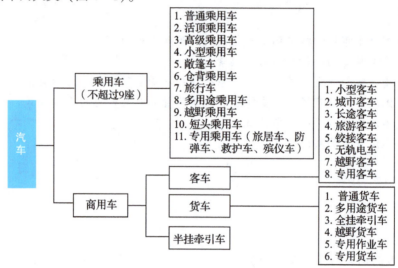

图4-1 目前通用的汽车分类图

（1）乘用车

乘用车是指在其设计和技术特性上主要用于载运乘客及其随身行李或临时物品的汽车，包括驾驶人座位在内最多不超过9个座位。它也可牵引一辆挂车。乘用车下细分为基本型乘用车、多功能车（MPV）、运动型多用途车（SUV）、交叉型乘用车四类。上述四类车型又分别按照厢门、排量、变速器的类型和燃料类型进行了细分。

（2）商用车

商用车是指在设计和技术特性上用于运送人员和货物（不包括乘用车在内）的汽车，并且可以牵引挂车。客车包括小型客车、城市客车、长途客车、旅游客车、铰接式客车、无轨电车、越野客车、电动客车、专用客车等；货车包括各类专用载货汽车，如油罐车、洒水车、随车起重运输车、散装水泥车、自卸车、厢式车、冷藏车、高空作业车、环卫车等。

2. 汽车产品的双重特征

汽车产品具有消费品和生产品的双重特征。消费品和生产品的购买对象不同，因而消费者的购买动机和行为特征会有显著的不同（图4-2）。

图4-2 汽车产品的双重特征

3. 多元复杂的汽车购买行为

汽车购买行为是指不同类型的消费者为满足各自的不同需求，寻找、购买、使用及评估汽车产品和服务过程中所表现出来的解决问题的行为。

消费者是多种多样的，不同的汽车消费者的购买动机及行为方面有着很大差别。由于消费者的购买动机、经济条件、生活方式、社会文化、品位能力、年龄和个性等多种因素存在巨大差异，消费者购买的产品和服务也千差万别。

汽车市场营销最基本的课题就是了解多元化消费者的购买特征及相互联系，发现影响消费者选择汽车产品、服务、品牌、企业的关键因素，从而有针对性地提供满足各类消费者的解决方案，达成汽车营销的基本目标。

（1）复杂的购买行为

消费者面对一种从来不了解、不熟悉的汽车产品，购买行为最为复杂。这种情况在我国汽车消费上比较突出，因为我国进入汽车社会的时间不长，第一次购买汽车的消费者占到绝大多数。在这种情况下，汽车消费者对品牌、型号、性能等知之甚少，需要汽车厂商提供大量产品与服务信息，指导消费者评估产品，全方位介绍产品的各种属性，才能促使消费者最终做出购买决策。

（2）较为复杂的购买行为

如果消费者已经熟悉某一类汽车品牌，但对更多的汽车品牌并不熟悉，这时的购买行为就较为复杂。只有当消费者对相关品牌有了更多的了解，解决了有关这个品牌的诸多认知问题后，才能做出最后决策。这种情况在消费者第二次购车中比较多见。

（3）简单的购买行为

购买者对汽车产品的特性和各种主要品牌比较熟悉，并且对相关品牌产生了明显的偏好，购买决策过程和购买行为就相对简单。这种状况在个人多次购买或组织购买的过程中非常突出。多次购买和组织购买的购买经验比较丰富，购买行为比较简单。但是组织购买更多关注的是购买对于项目完成和经济效益目标的达成，且参与购买决策过程中的人员众多，决策过程相对复杂。

二、影响购买行为的基本因素

心理因素、个人因素、文化因素、社会因素是影响消费者购买行为的四大基本因素（表4-2）。

表4-2 影响消费者购买行为的基本因素

心理因素	个人因素	文化因素	社会因素
需要和动机 后天经验 信念和态度 ……	年龄与职业 生命周期阶段 经济环境 生活方式 性格与自我观念 ……	文化 亚文化 社会阶层 ……	参与群体 家庭 身份与地位 ……

1. 影响购买行为的心理因素

（1）消费者的需要

需要是人类共有的东西。心理学家马斯洛认为，人都有生理、安全、爱、尊重和自我实现的需要，后来他又发现人除了以上五个层次的需要，还有求知、求美的需要（图4-3）。

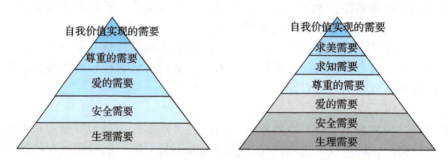

图4-3 马斯洛需要层次理论

消费者需要是指消费者在一定条件下感到某种欠缺而力求获得满足的一种不平衡状态，是消费者对延续和发展生命所必需的客观条件的需求在人脑中的反应，是消费者对自身和外部生活条件的需要在头脑中的反应。在商品社会中，消费者需要具体体现为对商品和劳务的需要。

（2）消费者的欲望

消费者的欲望是指消费者想得到某种东西或达到某种目的的要求。人的需要基本一致，但欲望有所不同。这是因为人们成长的文化背景和个性不同。

（3）消费者的需求

消费者的需求是以购买力和决策权力为基础的需要和欲望。消费者只有在具有对某类商品的需要、欲望和需求的状态下，并具有支付能力和购买权利的时候才可能实现购买。

（4）消费者需要的分类

消费者的需要可以从各种不同的角度进行分类（图4-4）。

（5）消费者需要的内容

消费者需要的内容包括：

对商品基本功能的需要，指商品的有用性，即商品能满足人们需要的物质属性。

对商品安全性能的需要，即商品的安全指标要达到规定标准，不隐含任何不安全因素，以避免危及生命安全的意外事故。

对商品便利性的需要，包括时间便利、距离便利、操作便利、携带便利、维修便利等。

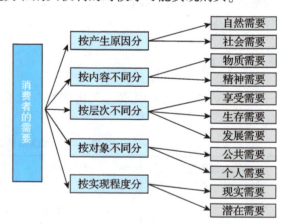

图4-4 消费者需要的分类

对商品审美功能的需要，包括商品的工艺设计、造型、色彩、装潢、整体风格等。

对商品情感功能的需要，是指消费者要求商品能够体现个人的情绪状态，通过购买和使用能够获得情感的补偿、追求和寄托。

对商品社会象征性的需要，是指要求商品体现和象征一定的社会意义，使购买和使用该商品的消费者能够显示出自身的某些社会特性，如身份、地位、财富、尊严等，从而获得心理上的满足。

汽车商品的使用周期很长。在汽车使用过程中,需要汽车厂商提供一系列热情的、负责的、及时的、全面的、有质量保证的相关服务,才能满足消费者的复杂需要。

(6) 消费者的动机

消费者动机是一种基于需要而由各种刺激引起的心理冲动,动机是引发和维持消费者行为并导向一定购买目标的心理动力。

(7) 消费者动机的特征

消费者动机具有如下特征:

1) 主导性。消费者购买汽车产品可能有许多购买理由,也可能受到多种刺激信号的影响。但是在一般情况下,消费者行为总是由消费者本身的主导性动机决定的。

2) 可转移性。市场占有率转移理论认为,市场上出售的同类产品,由于质量不同、花色不同、价格不同,或者包装不同而有不同的品牌和规格,消费者可能由于新的消费刺激导致动机的转移,最终导致同类商品中不同品牌、不同规格商品市场占有率的相互转移。

3) 内隐性。消费者动机的内隐性是指消费者出于某种原因而不愿让别人知道自己真正购买动机的心理特点。例如,某些购买汽车的消费者公开显露的动机是解决上下班路途遥远的问题,但内心更多考虑的也许是显露身份、地位和财富。因此,动机犹如一座冰山,真正显现的只是一部分,而更大的部分却不会轻易显露(图4-5)。

图4-5 消费者动机的冰山理论

4) 冲突性。冲突性也称矛盾性。当消费者同时存在两种以上消费需求,且两种需求互相抵触,不可同时实现时,内心就会出现矛盾和冲突。这种矛盾和冲突可以表现为利、利冲突,利、害冲突,害、害冲突。人们通常采用"两利相权取其重,两害相权取其轻"的原则来解决这种矛盾和冲突。

(8) 消费者购买动机的类型

消费者购买动机的类型与消费者的需要结构密切相关,一般包括追求实用的购买动机、追求新奇的购买动机、追求美感的购买动机、追求名望的购买动机、追求廉价的购买动机、追求便利的购买动机、追求安全健康的购买动机、追求荣耀的购买动机、追求兴趣的购买动机、追求恒常的购买动机等。

(9) 消费者动机与行为的关系

动机的产生必须以需要为基础。动机在激励人的行为活动中具有发动和终止行为的功能,指引和选择行为方向的功能,维持和强化行为的功能。当消费动机转化为消费行为的时候,相关动机可以直接促成一种或多种消费行为。在某些情况下,也可能由多种动机支配和促成一种消费行为。动机与消费行为之间并不完全是一种机械的对应关系。

消费者动机与行为的逻辑关系一般如图4-6所示。

图4-6 消费者动机与行为的逻辑关系

（10）消费者的感觉

感觉是人脑对直接作用于感觉器官的外界事物个别属性的反应，是认识的开端。感觉是人们对客观事物认识的一种简单形式，这种认识是个别的、孤立的、表面的，是一种简单的心理现象，是一切复杂心理活动的基础（图4-7）。

图4-7 消费者对产品的感觉

为消费者营造良好的产品、服务、人员、企业形象等良好感觉对于推动消费者的购买行为具有重要作用。

（11）消费者的后天经验

人们的购买动机除了少数基于本能反应和暂时生理状态外，大多数是后天形成的。人类后天经验的形成是驱动力、刺激物、提示物、反应和强化相互作用的结果。要发挥市场营销的作用，必须按照一定的价格、在一定的地点和时间，将商品按照消费者的需求提供给消费者。这就要求营销人员广泛应用各种推广手段，通过说明各种疑难问题的解决办法，强化消费者反应，促进消费者购买动机的实现，使消费者做出购买决定。

（12）消费者的态度

消费者的态度是消费者确定购买决策、执行购买行为心理倾向的具体体现。消费者态度的形成和改变直接影响消费者的购买行为。形成消费者态度的基本要素包括认知因素、情感因素和行为倾向因素（图4-8）。

图4-8 消费者态度的构成要素

认知是指人们对态度对象的评价，是构成消费者态度的基石，表现为对商品质量、商标、服务、信誉的印象、理解、观点、意见。保持公正、准确的认识是端正消费者态度的前提。

情感是人们在认知的基础上对客观事物的情感体验，是构成消费者态度的动力，表现为消费者对有关商品、质量、信誉等喜欢或厌恶、欣赏或反感的各种情绪反应。

行为倾向是指人们对态度对象做出某种反应的意向，是构成消费者态度的准备状态，表现为消费者对有关商品、服务采取的反应倾向，其中包括表达态度的语言和非语言的行动表现。

2. 影响购买行为的个人因素

影响消费者购买行为的个人因素主要是指消费者的年龄和家庭生命周期，消费者的生活方式、个性和自我形象；消费者的经济条件、性别以及职业等。不同年龄、不同性别的消费者有着不同的心理和购买特征（表4-3）。

表4-3 不同年龄消费者的心理和购买特征

顾客类型	年龄区域	心理特点	购买特征
青年	15~45	追求时尚，有时代气息 突出个性，表现自我 科学消费 注重情感 超前消费	名牌意识 决策迅速，易冲动 有独特见解，购买意识明确
中年	45~60	理智性强，冲动性小 计划性强，盲目性小 注重传统、创新性小	理智+实用
老年	>60	怀旧心理强烈，品牌忠实度高 注重实际效用和服务质量；消费支配 结构发生变化 补偿心理明显	习惯性消费强 防范意识明显 自尊心强，注重服务态度

（1）青年人的消费心理和购买特征

青年人追求时尚，有时代气息、突出个性，喜欢表现自我，科学消费，注重情感，并不忌讳超前消费。在购买过程中重名牌意识、决策迅速、易冲动、有独特见解，购买意识明确。

（2）中年人的消费心理和购买特征

中年人素质水平高，当家理财量入为出，理智性强，冲动性小；计划性强，盲目性小；注重传统、创新性小。在购买过程中把握理性、抑制冲动、多方选择主动参与、突出个性表现自我，购买行为比较理智，讲究实效。

（3）老年人的消费心理和购买特征

老年人怀旧心理强烈，品牌忠实度高，注重实际效用和服务质量，消费支配结构发生变化，补偿心理明显。在购买活动中习惯性消费意识强，防范意识明显，自尊心强，更注意服务态度。

（4）女性消费者的心理特点和购买特征

女性消费者既是众多商品的使用者、影响者，又是决策者和执行者。在我国，女性购车已经占到总销售量的30%以上，而且还在大幅度增长。女性汽车市场需求旺盛。女性消费者购车强调造型新颖、色彩艳丽、内饰时尚、舒适乖巧等女性化特征（图4-9）。

英国媒体 *TI Media* 的调查数据显示，40%的女性自行负责购买汽车，79%的女性拥有是否购买汽车的权力，然而超过3/4的女性认为汽车行业并不将其视为消费者。这项研究表明，如果忽视女性，会使汽车经营企业错失巨大的营销机会。这是汽车营销人员应当引起重视的。

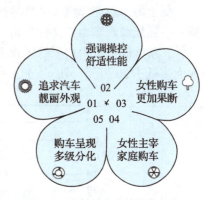

图4-9 女性消费者的消费心理

3．影响购买行为的文化因素

（1）文化对购买行为的影响

文化有广义、狭义、中义之分，并对消费者的购买行为产生深远的影响。广义的文化是指人类社会在漫长的发展过程中所创造的物质财富和精神财富的总和。狭义的文化则是指社会的意识形态，包括政治、法律、道德、哲学、文学、艺术、宗教等社会意识的各种形式。中义的文化介于广义的文化和狭义的文化之间，是指社会意识形态同人们的衣食住行等物质生活、社会生活相结合的一种文化，如汽车文化、服饰文化、饮食文化等。

（2）亚文化对购买行为的影响

亚文化是文化的一部分。社会成员因民族、职业、地域等方面具有共同特征而组成一定的社会群体或集团。同属一个群体或集团的社会成员往往具有共同的价值观念、生活习俗和态度倾向，从而构成该社会群体的亚文化。亚文化既有同社会文化一致或共同之处，又具有自身的特殊性。通常可按民族、阶层、宗教信仰、地域、年龄、性别、职业、收入、受教育程度等因素，将消费者划分为不同的亚文化群。

（3）社会阶层对购买行为的影响

按照经济状况的不同，消费者分属不同的社会阶层（图4-10），处在同一阶层的消费者往往具有类似的购买行为。一般来说，高阶层的顾客比低阶层的顾客更善于利用多种渠道获取商品信息。他们喜欢的购物环境也不同，处于不同社会阶层的人，在生活方式、欣赏品位、购买行为等方面存在较大的差异。

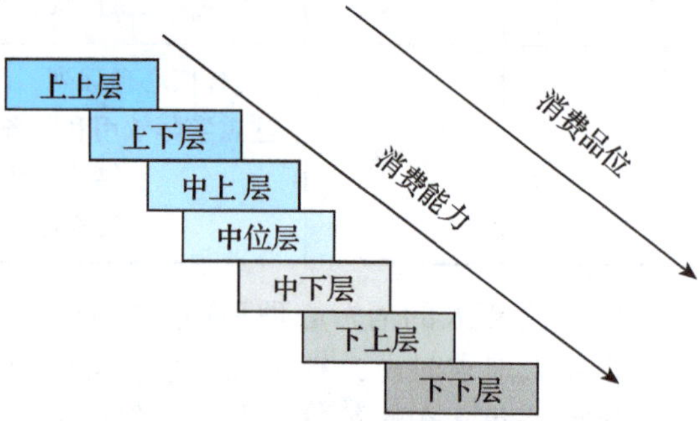

图4-10 社会阶层和购买行为

4. 影响购买行为的社会因素

影响消费者购买行为的社会因素很多，主要包括消费者的家庭成员、身份地位和参考群体。

（1）家庭成员对购买行为的影响

家庭是社会的细胞，是个人消费的决策单位。家庭对购买行为的影响尤其深刻。家庭的结构、家庭的生命周期、家庭的经济收入、家庭的文化背景、家庭成员的个性特征，家庭购买决策方式、家庭生活方式、家庭成员之间的相互影响都会影响到以家庭为购买单位的汽车购买。

据上海市新能源汽车公共数据网公布的2018年中国六城市新能源汽车消费者调查问卷分析——新能源汽车用户特征分析：目前购买新能源汽车的用户中，北京约有52%，上海约有55%，新能源汽车用户家庭年收入高于20万元；而二三线城市中，新能源汽车用户家庭年收入大多低于20万元（图4-11）。

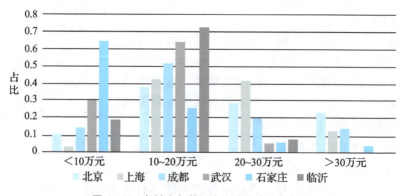

图4-11 各城市新能源汽车用户家庭年收入

(2) 参考群体对购买行为的影响

参考群体是指那些影响人们的看法、意见、兴趣和观念的个人或集体，包括组织、企业、机构、家庭、亲密朋友、同事、邻居等。商品越有个性、能见度越强、越特殊、购买频率越低，受参考群体的影响就越大。消费者对商品知识越缺乏，受参考群体的影响也越大。

(3) 身份地位对购买行为的影响

消费者在社会生活中从事的职业不同、职务不同、收入不同，每个人都从属于一定的群体和社会组织，拥有一定的身份地位。

具有不同身份和地位的消费者经济状况、价值观念、兴趣爱好、生活方式、消费特点、闲暇活动、接受信息的情况各不相同。

所有这些因素都会直接影响消费者的购买行为，这在汽车这类高档耐用生活品的购买上显得尤其明显。

例如：具有相当实力的企业家，大多选购高档豪华汽车；一般机关干部极少可能购买超过机关采购级别的汽车；年轻夫妇组成的家庭会更多选择时尚、个性、但价格比较实在的汽车（表4-4）。

表4-4　2011年我国汽车用户职业分布情况

	微型轿车	小型轿车	紧凑轿车	中级轿车	中高级车	轿车	SUV	MPV
公司业主	10.4%	9.4%	12.7%	18.1%	24.5%	13.6%	47.9%	18.8%
员工20人以上	3.8%	2.7%	4.8%	6.7%	14.7%	5.4%	5.9%	6.1%
员工少于20人	6.6%	6.4%	7.9%	11.4%	9.8	8.2%	12.0%	12.7%
私营企业	30.2%	29.4%	24.5%	28.9%	27.4%	27.4%	32.1%	28.0%
高级管理人员	2.4%	4.3%	4.8%	8.9%	12.4%	5.8%	10.5%	7.8%
中级管理人员	13.3%	16.0%	13.9%	12.0%	10.5%	13.6%	15.4%	13.9%
一般职员	14.4%	9.1%	6.1%	5.9%	4.5%	8.0%	6.1%	4.3%
外资企业	10.1%	11.2%	8.9%	11%	15.4%	10.9%	8.9%	11.3%
高级管理人员	0.8%	1.2%	1.1%	1.8%	4.5%	1.5%	3.3%	2.9%
中级管理人员	5.3%	7.1%	6.2%	7.9%	10.2%	6.9%	4.4%	8.1%
一般职员	4.1%	2.9%	2.6%	1.5%	0.8%	2.5%	1.3%	0.3%
国营集体企业	12.6%	11.6%	13.7%	9.3%	10.2%	11.8%	11.6%	8.7%
高级管理人员	0.0%	0.3%	1.1%	1.5%	3.4%	1.0%	2.1%	0.9%
中级管理人员	3.6%	4.7%	6.3%	4.9%	4.9%	5.1%	7.4%	6.1%
一般职员	9.0%	6.6%	6.3%	3.0%	1.9%	5.8%	2.3%	1.7%
政府事业单位	3.6%	4.0%	3.9%	3.3%	1.1%	3.5%	2.1%	2.0%
处级以上干部	0.0%	0.1%	0.1%	0.0%	0.4%	0.1%	0.2%	0.0%
处级以下干部	0.4%	1.3%	1.5%	1.5%	0.4%	1.2%	0.4%	1.4%
一般公务员	3.2%	2.5%	2.3%	1.8%	0.4%	2.2%	1.5%	0.6%
专业机构人员	6.9%	8.3%	11.2%	9.6%	3.0%	8.8%	5.7%	6.6%
个体户	23.6%	22.6%	20.0%	19.9%	15.4%	20.8%	20.3%	24.9%
其他	2.6%	3.9%	3.7%	1.9%	3.0%	3.2%	1.2%	1.7%

注：资料摘自新华信调查材料。

三、汽车消费市场与购买行为

1. 汽车产品的鲜明特质

汽车是高关注度商品,客户很在乎,要求满意;汽车是多功能型主题商品,功能多样,客户要求仔细了解;汽车是生活日常型商品,使用时间长,在延续性的使用过程中客户要求产品稳定可靠;汽车是高价贵重型商品,客户关注品牌与名气;汽车是少次重购型商品,客户要求商品提供者具有更高的信用度;汽车是高信任度商品,客户要求厂商可信,要求品牌保证;汽车是长期耐用商品,客户要求质量可靠;汽车是服务性商品,一旦购买,商家与客户长期关联,客户要求厂商提供全方位的延伸服务;汽车是高附加值商品,客户要求文化含量高,要求层次高;汽车是使用环境涉及面广的商品,客户要求提供配套服务,并提供经常的信息服务。

2. 汽车消费市场的主要特点

(1) 容量很大

汽车消费市场容量极大。刚刚进入汽车社会的我国市场容量更大。目前,我国汽车整车年销售量已经接近2800多万辆,二手车年过户登记量超过2000万辆,汽车保有量已经超过1.46亿辆,并且还在不断增长。

(2) 档次提高

汽车消费品属高档消费品。汽车消费与经济社会发展、居民收入的增长有密切关系。

第一,住房和汽车这些大件商品,全面普及所需的时间很长。国际经验表明,以建筑业和汽车工业支持的工业化中期进程,一般在几十年,至少20年。

第二,我国汽车消费已经出现了明显的消费升级和消费分级的现象。消费者使用汽车的平均价格和汽车的档次还会有相应的提高。

第三,经过改革开放三十几年的积累,我国富裕人口的绝对数量已经占到世界第二,有研究表明,作为汽车产品中的奢侈品,豪华车正以空前强大的阵容对中国市场形成合围之势。2018年汽车市场总体出现增速下降的情况,但大多数豪华品牌汽车的销售增长依然十分强劲(表4-5)。

表4-5 2018年豪华品牌汽车国内销量排行

品牌	销量/万辆	增长率
奔驰(包含smart品牌)	67.4	↑10.3
奥迪	66.09	↑11
宝马(包含MINI和劳斯莱斯品牌)	64	↑7.7
凯迪拉克	22.8	↑31.4
雷克萨斯	16.04	↑21
沃尔沃	13.05	↑14.1
捷豹路虎	11.48	↓21.6
保时捷	8.01	↑12
林肯	5.53	↑2.2

(3) 需求多样

汽车不仅是一种重要的交通工具,丰富多彩的汽车产品还可以满足各类消费者的多样需求。这些需求包括上下班、休闲旅游、接送家人、喜欢汽车、体现身份、享受乐趣、出入方便、扩大业务、节省时间、运送货物等。有调查表明，目前我国消费者购车的动机更多思考的因素按顺序排列依次为上下班方便、休闲旅游、接送家人、喜欢汽车、有购买能力。

（4）与时俱进

汽车消费需求随着时代发展而发展是汽车消费市场十分明显的特点之一。以我国汽车发展的历史为例：

第一，增速随经济发展而变化。我国汽车行业起步于1953年，发展缓慢，用了差不多40年的时间销售量才突破100万辆。改革开放以后，增速逐步加快，从每年增加100万辆到2009年一年增加400万辆，2010年一年增加了500万辆。2011年以后增幅有所减缓，增速回归理性。

第二，消费升级，完全与居民生活水平的提高相一致。

第三，对质量、服务、车型的追求，与时代进步、居民的物质文化生活日益丰富紧密相关。

（5）层次清楚

汽车消费明显的层次性主要表现在，消费能力越强，汽车消费的品位越高，这不但可以从表4-3、表4-4中得到印证，在实践中也不难发觉，消费者再次购买的汽车级别往往比前一次要高。

（6）连带效应

汽车消费需求具有连带效应。这种效应不但表现在汽车市场的发展对整个汽车产业链上下游相关产业的带动，而且表现在对社会生活方式的影响，表现在对居民活动半径的扩大以及城市化的推动。

（7）结构变化

在汽车作为生产资料的年代，汽车消费基本属于计划调配、专业使用。而在汽车进入市场以后，私人汽车购买者大量增加，而且成为主要力量，汽车市场非专业购买的特点逐步显现。

由于私人购买者，特别是首次购车的消费者对于汽车产品认识不足，更加需要汽车营销专业人员强化产品宣传、提供专业咨询。在销售活动中要求咨询先于销售，真正成为消费者的销售和服务顾问。

（8）渠道下移

我国汽车市场的多元特点是由我国国情所决定的。由于城乡差别、地理人口因素，以及各地经济发展水平的差异，我国汽车市场有着十分明显的本土化特点。人口密集、经济发展较快的地区发展得相对较早，而人口密度稀疏、地理环境相对较差、经济发展较慢的地区，发展相对滞后。现在我国的二三级城市和许多农村地区，基本上也已经进入汽车社会，这些地区甚至成了汽车销售增速最快的市场，汽车销售集中在大城市的格局已经被打破，渠道下移成为必然。

（9）促销升级

促销可诱导汽车消费需求，推动汽车销售。在卖方市场，汽车供不应求，消费者对于汽车产品的思考主要是数量，随着供求关系的变化，买方市场的特征越发明显，消费者有了更多的选择和比较，对于质量、服务、满意和情感满足的需求更加强烈。一般的促销活动很难打动消费者的心，各种创新的促销方法应运而生，促销策划技能成为汽车市场上重要的武器。以线上推广、集客，线下交易的O2O模式和以高度体验为特征的汽车新营销大行其道（图4-12）。

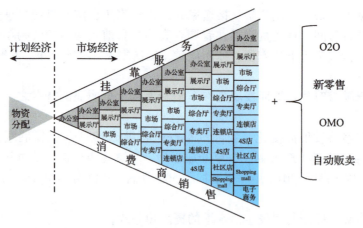

图 4-12 我国汽车营销商业模式的历史演变

四、汽车购买行为的基本模式

1. "刺激-反应"模式

消费者购买行为的基本模式是"刺激-反应"模式。消费者购买行为是市场营销因素（产品、价格、渠道、促销）和其他因素（经济、技术、政治、文化）刺激的结果。

问题在于这些刺激因素并不直接产生消费者购买行为，刺激消费者购买的市场因素、其他因素，必须首先进入"消费者暗箱"，通过转化才能形成一系列可以观察到的购买者反应，包括产品选择、品牌选择、销售商选择、购买时间选择和购买数量选择（图4-13）。

市场营销因素	其他因素	消费者暗箱	购买者反应
产品	经济	认识特征	商店选择
价格	技术	情感特征	产品选择
渠道	政治	意志特征	厂牌选择
促销	文化	行为特征	时间选择
			数量选择

图 4-13 消费者购买行为"刺激-反应"模式

2. 破解消费者暗箱

消费者购买什么、由谁购买、何时购买、何地购买、怎样购买、为何购买是了解和探索消费者行为的动机或影响其他行为的六大因素。其中前五个问题是消费者行为公开的一面，可以借助于观察、询问获得较明确的答案。最后一个问题即"为何购买"却是隐蔽的、复杂的，因此被称为消费者暗箱。不同个性特征的消费者对于同样的市场营销因素和其他因素刺激会产生不同的反应。破解消费者暗箱就是要研究消费者的认识特征、情感特征、意志特征、行为特征，了解和探索消费者行为的动机或影响其行为的关键因素，全面了解消费者的需要，清楚地了解购买者对各类刺激因素的真实反应。只有这样，才能精准地推动消费者的购买行为。

五、汽车购买行为的特征分析

1. 汽车消费者购买行为

汽车消费者购买行为是指人们为了满足个人、家庭、企业的生活或生产需要，购买合适的汽车产品或服务时所表现出来的各种行为和决策过程。

汽车消费者购买行为来源于系统的购买决策过程，并受到多种内外因素的影响。汽车消费者购买行为是复杂的，具有动态性、互动性、多样性、易变性、冲动性、交易性等特点。

2. 汽车消费者购买的基本特征

（1）市场多元、购买差异性大

消费者是多种多样的，不同的汽车消费者的购买动机及行为方面有着很大差别。由于消费者的购买动机、经济条件、生活方式、社会文化、品位能力、年龄和个性等多种因素存在巨大差异，消费者购买的产品和服务也千差万别。

汽车市场营销最基本的课题就是了解多元化消费者的购买特征及相互联系，发现影响消费者选择汽车产品、服务、品牌、企业的关键因素，从而有针对性地提供满足各类消费者的解决方案，达成汽车营销的基本目标。

（2）少次重购、购买行为复杂

汽车产品是高档消费品，使用周期长、使用环境要求高。一般消费者终身购买的次数相当有限，为此汽车消费者的每一次购买行为都会十分慎重、比较复杂。

（3）知识缺乏、感性成分更多

汽车是技术性较强、操作比较复杂的商品。大多数消费者，特别是首次购买汽车的消费者一般都缺乏有关汽车的专业知识、价格知识和市场知识。

在多数情况下，汽车营销因素和其他因素的刺激对于消费者购买影响的作用往往更大，消费者很容易受经销商足以使消费者感动的广告宣传、服务接待、产品体验以及其他促销方式的影响，产生购买冲动。

（4）区域销售、购买选择局限

在市场经济条件下，人口在地区间的流动性较大，一般产品消费者购买的流动性很大。但是，我国汽车购买的情况与此完全不同，经销商的活动大多局限于授权区域之内，消费者也必须在相应区域中完成购买，购买选择比较局限。这就决定了我国汽车市场具体经营者的竞争主要表现为区域的竞争，一般消费者只是在一定区域内选择最优秀的经销商。

（5）消费升级、购买周期缩短

汽车产品的重新购买一般在两种情况下才能发生。第一，汽车产品的使用价值基本消费完毕，需要再购；第二，因为喜新厌旧、消费升级、经济状况的变化等因素的影响，置换或再次购买汽车。随着我国经济的进一步发展和汽车保有量的不断增长，二手车市场加快发展，消费者重购汽车的周期正在逐步缩短（图4-14）。

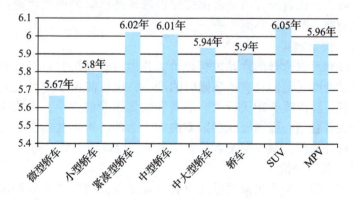

图4-14 2011年汽车用户再购时间期望

注：资料摘自新华信调查资料。

(6) 结构变化、时代特征明显

汽车消费者的购买行为常常受到兴趣转移、时代精神和流行的影响，产生新的购买需要，显示出消费购买的时代特征。在刚刚进入汽车社会的地区，小型车、微型车的需求量相对较大；在第二次购买的消费群体中购买 B 级车和 SUV 的比例明显增大。

(7) 需求发展、购买内容丰富

由于社会发展和消费水平的提高，消费需求也在不断向前推进。现代汽车消费不再是简单地满足量的需求，更多的是追求质的需求和情感上的需求。人们购买汽车考虑的因素更加综合、日益升级，产品质量、服务形式、品牌形象、人员价值都成为消费者购买时必须考虑的因素，这种新的需要不断产生，永无止境，充分体现了汽车消费者购买具有持续发展性的特点。

3. 汽车消费者购买的决策过程

消费者购买是一个复杂的决策过程，一般可分为五个阶段。

(1) 接受刺激、确认需要

消费者需要可以由内在因素引起，也可以由外在因素引起。当消费者接受营销因素和其他因素的刺激，产生对某种商品的欲望，并确认自己具有购买能力时，购买过程才能开始。在这一阶段，汽车营销企业必须通过市场调研，认定促使消费者产生汽车购买欲望和需求的具体因素，规划刺激、强化诱导。

(2) 收集信息、识别信息

消费者需要购买什么品牌的汽车，准备花多少钱、到哪里去买，首先需要寻求商品信息。消费者通常通过商业来源、个人来源、大众来源和经验来源搜集信息，并通过了解产品质量、功能、价格、型号、已经购买者的评价等来识别信息。在这一阶段，汽车营销企业的营销任务是运用适当的市场营销组合，用完整的产品概念宣传产品与服务，以使消费者最终选择本企业的品牌。

(3) 比较评价、分析选择

消费者对汽车产品的比较评价，是根据收集的资料，对产品属性做出价值判断的过程，目的是选择适合自己需求的汽车。消费者对商品属性的评价各有差异，侧重点不尽相同，有的评价注重价格，有的注重质量，有的注重品牌或款式。在这一阶段，汽车营销企业应当注意：第一，努力提高本企业产品的知名度和美誉度，使本企业的产品有可能列入消费者比较评价的范围之内；第二，调查研究消费者比较评价汽车产品时考虑的主要内容，有针对性地进行宣传，加深对消费者购买选择的影响。

(4) 察觉风险、决定购买

汽车消费者通过对可供选择的产品进行评价，并做出选择后，就形成购买意图。在正常情况下，消费者通常会购买他们具有情感倾向的产品，也可能由于受到他人态度和意外事件的影响，察觉到某些风险而改变购买行为。消费者察觉风险的大小，由购买金额大小、产品性能优劣，以及购买者自信心强弱等众多因素决定。为此，汽车营销企业在营销活动中，应尽可能通过自己的良好表现，减少消费者的察觉风险，以推动消费者购买。

(5) 感受产品、购后评价

消费者购买汽车以后，购买决策过程并没有就此结束。消费者购后评价是消费者购买决策的重要环节。在这一阶段，消费者对照自己的预期，通过购后感受对已购商品进行评价。

消费者对产品和服务的评价内容主要包括自己的欲望和需求、品牌的核心利益、产品的功能利益、产品的个性、产品的品牌形象符号、产品的便利性和体验价值。

对此，汽车经营企业必须给予充分重视，通过强化产品的质量管理，征求顾客意见，加强售后服务和保证，提高客户满意度，改进市场营销工作，极力消除客户不满等措施，力求提高消费者的购后评价，在确保企业信誉的前提下维护现有的市场和发展今后的市场（图 4-15）。

4. 汽车新产品购买的决策过程

（1）新产品层出不穷

我国汽车产业正处在由大向强发展的历史关键时期，一方面各种品牌的竞争异常激烈，另一方面各种品牌在车型上应对竞争者做相互渗透，各个合资或自主品牌企业每年推向市场的新车型总计超过100款。理解新产品的含义和消费者购买的决策规律，有助于推动新产品在市场上的理想销售。

（2）新产品的概念

图 4-15　消费者购后评价要素图

新产品突出的是一个"新"字。一般情况下把对市场而言第一次出现的产品，对企业而言第一次生产和销售的产品，都称为新产品。新产品包括：全新产品，是指过去没有而现在被发明创造出来的产品，例如纯电动汽车；革新产品，即在老产品基础上加以革新和改进的产品，甚至仅仅改换了外观形象的产品；在现有产品系列中增加品种和规格有差异的产品；引进其他市场已有的产品。

（3）新产品的分类

新产品可以分为全新产品、地域性新产品、新引进新产品和连续性新产品四类。全新产品是指第一次生产、第一次上市的前所未有的产品，如比亚迪电动汽车就属于科技上的全新产品。地域性新产品是指投放到新的目标市场上的产品。新引进新产品是指市场上已经出现，但企业是第一次生产的产品，例如斯柯达昊锐就属于新引进新产品。连续性新产品是指在原有产品基础上改造而得的产品，包括现有产品线增补产品、改良性产品、革新性产品，例如新领驭就属于连续性新产品。

（4）消费者接受新产品的过程

消费者接受汽车新产品是从第一次了解汽车新产品到最后接纳这个新产品的思维过程。

因为购买新产品可能存在某种风险，消费者的决策过程相对复杂，一般要经过感知、兴趣、评价、试用、接受五个阶段。

在感知阶段，消费者对新产品有所了解，但信息不足。

在兴趣阶段，消费者能够自觉寻找关于新产品的相关信息。

在评价阶段，消费者考虑尝试新产品，但会在反复比较后做出明智选择。

在试用阶段，消费者会试着购买新产品，以切身体验了解新产品的价值。

在接受阶段，消费者会肯定自己的购买选择。

最早使用新产品的消费者还会充当"舆论领袖"的角色，在市场上协助推广新产品。

（5）消费者接受新产品的个体差异

新产品上市被消费者采用需要过程。新产品从发明或创造到推广是新产品（创新）扩散的过程。消费者之间存在丰富的差异性，一视同仁地进行推广，成本高，效果差。

面对新产品，消费者可以分为下列几类。

第一类是创新者，敢于冒险，乐于接受新事物，只占到消费者总量的3%~5%。

第二类是早期使用者，是相对较早接受新事物的人，比较谨慎，占到消费者总量的10%~15%。

第三类是早期接受者，这些消费者比较慎重，比一般人先接受，但不会带头，大致占到消费者总量的34%。

第四类是晚期接受者，这些消费者疑虑重重，行动迟缓，不主动接受新产品，也占到消费者总量的34%左右。

第五类是落伍者，这些消费者传统观念强烈、保守固执，往往到多数人已经接受新产品的时候才会购买，这类消费者占到消费者总量的5%~16%（图4-16）。

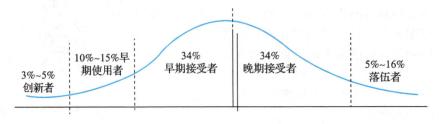

图4-16　消费者接受新产品的类别

（6）新产品的传播与推广

两级流动传播理论认为，消费者对新产品的响应率取决于消费者的个性与新产品的特征，可以采取两级传播进行新产品（创新）扩散。

一级传播是指通过新闻媒介集中、针对性地传播给创新者和早期使用者，让他们充当"舆论领袖"。

二级传播是指通过"舆论领袖"将新产品的信息流向更广的大众。

任务实施

模拟购车实训

1. 目的要求

通过模拟购车实训，总结在模拟购车实训中如何确认需要、如何收集信息、如何比较评价、如何察觉风险、如何进行售后评价，熟悉汽车购买的决策过程。

2. 注意事项

1）确认自己需要模拟购买的汽车。

2）收集相关汽车的产品知识。

3）按汽车购买一般流程的要求选择就近4S店模拟购车。

4）最好邀请自己年长的亲属一起前往，过程会变得比较自然。

5）不要集中太多同学到同一家4S店，以免影响商家正常工作。

6）路上注意交通安全。

3. 操作过程

1）教师事先设计好模拟购车实训表（表4-6）。

表4-6　模拟购车实训表

姓名		班级		学号	
模拟购车4S店					
产品知识采集来源					
确认车型的信息来源（刺激信息）					
确认车型主要技术参数（信息平台）					
比较车型及评价					
分析洽谈购买过程中的风险					
对本次模拟购买行为的自我评价					
教师评价					

2）教师事先说明作业要求及正确步骤。
3）学生分组。
4）组织学生事先确认自己的模拟需要，收集相关汽车产品资料。
5）进行模拟购车。
6）填写模拟购车实训表。

任务评价

1）组织学生交流，给予现场评价。
2）教师审阅学生模拟购车实训表，给出书面评价（表4-7）。

表4-7　学生模拟购车评价表

姓名		班级		学号	
实训评价					
项目		自我评价		教师评价	
产品知识采集					
车型主要技术参数采集					
车型评价能力					
购买过程中的风险规避能力					
表现评级（打√）		优良中未完成		优良中未完成	
评价结果（打√）		优良中未完成			

任务二

汽车组织用户的行为特征

1. 熟悉汽车组织市场的基本特点。
2. 熟悉汽车组织客户的购买特点。
3. 掌握汽车组织客户的决策过程。
4. 掌握汽车组织市场客户开发的基本方法。

案例分析：

陈经理的成功与挫折

1. 陈经理的成功

T公司是某汽车品牌在上海的代理商，它主要通过展示厅和二级代理商两种渠道进行销售。首先，T公司有两个非常不错的展示厅，通过展示厅直接销售给个人和家庭。其次，T公司发展了覆盖整个华东地区的众多二级代理商，通过他们进行销售。某年初，公司聘请了一位陈先生担任个人和家庭车方面的销售经理。这位陈先生以前从事的是个人寿险方面的行销工作，表现非常不错。上任后，他就把保险行销那套管理模式带过来了，采取了以下管理措施："强调早晚例会，严格地计件提奖，实行末位淘汰，超额有重奖"。到了年末，在不到一年的时间里，业绩非常出色，同时还为公司赢得了许多相关的资源。

2. 陈经理的失败

第二年初，T公司对市场策略进行了调整，决定将战略发展方向放在商用车上。他们撤换了原来负责商用车销售工作的经理，由陈经理出任商用车部经理。上任后，陈经理采取了一些同以前类似的改革措施："采取强势激励措施，降低原来的底薪，提高提成比例；严格执行早会和晚会制度；对整个过程进行严格的控制与管理"，但令人不解的是半年后出现了以下不良结果：

1）有的业务代表开始蒙骗客户，过分夸大公司的承诺。
2）员工之间开始互相拆台。
3）业务尖子开始离职。
4）整个队伍的业绩水平没有像预期那样增长，甚至还略有下降。

阅读以上案例并结合本任务的学习回答如下问题：
1. 陈经理在第一年和第二年面临的市场发生了什么变化，这些市场分别具有什么特点？
2. 面对不同的市场客户，陈经理在工作上应当进行怎样的调整？

一、汽车组织市场的购买行为

1. 汽车市场的两种消费模式

汽车市场可以分为个人或家庭市场和企业或社会组织市场两大类。目前，我国私人或家庭消费已经成为整个汽车市场的主力军，企业或社会组织的汽车消费虽然在总体份额上不足1/4，但需求旺盛、市场庞大，竞争同样激烈。

企业或社会组织消费者在汽车行业也称为大用户或业务用户，包括工业用户、农业用户、交通运输业用户、建筑安装业用户、观光旅游业用户、商业用户、金融保险业用户、中间商用户、非营利性组织用户和公务采购用户等（图4-17）。

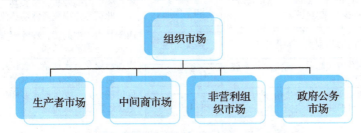

图4-17 汽车组织市场的基本构成

2. 汽车组织市场的基本特点

（1）需求复杂

汽车组织市场规模很大，涉及行业众多，他们的需求更加复杂。

（2）直接采购

组织市场往往直接采购商品，需求弹性较小，但单次购买数量较大。

（3）目的明确

组织市场购买的目的与企业或社会组织所承担的任务或业务项目密切相关，专业性强，价值概念明确。

（4）关系密切

组织市场客户一旦与供应商建立关系，便要求提供长期服务，因此供需关系更加密切。

（5）专业采购

组织市场往往由专业专职人员采购，购买过程受到管理层级上多人的影响。

3. 汽车组织市场购买行为类型

汽车组织购买行为的主要类型包括全新采购、调整再购和直接再购三类。

（1）全新采购

全新采购是指首次购买某种产品或服务。营销的重点是全面研究购买者的决策过程及影响因素。

（2）调整再购

调整再购是指就产品规格、价格、交易条件等经过协商加以调整，进行再次购买。营销的重点是了解客户要求调整的原因，掌握新的标准，保护自己的市场份额和必要利润。

（3）直接再购

直接再购是指客户要求依照以往惯例购买产品和服务。营销的重点应当是尽力维护产品和服务的质量，尽力减少客户重新购买的成本。

4．组织客户与普通消费者的区别

组织客户与一般消费者在购买类型、购买力、购买状态、购买周期、购买兴趣、沟通与商洽、议价与支付等众多方面有着不同的特点（图4-18）。

一般消费者		大客户
个人购买	购买类型	组织购买
相对较弱，基本无批量购买	购买力	相对较强，批量购买较多
主动性高，较为积极，一旦决定希望立刻得到	购买状态	主动性相对较弱，一旦决定立刻得到的愿望不高
单次购买时间相对较短，一般不超过1个月，很少有重复性购买	购买周期	单次购买时间较长，最长甚至超过一年，此类客户中重复性购买比例较多
个人兴趣能够起到很大的作用	购买兴趣	由于是组织型购买，理性因素很强，个人兴趣因素非常弱
沟通对象及方式简单，商洽次数一般最多在4次左右	沟通与商洽	沟通对象及方式复杂，会议形式较常见，商洽次数多，内容繁杂
对经销商来说此类客户议价压力一般较低，支付形式简单快捷	议价与支付	议价压力大，支付形式多样化，有的甚至还需要有质保金

图4-18　组织客户与普通消费者的区别

5．汽车组织购买的参与者

组织客户的购买过程比较复杂，其中最大的原因是组织客户在购买过程中的参与者众多，而且使用者、购买者和决策者往往由不同的人承担。组织客户购买的参与者一般包括发起者、使用者、影响者、采购者、决策者、批准者、控制者等（图4-19）。

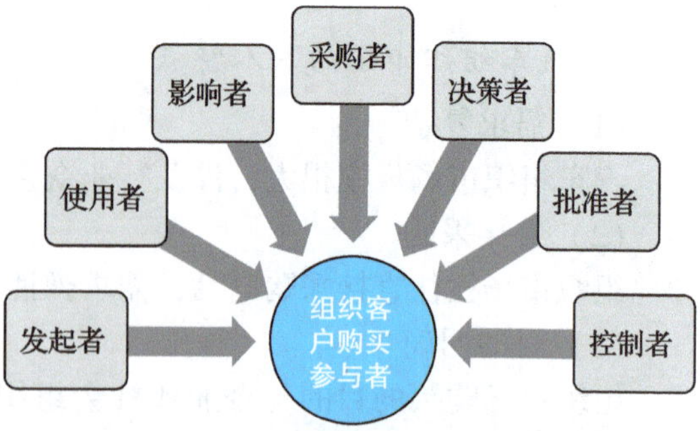

图4-19　组织客户购买的参与者

6．组织客户的购买特征

（1）决策科学化

组织客户追求更大的价值和附加值，要求特殊的个性化的供应策略。组织客户通常会有采购招标书等文件，对采购内容、步骤、时间表、预期设想、评估方法及合作伙伴有明确的规定。

（2）购买周期长

组织客户采购投资较大，可能出现反复现象，有时要长达6~12个月的过程才能成交，也可能是跨年度的销售。为此组织客户一般都会对合作伙伴进行直接或者间接的资质评估，以保证自己的利益。

（3）团队作战

组织客户往往更强调整体的服务能力，要求提供及时与全面的服务。对组织客户的销售，与其说是在销售产品，不如说是在销售一个整体的解决方案，必须考虑周全。

（4）品牌忠诚度高

面对行业的激烈竞争，以及组织客户的专家型采购人员，汽车营销企业保持良好的行业口碑，拥有相关的成功案例，将增加对组织客户的吸引力。

（5）销售代表能力要强

面对组织客户的销售人员能力要求更高。这些能力包括：丰富的行业知识和应用能力；更强的市场知识、产品知识的应用能力；发现和实现产品与客户需求匹配度的能力；很强的产品线知识和推广能力；更强的拓展公共关系、客户关系的能力；娴熟的外交礼仪和商务谈判的能力；娴熟的客户沟通能力；强大的内部协调、保障客户用车安全和服务相应的能力等。

（6）强调长期关系与利益

在竞争激烈的销售环境中，寻找新客户的代价越来越高。对于关系良好的组织客户，销售人员应该逐步深化客户关系的层次，建立长期关系、追求长期利益。

7．汽车组织客户购买决策过程

汽车组织客户的决策过程相对规范、科学、流程清晰。一般过程是：按照业务项目和任务目标提出需求；经过反复研究确定需求；向相关决策者说明购买需要；物色可能的供应商；向相关供应商征求供货建议书；经过比较选择合适的供应商；经过洽谈签订采购合同；购买后对整个购买过程进行绩效评估（图4-20）。

图4-20 汽车组织客户购买决策过程

二、汽车组织市场的客户开发

1．汽车组织客户的基本特征

（1）公务、政府部门客户特征

对于公务、政府部门客户：采购价格必须符合国家政策和地区经济水平；车型必须适应项目任务要求，能与国际接轨，并且不轻易放弃固有车型；配置要求做到差异化，改装特征希望明显；产品要求可靠、稳重、大气、环保、安全及使用方便；后续服务要快速有效。

（2）企业类客户的基本特征

企业类客户需要有一定数量、有组织的车辆来维持物流的正常进行，购车目的和理由非常明确。企业类客户对政策信息、专用车生产企业动态、产品信息及物流发展密切关注，同时拥有相对先进的经营理念和管理模式。

企业类客户具有注重档次和适用性、采购人岗位的特殊性、采购人利益关系固化、行业间的相互影响性等基本特征。

采购车辆时，企业类客户在品牌、发动机功率、底盘配置、吨位等方面有着严格的要求，经过不同品牌车型信息的搜集与对比之后才能定夺。

（3）租赁市场的客户特征

租赁市场的客户注重采购车辆的回报，因而对汽车采购经济上可能产生的风险控制得越小越好。

租赁市场客户采购车辆的目的主要是满足租赁市场的需求,因而在挑选车型时更多考虑以客户能普遍接受为前提。

租赁市场客户在采购车辆时,还具有与众不同的双重性格,即既考虑客户实际需求,又考虑企业形象。

2. 汽车组织市场的客户开发

(1) 善用4E拓展组织客户市场

汽车组织客户市场的开发重点在于:

第一,及时发现项目,紧紧抓住项目,因为没有项目就没有销售,针对组织用户的营销活动的一般主体都是项目。

第二,高度重视为用户创造和传递价值,因为组织用户更多关注产品项目所能实现的价值,而非价格。

第三,减少渠道成本,因为流通渠道的每个环节都有费用发生,为了减少成本,组织用户更加强调渠道便捷,以短渠道为主,以使价值得到有效传递。

第四,组织用户希望寻求优秀的供应商作为自己的长期合作对象,信任尤其重要(表4-8)。

表4-8 组织客户开发4E策略

4P	4E	差异
产品策略	项目	针对组织用户的营销活动的一般主体都是客户需要展开的项目
价格策略	价值	组织用户营销越来越关注产品项目的价值,而非价格
渠道策略	便捷	组织用户营销渠道更加便捷,短渠道为主,有利于价值的有效传递
市场推广策略	信任	组织用户营销宣传与促销更加侧重信任(包括对产品、人员、企业、品牌等)

(2) 组织客户的采购流程

组织客户的采购分为一般采购和招标采购两类(图4-21)。

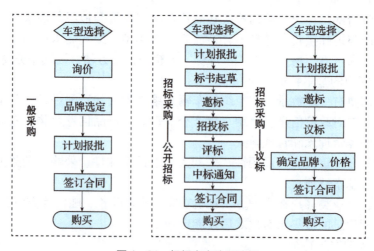

图4-21 组织客户购买流程

一般采购的程序是车型选择→询价→品牌选定→计划报批→确定经销商签订合同→实施购买。

招标采购分为公开招标和议标两类，基本程序类似。

公开招标的程序是车型选择→计划报批→标书起草→邀标→招投标→评标→中标通知→签订合同→实施购买。

议标与公开招标的区别是不公开评标，而是进行内部审定，然后确定供应商。公开招标相对议标更加公开、公正。

（3）组织客户的市场开发

做好组织客户的市场开发工作应当遵循下列基本原则：

第一，根据分解的年度销售计划和预算计划，编制组织客户市场发展规划和销售目标。

第二，分析所在区域的市场潜力、机遇和问题，了解竞争对手政策和状况，提出年度组织客户政策建议和阶段性调整建议。

第三，开展组织客户销售业务，开展 VIP 客户业务。

第四，负责合同洽谈履约管理，审核组织客户日常销售订单管理，监督所销订单预算完成状况。

第五，拟订组织客户年度活动计划并组织实施批准计划。

第六，执行组织客户预算规定，高效地开展组织客户销售业务，确保公司效益和组织客户市场份额增长。

第七，及时处理组织客户突发性事件和反馈重大信息，创造性地提高组织客户基础管理和体系建设。

任务实施

课堂讨论：找到决策影响者

案例描述：

经销商向 B 物流公司提供了产品资料和报价资料，并邀请 B 物流公司采购部相关人员到经销商处考察。B 物流公司采购部相关人员到达后，经销商销售顾问询问 B 物流公司采购部有否采购计划，结果被告知采购计划的确定不归采购部管，需要上级部门决策后才能知道。最后考察无果而终。

经销商总结了这次业务活动过程的教训，应从下列几个方面开展工作：

1）通过采购人员了解对客户车辆购买起决定作用的关键人物。
2）按照组织客户的特点，分清购买者角色，拜访关键人物。
3）通过特殊途径与 B 物流公司相关人员进行沟通，加快开发速度，消除阻力。
4）感谢 B 物流公司采购人员来店考察，消除客户的疑虑。
5）定期拜访，主动联系客户，保持与客户的良好关系。
6）关心客户，理性推荐产品。

由于经销商改进了工作，最后获得了 B 物流公司的订单、并达成交易。

问题讨论：

① 在这 案例中，经销商是否找到了关键人物？
② 在没有确认购买者是否需要购买前，先提供产品与报价资料是否得当？

③ 如何找到关键人物，并打动关键人物，促进成交？

④ 详细阐述组织客户的购买特点和组织客户开发需要注意的问题。

1. 目的要求

通过复习组织客户购买特征和组织客户市场开发的相关知识，理解组织客户购买的复杂性，明确发现项目和找到关键人物在组织客户开发中的重要性。

2. 注意事项

1）现场讨论可以分组进行。

2）讨论必须结合本项目教学内容展开。

3. 操作过程

1）教师事先说明讨论要求及正确步骤。

2）学生分组讨论。

3）组织学生分组交流，鼓励学生发言。

4）教师总结评价。

任务评价

1）对各组讨论结果和补充发言的学生给予评价（表4-9）。

2）课堂讨论的评价计入学生平时学习成绩。

表4-9 课堂讨论评价表

评价要素	得分	评分细则
汽车市场状况预测报告评价表	5	答案正确、知识表达清晰
	4	答案基本正确、知识表达基本清楚
	3	答案基本正确，但表达不完整
	2	答案模糊，表达不完整
	1	答案不正确
最终得分		

知识拓展

资料阅读：

怎样促进组织客户成交

经销商销售人员反映，通过积极接触客户、开拓市场，已经找到组织客户的关键人物，但是在最终决策和成交环节，几次都因为客户提出太低的价格并要求更大的增值服务而无法成交。这时经销商往往会找到生产企业的区域经理，希望给予特别的销售政策或价格补贴。

问题：

1. 碰到杀价厉害，过分要求的客户，如何帮助经销商应对？
2. 在这种情况下，经销商找到区域经理要政策，区域经理应该怎么办？

参考解决方案：

经销商未能将实际努力转化为销量，主要可能由于以下几点原因：

1）客观上产品知晓度还不够高，所以在推广过程中未能让客户理解产品背后真正的价值。

2）经销商不习惯对新产品进行推广，销售人员在促成交易过程中未能充分展示产品价值。

3）以组织机构为主的客户在采购中更加注重性价比，没有充分认识到本产品的价值，必然最终选择其他竞品。

4）在主观方面，销售人员谈判能力不够，也是重要原因。

区域经理要做好经销商辅导工作，不仅要确定目标分配给经销商，更需要帮助经销商提高市场分析能力，了解客户的真正需求，做好谈判的充分准备，协助经销商确定突破重点。

通过学习以上案例，目的在于理解在组织客户开拓过程中厂商合作、需求分析、价值展示和提高沟通谈判能力的重要性。

思考与练习

一、填空题

1. 乘用车下细分为基本型乘用车、_____、运动型多用途车（SUV）和交叉型乘用车四类。
2. 汽车产品具有消费品和_____的双重特征。
3. 多次购买和组织购买的购买经验比较丰富，购买行为比较_____。
4. 心理因素、个人因素、_____、社会因素是影响消费者购买行为的四大基本因素。
5. 形成消费者态度的基本要素包括认知因素、_____因素和行为倾向因素。
6. 组织客户购买的参与者一般包括发起者、使用者、影响者、采购者、_____、批准者、控制者等。

二、判断题

1. 顾客是营销环境中最重要的因素。　　　　　　　　　　　　　　　　（　　）
2. 消费者面对一种从来不了解、不熟悉的汽车产品，购买行为最为简单。　（　　）
3. 为消费者营造良好的产品、服务、人员、企业形象等良好感觉对于推动消费者的购买行为具有重要作用。　　　　　　　　　　　　　　　　　　　　　　　（　　）

三、名词解释

1. 文化。
2. 参考群体。
3. 4E 策略。

四、简述题

1. 消费者动机有哪些特征？
2. 简述青年人的消费心理和购买特征。
3. 简述汽车消费者购买的决策过程。
4. 简述组织客户的购买特征。
5. 简述公务、政府部门客户特征。
6. 简述公开招标的一般流程。

模块五

汽车市场细分与目标定位

汽车企业在进行市场营销时,面对的是一个十分复杂的市场,这个市场里的消费者由于收入、年龄、生活习惯的不同,对汽车商品和服务有着截然不同的需求。

汽车企业由于自身资源和能力的限制,不能对市场中所有需求不同的消费者服务,而只能扬长避短、发挥自身优势,选择其中的一部分消费者作为目标市场,以开发适销对路的产品,满足这一部分消费者的需求。

因此,汽车企业必须采取有效的目标市场营销战略(STP),做好市场细分和目标定位的工作。

目标市场营销战略的确定和实施,包括三个方面,即市场细分(Segmentation)、目标市场选择(Targeting)和市场定位(Positioning)(图5-1)。

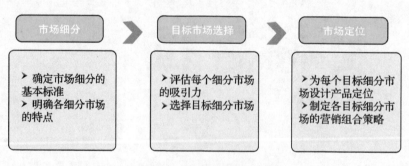

图5-1 目标市场营销战略图

任务一 汽车市场细分与定位策略

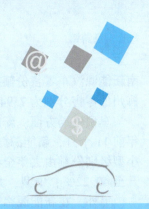

学习目标

1. 理解汽车市场细分的概念。
2. 熟悉汽车市场细分的前提、作用。
3. 掌握汽车市场细分的依据、原则和方法。
4. 理解反细分策略与市场细分的关系。
5. 熟悉定制市场策略的相关概念。
6. 能运用多个因素对汽车市场进行细分。
7. 能说出定制市场策略的优点及局限。

任务导入

文章阅读：

2018年我国新能源汽车行业市场竞争格局与发展趋势分析

1. 自主品牌占据主导地位

经过几年的市场培育和发展，我国新能源汽车行业已取得长足进步。2018年，我国新能源汽车产销量分别完成了127万辆和125.6万辆，同比分别增长了59.9%和61.7%；其中纯电动汽车产销分别完成98.6万辆和98.4万辆，同比分别增长47.9%和50.8%；插电式混合动力汽车产销分别完成28.3万辆和27.1万辆，同比分别增长122%和118%。

新能源汽车行业不仅有长足进步，而且与燃油车市场格局不同，国内新能源汽车行业以自主品牌为主，自主品牌占据国内新能源汽车市场90%以上份额。同时，新能源汽车市场正在向以比亚迪、北汽新能源为代表的龙头企业集中。

数据显示，2018年1—11月，比亚迪以15.58万辆的零售量排在新能源乘用车市场首位，市场份额达到22.85%；北汽新能源紧随其后，前11月零售量为7.76万辆，市场份额约为11.38%。

比亚迪能够继续保持领先优势，一方面是比亚迪在去年逐渐摆脱了低端微型轿车的束缚，车型布局更高端；另一方面是比亚迪坐上了十八个省份的头把交椅，一举改变了此前北汽主导的区域格局。

区域竞争方面，北方、华东、华南仍是国内新能源汽车市场主要销售地，2018年前11月零售份额分别占到26.91%、28.87%、26.17%，合计比重超过80%。相比去年全年，华

南新能源汽车零售份额提升明显，多数城市的新能源汽车零售都出现高增长，如深圳、广州、柳州的零售分别为7.94万辆、3.91万辆、1.91万辆，同比增长220%、230%、349%。

车型格局方面，新能源汽车的车型级别正从微型向小型、紧凑型等更高级别上移。2018年前11个月，新能源微型车零售份额为29.66%，较去年全年大幅下滑21.68个百分点；而小型级别份额由去年全年的9.31%提升至今年前11月的13.05%，紧凑型级别由31.23%提升至40.22%，中型、大型等其他级别也由8.12%提升至17.07%。

另外，在新能源客车市场，2018年全年，全国5m以上客车累计销售20.73万辆，同比下降15.92%。其中，宇通、福田欧辉、中通位居前三，全年累计销量分别达6.07万辆、2.06万辆、1.35万辆。

2. 行业将迎来高质量发展

双积分政策的落地实施，意味着新能源汽车发展的长效机制逐步形成。相比直接的财政补贴，双积分政策将借助市场的力量激励和倒逼企业，把更多的资源投入到产品研发上，避免部分企业对于政策过度依赖和骗取补贴的行为，从而推动新能源汽车产业高质量发展。

竞争趋势方面，未来三年，合资品牌将密集投放新车型，自主品牌在SUV市场压力相对较小，在轿车市场面临压力较大。在SUV市场，欧系品牌未来两年将会在A+级传统车平台上大规模推出插电版本车型，日系品牌相对比较保守，主要发力点在A0级SUV电动化；在轿车市场，轿车是自主品牌的弱项，合资朗逸、轩逸等爆款车电动版陆续上市，欧系品牌和日系的日产A级轿车纯电化、A+级轿车插电化趋势加速，日系丰田、本田A级轿车插电化也在提速，在轿车领域，国产比亚迪等品牌将面临较大竞争压力。

随着市场竞争加剧，自主品牌有望迎来新一轮产品升级。这得益于近几年的技术及市场积累，自主品牌逐渐拥有了针对新能源特有平台开发的技术以及成本支持，比亚迪、北汽、上汽、奇瑞等车企都已建立了完善的新能源汽车正向开发体系，可以推出正向开发的新能源汽车产品。

最后，新能源车企也将加快走出去步伐，积极参与国际标准制定，提高国际标准话语权和影响力。我国政府也将引导和支持优势企业进行海外布局，更深、更广地融入全球供给体系，共谋新能源汽车产业的高质量、可持续发展。

（资料来源：前瞻产业研究院）

阅读上述资料后，请回答：
1. 请说明我国目前新能源汽车消费市场概况。
2. 面对这样的市场环境，汽车企业该怎样积极面对？

知识准备

一、汽车市场细分前提与作用

1. 市场细分的含义

市场细分（Market Segmentation）的概念是美国市场学家温德尔·史密斯于20世纪50年代中期提出来的，后经美国营销学家菲利浦·科特勒进一步发展并完善。

市场细分是指营销者通过市场调研，依据消费者的需要和欲望、购买行为和购买习惯等方面的差异，把某一产品的市场整体划分为若干消费者群的市场分类过程。每一个消费者群就是一个细分市场，每一个细分市场都是具有类似需求倾向的消费者构成的群体。

以汽车类别为例，市场可简单细分为乘用汽车市场及载货汽车市场（图5-2）。

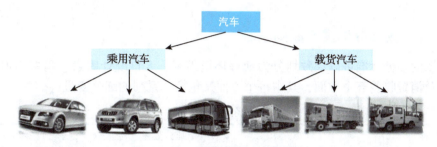

图5-2　汽车市场细分简图

2. 市场细分的前提

（1）市场可以细分

市场是商品交换关系的总和。市场的主体是消费者。由于消费者的特征和需求各有不同，所以本身必须细分。

（2）存在异质需求

消费者市场需求无差异的为同质性市场，消费者市场需求差异明显的称为异质性市场。一般来说汽车市场属于异质性市场。

（3）差异可以区分

营销者可以在消费者需求相似的情况下区分消费者需求的差异性。

（4）企业自身资源

营销企业自身资源在不同方面具备特有的优势，因此一定会在某些细分市场上获取更高的市场份额。

3. 市场细分的作用

细分市场不是根据产品品种、产品系列来进行的，而是从消费者的需求、动机、购买行为的多元性和差异性来划分的。市场细分对企业的生产和营销起着极其重要的作用。

（1）有利于选择目标市场和制定市场营销策略

市场经过细分以后，各个子市场消费者的需求比较具体，因而易于了解。在这种情况下，企业可以根据自己的生产技术和营销资源等具体优势，确定自己的服务对象（目标市场），制定特殊的营销策略。

同时，在细分市场上信息容易反馈，一旦消费者的需求发生变化，企业可迅速改变营销策略，制定相应的对策，以适应市场需求的变化，提高企业的应变能力和竞争力。

（2）有利于发掘市场机会，开拓新市场

通过市场细分，企业可以对每一个细分市场的购买潜力、满足程度、竞争情况等进行分析对比，探索出有利于本企业的市场机会，使企业及时做出投产、销售决策，或者根据本企业的生产技术条件编制新产品开拓计划，进行必要的产品技术储备，掌握产品更新换代的主动权，开拓新的市场，更好地适应细分市场的需要。

（3）有利于集中人力、物力投入目标市场，提高企业经济效益

任何一个企业的人力、物力、资金都是有限的。通过细分市场，选择适合自己的目标市场，企业可以集中人力、财力、物力等资源，生产出适应目标市场的产品，最大限度地满足这部分市场的需要，更大份额地占领目标市场。

产品适销对路可以加速商品流转,加大生产批量,降低企业的生产销售成本,全面提高企业的经济效益。

二、汽车市场细分依据与原则

汽车市场的细分标准可以大致划分为地理环境因素、人口统计因素、消费心理因素、消费行为因素及消费收益五个方面,其中每个方面又包括一系列的细分变量(表5-1)。

表5-1 汽车市场的细分依据——变量表

细分依据	细分变量
按地理环境细分	国家、地区、城市、农村、气候、地形、交通状况等
按人口统计细分	年龄、性别、职业、收入、教育、家庭人口、家庭类型、家庭生命周期、国籍、民族、宗教、社会阶层等
按消费心理细分	社会阶层、生活方式、个性等
按消费行为细分	时机、追求利益、使用者地位、产品使用率、忠诚程度、购买准备阶段、态度等
按消费收益细分	追求的具体利益、产品带来的益处,如质量、价格、品位等

企业进行市场细分的目的是通过对消费者需求差异进行定位,谋求获得更大的经济效益。

但是,产品的差异化必然导致生产成本和推销费用的相应增加,因此,企业需要在市场细分可能得到的收益与市场细分可能增加的成本之间进行权衡。

市场细分的原则是:

(1) 可衡量性

可衡量性是指企业用来细分市场的标准,是可以识别和衡量的,特别是各个细分市场的购买力和规模能被衡量。

一般来说,一些带有客观性的变数,如年龄、性别、收入、地理位置、民族等,都易于确定,并且有关的信息和统计数据,也比较容易获得。而一些带有主观性的变数,如心理和性格方面的变数,就比较难以确定。

在汽车整车销售中,业界常用的市场细分方法有两种:一是按照尾气排量进行细分,二是按照价格进行细分,都有定量的指标可循。其中,按照价格进行市场细分,可以将市场划分为高、中、低三种,每一种市场都有鲜明的特征。比如,高档车消费者注重车辆的外观、性能、豪华程度,对价格不敏感;而低档车消费者则对价格相当敏感,要求耗油量小、耐用等。

(2) 可进入性

可进入性是指所选定的细分市场必须与企业自身状况相匹配,企业能够进入所选定的细分市场,能进行有效的促销和分销,并最终能获取这一市场的一定份额。研究市场的可进入性,从本质上来讲是对汽车营销活动可行性的必要考量。

(3) 可盈利性

可盈利性是指细分市场的规模要大到能够使企业足够获利的程度,并且有可拓展的潜力,使企业值得为它设计一套营销规划和方案,以便顺利地实现营销目标,获得理想的经济效益和社会服务效益。

(4) 差异性

差异性是指各个细分市场在客观上存在的差异,能够与其他细分市场有所区别,并对不同营销因素（产品、价格、渠道、促销）组合的营销方案做出不同的反应。

（5）相对稳定性

相对稳定性是指企业确定自己的细分市场后应当保持一定的时间稳定性。细分后的市场能否在一定时间内保持相对稳定，直接关系到企业生产营销策略的稳定性。特别是大中型企业以及投资周期长、转产比较复杂的企业，一旦细分市场不稳定，会造成突如其来的经营困难，从而影响企业的经营效益。

三、汽车市场细分的主要方法

市场细分的方法主要有单因素法、多因素法、系列因素法等。

1. 单因素法

单因素法是指企业根据市场营销调研结果，把影响消费者选择或用户需求最主要的因素作为细分变量，对产品的整体市场进行细分。在汽车市场中，常以汽车的用途因素对市场进行细分（图5-3）。

2. 多因素法

多因素法是指企业依据影响消费需求的两个或两个以上因素或变量对某一产品进行综合性的市场细分，这一方法适用于市场对某一产品需求的差异性是由多个因素或变量综合影响所致的情况。例如，对于汽车市场来说，性能质量、价格与排量是综合影响消费者选择的因素（图5-4）。

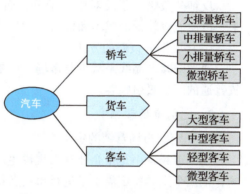

图5-3 单因素法——以汽车用途为例

3. 系列因素法

系列因素法是指当影响消费需求的因素是多项的，并且各因素是按一定顺序逐步变化的，企业可以将某一产品的整体市场由粗到细、由浅入深进行逐步细分，将目标市场变得越来越具体。这一方法适用于影响需求倾向的因素或变量比较多，企业需要逐层逐级辨析并寻找适宜市场的情况。

例如，对载货汽车企业就可以进行如图5-5所示的逐级分类。

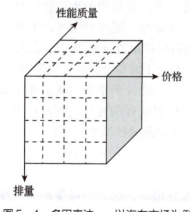

图5-4 多因素法——以汽车市场为例

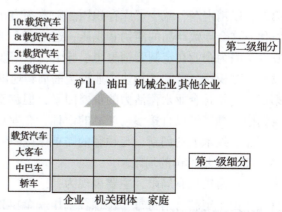

图5-5 系列因素法——以汽车企业为例

四、反细分策略以及定制营销

1. 反细分策略

（1）反细分策略的定义

反细分策略出自菲利浦·科特勒的《水平营销》一书，是指将许多过于狭小的分市场结合起来，以便能以较低的成本去满足这一市场的需求。

（2）反细分策略的内涵

实行市场细分是必要的，但不是分得越细越好。科学合理的市场细分应以发掘市场机会为目的。有些企业曾经实行"超细分战略"，市场被过分地细分，导致产品价格不断增加，影响产销数量和利润。

反细分策略并不反对市场细分，而是"异中求同"地将许多过于狭小的子市场组合起来，以便能以较低的成本和价格去满足这一市场的需求，填补细分策略的不足。

（3）反细分策略的方法

通过缩减产品线来减少分市场，或是将几个较小的分市场结合起来，提供较低的价格和较普通的产品吸引顾客。

2. 定制市场营销

（1）定制市场营销的定义

定制市场营销是指企业在大规模生产的基础上，将每一位顾客都视为一个单独的细分市场，根据个人的特定需求来进行市场营销组合，以此来满足每位顾客的特定需求。

（2）定制市场营销的产生与发展

随着经济的快速发展，居民收入、购买力水平和消费水平同步提高，人们的消费需求、消费观念也同步发生变化。消费者从追求感情消费（量的满足、质的满足和感性满足）逐渐转变为追求个性化的差别消费，这就推动着消费者从追求共性消费向追求个性消费转变。在这种情况下，定制市场营销应运而生，而且将会成为未来消费的发展趋势。

（3）定制市场营销的优点

定制市场营销的优点主要是：

第一，满足个性化需求。定制市场营销能极大地满足消费者的个性化需求，提高企业的竞争力。

第二，以销定产，减少了库存积压。随着买方市场的形成，大规模的生产使产品品种趋向同质化，这会导致产品的滞销和积压，造成资源的闲置和浪费。定制营销可以避免这种结果的发生。因为企业在定制营销思想引导下，根据顾客的实际订单进行生产，实现以需定产，几乎没有库存积压，有利于加快企业资金的周转速度，也有利于减少社会资源的浪费。

第三，创新是企业永葆活力的重要因素，但创新必须与市场及消费者的需求相结合。在定制营销中，顾客可以直接参与产品的设计，企业也可以根据顾客的意见直接改进产品，从而达到产品、技术上的创新，与顾客的需求保持一致，促进企业的持续发展。

（4）定制市场营销的局限

定制市场营销也有局限，主要表现为：

首先，由于定制营销将每一位顾客视作一个单独的细分市场，这固然可使每一位顾客按其不同的需求和特征得到有区别的对待，使企业更好地服务于顾客，但另一方面也将导致市场营销工作的复杂化、经营成本的增加以及经营风险的加大。

其次，技术的进步和信息的快速传播使产品的差异日趋淡化，今日的特殊产品及服务到明天则可能就大众化了。产品、服务独特性的维护工作因而变得极为不容易。

再次，定制营销的实施条件也相对苛刻，定制营销的实施要求企业具有过硬的软硬件条件。首先企业必须加强信息基础设施建设，如果没有畅捷的沟通渠道，企业无法及时了解顾客的需求，顾客也无法确切表达自己究竟需要什么产品。

最后，柔性生产系统的发展是大规模定制营销实现的关键，因为定制营销要求企业必须建立柔性生产系统。

这里所说的"柔性"是相对于硬性标准化自动生产方式而言的。柔性生产系统只要改变和控制软件就可以适应不同品种、式样的加工要求，从而使企业的生产装配线具有快速调整的能力。

（5）定制市场营销的主要类型

定制市场营销主要包括如下类型：

第一，合作型定制。当产品的结构和可供选择的零部件式样比较繁多时，消费者一般难以权衡，甚至会有一种束手无策的感觉，不知道何种产品组合才能真正适合自己的需求。在这种情况下，可以采取合作型定制。企业与消费者进行直接沟通，介绍产品各零部件的特色性能，开创"自选零件，代客组装"的业务，并以最快的速度将定制产品送到顾客手中。

第二，选择型定制。在这种定制营销中，产品对于顾客来说其用途是一致的，而且结构比较简单，顾客的参与程度很高，从而使产品具有不同的表现形式。例如同样的车型，贴上消费者所喜爱的图案、卡通画或幽默短语，可以使消费者的个性得以突出表现。

第三，适应型定制。如果企业的产品本身构造比较复杂，顾客的参与程度比较低时，企业可采取适应型定制营销方式。顾客可以根据不同场合、不同需要对产品进行调整、变换或更新组装来满足自己的特定要求。

五、汽车市场细分的基本步骤

汽车市场细分可以按照下列步骤进行（图5-6）。

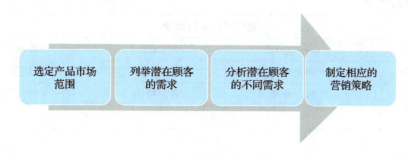

图5-6 市场细分的步骤

第一步：选定产品市场范围，明确自己在行业中的市场范围，并以此作为制定市场开拓战略的依据。

第二步：列举潜在顾客的需求，从地理、人口、心理等方面列出影响产品市场需求和顾客购买行为的各项变数。

第三步：分析潜在顾客的不同需求，对不同的潜在顾客进行抽样调查，并对所列出的需求变数进行评价，了解顾客的共同需求。

第四步：制定相应的营销策略，调查、分析、评估各细分市场，最终确定可进入的细分市场，并制定相应的营销策略。

任务实施

分析上海通用汽车集团旗下品牌的市场细分情况。

1. 目的要求

1）通过网络搜索获取信息，列出上海通用汽车集团旗下的一系列品牌（至少5个品牌）。

2）根据列出的品牌，说明这些车的细分市场是什么。

3）按照学校实际条件，可以在课堂上以小组讨论的形式展开或由学生以课后作业的形式完成。

2. 器材与设备

1）PPT等多媒体。

2）事先印制关于上海通用汽车的一些产品资料。

3. 注意事项

1）资料来源要翔实、可靠。

2）讨论要有交流或总结，作业要给予评价。

4. 操作过程

1）教师事先说明作业要求及正确步骤（表5-2）。

2）如在课堂进行，教师要维持课堂纪律；如是课后进行，则要及时对学生的作业情况进行反馈，帮助学生查漏补缺。

表5-2 上海通用汽车集团旗下品牌的市场细分情况表

姓名		班级		学号	
上海通用系列产品名称					
通用产品市场细分					
市场细分1		市场细分2	市场细分3		市场细分4
相关产品		相关产品	相关产品		相关产品
客户特征		客户特征	客户特征		客户特征
教师评价					

教师评价(表5-3):

表5-3 上海通用汽车集团旗下的一系列品牌的市场细分情况评价表

评价要素	得分	评分细则
通用汽车品牌的市场细分情况	5	任务明确、分析合理、内容完整、信息正确、填写完整、态度积极(至少5个品牌)
	4	内容完整,分析较为合理
	3	内容相对完整,分析较为合理
	2	内容相对完整、态度积极、分析有误1次
	1	内容相对完整、态度积极、分析有误2次
最终得分		

任务二
目标市场选择与市场定位

学习目标

1. 理解汽车目标市场的定义、评估及原则。
2. 掌握汽车目标市场定位的范围策略。
3. 掌握汽车目标市场定位的营销策略。
4. 熟悉汽车市场定位的步骤。
5. 掌握汽车市场定位的策略。
6. 能根据某个企业的实际情况选择适当的目标市场,并制定有效的营销策略。
7. 能运用所学知识,对某个汽车公司的产品进行有效的市场定位。

任务导入

资料阅读:

汽车品牌"金字塔"

处于"金字塔"顶部的是凯迪拉克所代表的高档豪华车品牌;在"金字塔"的中上部,则是为主流社会精英推出的高档别克品牌;立足于"金字塔"基础部分的当属雪佛兰;而"金字塔"的底端则被上汽通用五菱旗下的五菱汽车所覆盖(图5-7)。

阅读上述资料后,请回答:
1. 请说出金字塔四层各自代表的消费群体?
2. 请阐述四个不同层次的不同定位。

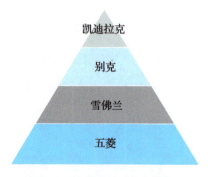

图5-7 汽车品牌"金字塔"

知识准备

一、汽车目标市场选择与评估

1. 目标市场的定义

目标市场就是通过市场细分后,企业准备以相应的产品和服务满足其需要的一个或几个子市场。

2. 目标市场评估

(1) 潜力评估

细分市场的规模和增长潜力评估主要是对潜在细分市场是否具有适当的规模和增长潜力进行评估。

(2) 吸引力评估

吸引力评估是指对企业在细分市场上长期获利能力的评估。

(3) 目标和资源评估

对于具有一定规模、增长潜力和吸引力的市场，企业还应对自身是否具有充足资源来进入并在该市场中获胜等方面进行评估。

3. 选择目标市场的原则

(1) 该市场存在尚未满足的需求

存在潜在的需求，是企业选择目标市场的首要条件。

(2) 该市场有一定的购买力

消费者未满足的需求，只有具有一定的购买力，才能成为现实的市场。

(3) 该市场未被竞争者完全控制

在选择目标市场时，要对各细分市场的竞争状况进行认真的分析，应尽量选择竞争者的数量较少或竞争者实力较弱，参与竞争比较容易的细分市场作为目标市场。

(4) 企业有能力经营的市场

企业选择的目标市场，除应具备上述三个外部条件外，更重要的是，只有当企业的人力、物力、财力及产品开发能力、市场开发能力和经营管理能力等内部条件同时具备时，才能将该细分市场作为企业的目标市场。

4. 目标市场的范围策略

(1) 产品、市场集中化策略

这是一种最简单的目标市场范围策略，即企业只选取一个细分市场，集中全力只生产一种类型的标准化产品，供应给某一个特定的顾客群，集中力量为之服务。如图 5-8 所示，企业只生产一种产品 P2 供应给顾客群 M1。

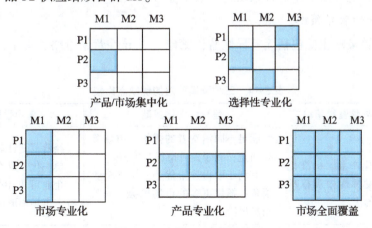

图 5-8　产品——市场矩阵图

一些较小的企业通常采用这种策略，有利于企业深刻了解该细分市场的需求特点，采用针对性的产品、价格、渠道和促销策略，从而获得强有力的市场地位和良好的声誉，但同时隐含较大的经营风险。

例如，豪华轿车劳斯莱斯的生产厂家就是采用这种策略，将目标市场固定在"有很高的社会地位，追求享受，并且将汽车作为身份、地位象征的顾客"这一专门的细分市场上。

（2）产品专业化策略

这种策略的特征是企业集中生产一种类型的系列产品，并将其供应给产品整体市场的各个顾客群，满足其对一种类型产品的各不相同的需要。如图 5-8 所示，企业只生产一种产品 P2 分别供应给顾客群 M1、M2、M3。

产品专业化模式的优点是企业专注于某一类产品的生产，有利于形成和发展生产和技术上的优势，在该专业化产品领域树立形象。这种模式一般适合于中小型企业，但在汽车行业中较少使用。

（3）市场专业化策略

这种策略的特征是企业专门为满足某一个顾客群体的需要，经营这类顾客所需要的各种产品。如图 5-8 所示，企业生产产品 P1、P2、P3 供应给顾客群 M1。

这种策略通常是经营能力较强的企业，试图在某一细分市场上取得较好的适应性和较大的优势地位而采取的做法。但由于集中于某一类顾客，当这类顾客由于某种原因而购买力下降时，实行市场专业化的企业也会遇到收益下降的风险。

（4）选择性专业化策略

这种策略是企业选取若干个细分市场作为目标市场，并有针对性地向各个目标市场提供不同类型的产品，以满足其特定的需要。如图 5-8 所示，企业生产产品 P1 供应给顾客群 M3，生产产品 P2 供应给顾客群 M1，生产产品 P3 供应给顾客群 M2。

这种策略的优点是可以有效地分散经营风险，即使某个细分市场盈利不佳，企业仍可继续在其他细分市场获利。选择这种市场模式的汽车企业应具有较强的资源和营销实力。

（5）市场全面覆盖策略

这种策略的基本特征是企业全方位地进入产品整体市场的各个市场部分，并有针对性地向各个不同的顾客群提供不同类型的系列产品，以满足产品整体市场各个市场部分的各种各样的需要。如图 5-8 所示，企业生产产品 P1、P2、P3 供应给顾客群 M1、M2、M3。一般只有实力强大的大企业才能采用这种策略，一般企业难以做到。

5. 目标市场的营销策略

目标市场营销策略主要包括无差异性营销策略、差异性营销策略、集中性营销策略三种（表 5-4）。

表 5-4　三种营销策略的优缺点比较

	无差异性营销策略	差异性营销策略	集中性营销策略
优点	低成本 标准化产品、标准化经营，发挥规模和标准化生产的优势	满足不同消费者的需求，市场覆盖面宽，利于提升市场竞争力 有利于取得连带优势，树立企业形象；抓住更多的市场机会，分散市场风险	经营范围针对性强 单一化，成本相对较低 企业可集中使用有限资源在特定市场中形成竞争优势
缺点	应变能力不强，缺少经营上的灵活性，回旋余地较小	成本高，影响经营成本与规模效益	经营风险大 若该市场利润大，竞争者极易追随而入，竞争激烈

三种策略各有利弊,企业在进行决策时要具体分析产品、市场状况和企业本身的特点。企业的目标市场策略应慎重选择,一旦确定,应该有相对的稳定性,不能朝令夕改。

(1) 无差异性营销策略

无差异性营销策略是指企业只推出一种产品,运用一种市场营销组合,试图在整个市场上吸引尽可能多的消费者的一种求同存异的营销策略。适用于生产规模简单、标准化程度高的产品或者具有绝对优势的特色产品。

(2) 差异性营销策略

差异性营销策略就是把整个市场细分为若干子市场,针对不同的子市场,设计不同的产品,制定不同的营销策略,满足不同的消费需求。

(3) 集中性营销策略

集中性营销策略就是在细分后的市场上,选择两个或少数几个细分市场作为目标市场,实行专业化生产和销售。这种策略可在个别少数市场上发挥优势,提高市场占有率。采用这种策略的企业对目标市场有较深的了解,这是大部分中小型企业应当采用的策略。

6. 影响目标市场策略的主要因素

影响企业目标市场营销策略的因素主要有企业资源、产品特点、市场特点和竞争对手的策略四个方面。

(1) 企业的资源特点

资源雄厚的企业,如拥有大规模的生产能力、广泛的分销渠道、程度很高的产品标准化、优秀的内在质量和品牌信誉等,可以考虑实行无差异市场营销策略。

如果企业拥有雄厚的设计能力和优秀的管理素质,则可以考虑施行差异市场营销策略。

而对于实力较弱的中小企业来说,适于集中力量进行集中营销策略。企业初次进入市场时,往往采用集中市场营销策略,在积累了一定的成功经验后再采用差异市场营销策略或无差异市场营销策略,扩大市场份额。

(2) 企业的产品特点

产品的同质性表明了产品在性能、特点等方面的差异性的大小,是企业选择目标市场时不可不考虑的因素之一。

一般对于同质性高的产品,宜施行无差异市场营销。

对于同质性低或异质性产品,差异市场营销或集中市场营销是恰当选择。

此外,产品因所处的生命周期的阶段不同,而表现出的不同特点亦不容忽视。

产品处于导入期和成长初期,消费者刚刚接触新产品,对它的了解还停留在较粗浅的层次,竞争尚不激烈,企业这时的营销重点是挖掘市场对产品的基本需求,往往采用无差异市场营销策略。

产品进入成长后期和成熟期时,消费者已经熟悉产品的特性,需求向深层次发展,表现出多样性和不同的个性,竞争空前激烈,企业应适时地转变策略为差异市场营销或集中市场营销。

(3) 企业的市场特点

供与求是市场中两大基本力量,它们的变化趋势往往是决定市场发展方向的根本原因。

供不应求时,企业重在扩大供给,无暇考虑需求差异,所以采用无差异市场营销策略。

供过于求时,企业为刺激需求、扩大市场份额殚精竭虑,多采用差异市场营销或集中市场营销策略。

从市场需求的角度来看,如果消费者对某产品的需求偏好、购买行为相似,则称之为同质市场，可采用无差异市场营销策略。反之，为异质市场，可采用差异市场营销和集中市场营销策略。

（4）竞争者的策略

企业可以与竞争对手选择不同的目标市场覆盖策略。例如，在竞争者采用无差异市场营销策略时，相对应的企业选用差异市场营销策略或集中市场营销策略就更容易发挥优势。

二、汽车目标市场的定位策略

1. 目标市场定位的概念

目标市场定位是指企业针对潜在顾客的心理进行营销设计，创立产品、品牌或企业在目标客户心目中的某种形象或某种个性特征，保留深刻的印象和独特的位置，从而取得竞争优势。

2. 目标市场定位的步骤

目标市场定位具体步骤如图5-9所示。

3. 目标市场定位的战略

（1）产品差异化战略

产品差异化战略是指通过顾客的认可效用来提高产品价值，使顾客愿意为之支付较高的溢价。可从以下几方面来展开：

第一，特色。产品的特色是指产品的基本功能的某些增补。

第二，性能。产品性能是指产品主要特点在实际操作运用中的水平。

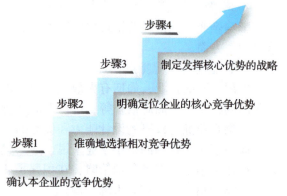

图5-9 目标市场定位的四步骤

第三，耐用性。衡量一个产品在自然条件下的预期使用寿命。

第四，可靠性。可靠性是指在一定时间内产品保持不坏的可能性。

第五，风格。风格是产品给予顾客的视觉和感觉效果。

例如：在汽车行业中，丰田的质量、本田的外形、三菱的发动机都非常有特色，充分反映了各自的差异化战略。

（2）服务差异化战略

这种战略的核心是如何把服务融入产品推广、销售、使用的各个环节中去。优化客户服务有助于改善与顾客的关系。服务能力越强，市场差异化越能得到体现。

（3）人员差异化战略

人员差异化战略是通过聘用和培训比竞争对手更优秀的人员，以获取人员差异化优势的战略。实践证明，市场竞争归根到底是人才的竞争，一个由优秀领导和勤奋员工组成的企业不仅能保证产品质量，而且能保证服务的质量（图5-10）。

（4）形象差异化战略

这是在产品的核心部分与竞争者无明显差异的情况下，通过塑造不同产品形象以获取差异的战略。例如，奔驰和宝马都属于高档车，但它们在消费者心中的形象却不同，前者代表了尊贵，后者则体现了动感和时尚。

	前市场	后市场	
人工智能汽车工作者	智能网联汽车管理人员/数据开发人员/人工智能技术人员/产品需求分析、设计人员/后端开发人员/前端开发、移动开发人员/数据分析人员/软件开发人员/风控人员/硬件开发人员/多媒体设计人员/运维安全管理人员/游戏策划人员/测试人员/品牌广告人员/美术特效人员/商务拓展人员/视觉设计、平面设计人员/渠道推广人员/生产部门技术人员/机器人管理人员/生产制造人员/汽车再制造人员/汽车物流管理人才	汽车营销专业培养满足智能网联汽车时代的汽车营销与技术服务各类人才。包括：营销管理人才/市场调研与预测人才/营销策划人才/数据营销平台管理人员/汽车网络推广设计、美工人才/销售服务人才/汽车维修与技术服务人才/二手车鉴定评估与交易人才/汽车金融服务人才/汽车媒体服务人才/汽车文化服务人才/汽车电子商务设计、运营服务人才/汽车客户服务与关系管理人才/汽车再利用人才/汽车社群维护与管理人才/供应商配套产品技术服务人才/汽车进出口服务人才	新兴汽车服务行业工作者
		由于大数据的强大作用，传统销售会变得多余，汽车数字营销人才和适应智能网联时代的汽车技术服务人才将成为紧缺人才	
	零部件开发 / 零部件制造 / 汽车设计 / 汽车制造 / 汽车物流	汽车营销服务 / 汽车诊断服务 / 汽车售后服务 / 汽车保险服务 / 汽车精品服务 / 汽车金融服务 / 二手车交易服务 / 汽车导航服务 / 汽车通信服务 / 汽车娱乐服务 / 汽车置换服务 / 智能汽车服务 / 自动驾驶汽车服务 / 汽车再制造 / 汽车再利用服务 / 汽车媒体服务 / 汽车文化服务 / 汽车电子商务服务	

图 5-10　汽车产业发展需要培养大量新兴汽车服务行业工作者

4．寻找合适的目标市场

目标市场是企业为了满足现实或潜在的消费需求而开拓的特定市场。选择目标市场应有利于企业合理安排营销力量，发挥竞争优势。

不同的目标市场在目标客户、产品结构、销售渠道、媒体策略、价格安排与战略要点等诸多方面有着明显不同的特点，因而在市场营销活动中应当应因而对，采取不同的策略（表 5-5~表 5-7）。

表 5-5　无差异目标市场的营销策略

战略因素	无差异营销策略
目标市场	广泛的消费者
产品	同一品牌的产品种类有限，面向所有类型的消费者
分销	所有可能的网点
促销	大众媒体
价格	一个众所周知的价格范围
战略要点	以统一、广泛的市场营销项目来吸引大量消费者

表 5-6　差异目标市场的营销策略

战略因素	差异营销策略
目标市场	两组或更多组精心挑选的消费者
产品	不同的品牌或版本，针对各个消费者群体
分销	按照细分市场分别确定所有适合的网点
促销	按照细分市场分别确定所有适合的媒体
价格	针对各个消费者群体制定不同的价格范围
战略要点	通过不同的市场营销计划来满足各个细分市场，以此来吸引两个或更多不同的细分市场

表5-7 集中目标市场的营销策略

战略因素	集中营销策略
目标市场	一组精心挑选的消费者
产品	一组品牌专对一组消费者
分销	所有适合的网点
促销	所有适合的媒体
价格	针对特定的一组消费者制定一个价格范围
战略要点	通过高度专门化但统一的市场营销项目来吸引一组特定的消费者群体

5. 选择目标市场的几种方法

(1) 市场机会指数法

市场机会指数是某细分市场在整个市场的销售地位与企业产品在该细分市场的销售地位之间的比较关系。市场机会指数法的计算公式是

$$市场机会指数 = \frac{\dfrac{该细分市场的销售额}{整个市场的销售额}}{\dfrac{企业在该细分市场的销售额}{企业销售总额}}$$

通过以上计算,如果市场机会指数大于1,则说明该市场开发潜力较大(表5-8)。

表5-8 市场机会指数法举例

细分市场	销售额		本企业销售额		市场机会选择指数
	金额/万元	比重(%)	金额/万元	比重(%)	
华北市场	3649	15.02	103	6.19	2.43
中南市场	4284.5	17.65	214.5	12.90	1.37
东北市场	2992.5	12.23	163.5	1.37	1.25
华东市场	9732.5	40.20	561.5	9.83	1.19
西南市场	2002.5	8.25	319	33.75	0.43
西北市场	1603	6.65	302	19.18	0.37
销售总额	24274	100.00	1663.5	100.00	—

由表5-8计算结果可见,华北、中南、东北、华东地区的市场机会指数均大于1,开发潜力较大。

(2) 市场增长指数法

市场增长指数是从动态的角度反映企业对子市场开发的可能性。市场增长指数法的计算公式是

$$市场增长指数 = \frac{下期预期销售量(额) - 本期实际销售量(额)}{本期实际销售量(额)} \times 100\%$$

通过以上计算,如果增长指数高,说明这个子市场的销售潜力大,开发价值大;反之则说明开发价值较小(表5-9)。

表 5-9　市场增长指数法举例（某车型）　　　　　　　　　　　（单位：万元）

类别	细分市场			销售量
	东部	中部	西部	
本期	3000	2400	2200	7600
下期预计	3200	3100	2400	8700

由表 5-9 计算可得：
东部增长指数 =（3200 - 3000）/3000 × 100% = 6.67%
中部增长指数 =（3100 - 2400）/2400 × 100% = 29.17%
西部增长指数 =（2400 - 2200）/2200 × 100% = 9.09%
计算表明这一车型的目标市场，中部增长指数高，开发价值更大。

(3) 市场选择指数法

市场选择指数是企业在某细分市场的各考察因素的评分经加权后的总和。市场选择指数法通过有关人员对影响市场选择的各种因素打分，然后按不同的权数将各项得分加总，选择总分较高的子市场为目标市场（40 分以下不选择，40～80 分可以选择也可以不选择，80 分以上可以选择）。计算公式是

某一子市场选择指数 = 第一项权重 × 得分 + 第二项权重 × 得分 + … + N 项

举例：某车型的三个子市场评价分数及各因素所占权数见表 5-10。

表 5-10　某车型的三个子市场评价分数及各因素所占权数

影响因素	权数	细分市场评分		
		A1	A2	A3
市场实际需求量	0.3	90	70	50
市场潜在需求量	0.15	85	65	30
竞争状况	0.25	80	65	20
市场稳定性	0.1	85	70	20
企业生产服务能力	0.2	90	65	20

由表 5-10 数据，经计算：A1 细分市场得分 86.25，应当开发；A2 细分市场得分 60，应当待开发；A3 细分市场得分 30.5，可以放弃。

任务实施

1. 试找出吉利汽车各个品牌的定位

1) 写出吉利汽车各车型的定位。
2) 根据所学知识，分析吉利、帝豪、领克三种车型的定位，并说明理由。
3) 按照学校实际条件，可组织学生集体上网收集信息或由学生以课后作业形式完成。
4) 网上收集材料要表明信息来源，并列出参考资料清单。

2. 器材与设备

1) PPT 等多媒体。

2）外网连接设备。

3．注意事项

1）注意维持课堂纪律。

2）如是课后进行，则要及时对学生的作业情况进行反馈，帮助学生查漏补缺。

4．操作过程

1）教师事先说明作业要求及正确步骤（可以在课内或课后执行）。

2）要求学生通过网络先找出吉利品牌的所有车型。

3）对所有车型按照市场定位进行分类。

4）填写吉利汽车市场细分定位表。

5）教师总结评价。

5．吉利产品市场细分定位图

将吉利品牌各车型填写在部分汽车产品市场细分定位图的恰当位置上（图 5-11）。

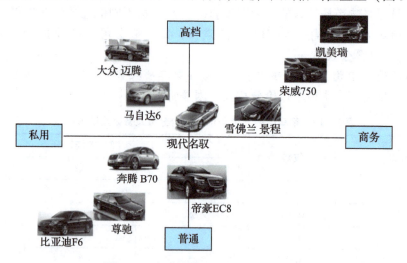

图 5-11　部分汽车产品市场细分定位图

任务评价

教师对学生学习成果进行评价（表 5-11）。

表 5-11　吉利汽车产品市场细分定位分析任务实施评分表

评价要素	得分	评分细则
吉利汽车产品市场细分定位分析	5	任务明确、分析合理、内容完整、信息正确、态度积极
	4	内容完整，分析较为合理，能自圆其说
	3	内容相对完整，分析较为合理
	2	内容相对完整、态度积极、分析有误1次
	1	内容相对完整、态度积极、分析有误2次
最终得分		

阅读下列资料：

水平营销

菲利普·科特勒是现代营销的集大成者，在30余年的营销学研究历程中，科特勒敏于把握市场趋势，提出了反向营销、社会营销、全方位营销等概念，将市场营销的重要性提升到战略高度，并把市场营销扩展到一般的传播和价值定位等领域，如将城市营销、国家营销应用于非商业领域。2005年，科特勒正式推出其最新营销理念——水平营销。

在今天这个网络化、全球化的竞争市场上，越来越多的企业开始感受到营销的尴尬，痛切于企业孱弱的盈利能力。一方面，传统的广告促销等营销组合已经无法有效激发消费者的消费诉求，另一方面，企业之间的竞争在每个传统的营销层面上刀刃互现，价格战、成本战等恶性竞争已经将企业竞争推向"他人即地狱"的境地。无论是在传统的日化行业，还是在新兴的数字电子行业，企业的有机增长已经越来越困难。按照科特勒的说法，在日益复杂的现代营销作用下，新产品、新品牌迅速地推出，但相当比例的这些新产品、新品牌不能避免"一出现即注定失败"的命运。科特勒对现在的市场生态的系统总结是：品牌数量剧增；产品生命周期大大缩短；更新比维修便宜；数字化技术引发多个市场的革命；商标数与专利数迅速上升；市场极度细分；广告饱和；新品推介越来越复杂，消费者越来越难以打动。

毫无疑问，竞争加剧和又一轮的产能过剩已经将企业再次推向了微利时代。那么，陷于新的营销困境和买方市场的现代企业又将如何寻求持续生存与发展？

1. 纵向营销

针对这场全球范围的市场嬗变，科特勒提出了新的营销思维——水平营销。水平营销是相对于传统的营销观念而言，这种传统的营销方式被科特勒称为纵向营销。纵向营销的运行步骤是：首先，"市场营销就是发现还没有被满足的需求并满足它"，需求分析是起点。通过市场调研，确立可能成为潜在市场的群体。其次，在划定这个潜在市场后，运用市场细分、目标锁定、定位等方式形成产品或服务的竞争策略。最后，运用4P等营销组合贯彻竞争策略，将产品或服务推向有形的市场。作为一种成熟的市场营销理念，纵向营销虽然有其成功之处，但这种营销思维的机械性也决定了，许多企业的市场细分、定位只是基于同一市场、同一产品的局部更新，而不能产生让人耳目一新的全新的东西。纵向营销的创新只是源于特定市场内部的创新，它是在市场一成不变的假定下开发新产品的主要策略，这是一种最普遍的市场创新方式。很显然，这些创新是常规性的，而且它们之间也相互勾连，这些创新并不改变特定的市场，都是在原有产品的类别里发生，诚然它们能够扩大市场规模，但由于它们不能创造出新的产品、新的市场，最终的结果必然是特定市场的无限细分和需求饱和，这也是当前许多企业的行销困境所在。

2. 水平营销

在纵向营销思维之外，一些公司已经在运用另一种思维，探索开发出了新的产品和市场，并在获取高额利润回报的同时，成为新的市场的领导者。科特勒将这种思维方式称为水平营销。

水平营销就是横向思考，它跨越原有的产品和市场，通过原创性的理念和产品开发激发出新的市场和利润增长点。例如，日本伊仓产业公司原是一家从中国进口中药的贸易公司，然而在西药称霸的时代里,中药的销路并不好,药品大量积压在仓库。后来,该公司将中药和日本人习惯的茶饮联系起来,决定在东京中央区开创一个把中药与茶结合起来的新行业,结果这个称为"汉方吃茶店"的店铺生意之好,令人羡慕。中药和茶并无本质上的关联,但跳出中药的行销领域,伊仓产业公司创造了新的市场,这是1974年的事。

水平营销首先是创造性的思考,科特勒称之为"跳出盒子的思考",它不同于纵向营销的逻辑思维,本质上是一种基于直觉的创造。这种思维的基本步骤是,首先选择一个焦点,然后进行横向置换以产生刺激,最后建立一种联结。例如,聚焦于生活中总是会凋谢的花,将凋谢置换成不凋谢,这时候就产生了"不凋谢的花"这一刺激,这个刺激对于市场是有价值的,但在实现过程中产生了逻辑思维的中断,此时通过引入塑料等材质,创造出永不凋谢的塑料花,这就成功地建立了联结。

科特勒认为水平营销是一个过程,虽然它属于一种跳跃性的思维,但也是有法可依的。应用创造性研究的结果,他指出了水平营销的6种横向置换的创新技巧,并分别应用到市场层面、产品层面和营销组合层面上。这6种技巧分别是替代、反转、组合、夸张、去除、换序。

(资料摘自:菲利普·科特勒的《水平营销》)

阅读上述资料后,想一想:
1. 什么是水平营销?
2. 水平营销与市场细分有怎样的联系?

思考与练习

一、填空题

1. 市场细分原则包括可衡量性、可进入性、_____、差异性和相对稳定性。
2. 采用_____模式的企业应具有较强的资源和营销实力。
3. 市场细分是20世纪50年代中期美国市场营销学家_____提出的。

二、判断题

1. 产品差异化营销以市场需求为导向。( )
2. "反市场细分"就是反对市场细分。( )
3. 通过市场细分化得出的每一个细分市场,对企业市场营销都具有重要的意义。( )

三、简答题

1. 市场细分对企业市场营销有何积极意义?
2. 简述企业目标市场战略的三种模式。

模块六

产品决策及新产品营销

汽车产品是汽车市场营销的核心,作为市场营销推广的主体,消费者对汽车产品的关注远远超过对其他消费品的关注,无论是对汽车产品的性能、类型和品牌价值,还是对产品的外观、适用范围等。

汽车产品的组合理论和市场营销是紧密相连的,只有熟悉了产品的概念,掌握了汽车产品生命周期的规律,才能有效地制定有针对性的市场营销策略,才能针对瞬息万变的市场做出相应的策略调整,直面汽车市场竞争。

任务一
汽车产品决策与营销策略开发

学习目标

1. 知道汽车产品的概念。
2. 熟悉汽车产品组合的各种要素。
3. 熟悉汽车新产品开发的流程和要素。
4. 熟悉汽车产品生命周期的发展规律。
5. 能通过各种方法开发营销策略。
6. 能通过汽车品牌发现汽车产品组合的策略。

任务导入

资料阅读：

供给侧改革助力自主品牌崛起 中国汽车产业进入"新时代"

2017年，国内乘用车市场增速放缓，全年销量增长率为5年来最低值。即便如此，中国自主品牌的市场份额却再创新高。

近年来，以长城、吉利、长安、上汽、传祺为代表的一批自主车企不断向上突破、通过产品向上、品牌向上、提升竞争力，发展可谓如日中天，从技术上和车辆整体性能上，都得到社会各界人士及消费者的认可。继长城借势火爆的SUV市场成为首个年销百万台的中国品牌车企之后，吉利和长安也先后杀入百万汽车俱乐部，表明中国自主品牌汽车企业已进入从求量到求质的企业发展转型拐点。

应答"新时代的新矛盾"长城等品牌开启高端化之路

对于自主品牌脱胎换骨的表现，业内认为其重要原因应该归结于创新驱动发展战略的实施和供给侧结构性改革的深化。一部分汽车企业近年来厚积薄发，开始重视造型设计和加大技术研发投入，打造出一批明星产品，满足并引领了市场需求。反过来，这些明星产品在市场上良好的销量和"口碑"又助推了企业品牌的跃升。

在这一背景下，汽车市场竞争已从过去的产能竞争转向产品竞争，并迅速向品牌竞争过渡。党的十九大报告提出，中国特色社会主义进入新时代，我国社会主要矛盾已经转化为人民日益增长的美好生活需要和不平衡不充分的发展之间的矛盾。中国汽车产业，也正面临这样的矛盾。在这种大环境下，伴随着市场认可度提升，继2017年长城旗下高端品牌WEY上市并迅速实现月销2万台之后，吉利、奇瑞、广汽传祺等自主品牌也纷纷开启高端化之路，积极布局中国汽车产业的品牌竞争时代。

作为中国自主品牌代表的长城汽车,其把握市场脉搏的能力10年前就让大家见到功底。当时,SUV还属于小众市场,长城汽车却坚定"聚焦SUV"战略方针,集中资源,打造产品和服务的差异化优势,把旗下的哈弗品牌逐渐打造成为国际专业SUV品牌,并通过聚焦,把SUV细分市场变成了主流市场,成为中国品牌的主导产品,引领中国SUV潮流的兴起。

五年前,哈弗SUV的市场保有量突破100万辆大关,哈弗品牌正式独立。哈弗SUV被寄予厚望,目标是到2020年时成为与吉普、路虎比肩的世界三大SUV品牌之一。

"转型升级"助力自主品牌崛起 哈弗掌控SUV品类领导权

目前,哈弗拥有着中国市场上最完整的SUV产品线,哈弗H1、H2、H5、M6、H6、H7、H8、H9,覆盖从小型、紧凑型到中大型各个级别,形成了城市型/越野型、汽油/柴油等不同规格不同款式的产品矩阵。数据显示,长城汽车2017年累计销量为107万辆,其中,哈弗系列累计销量85.2万辆。

在自主品牌"转型升级"的大背景下,如果哈弗品牌的独立被看作长城汽车自我调整的一种方式,以寻求更符合市场的发展模式,那么从近两年的销量数据来看,哈弗又在悄悄进行另一场变化。

首先,哈弗SUV销售主力,被称作"国民神车"的哈弗H6虽然连续58个月位居中国SUV月销榜榜首,但其在哈弗品牌总销量中占比从61.9%已下降至59.4%,而其他车型的比重稳步上升,其中,哈弗H2、哈弗M6、哈弗H9均成长为各自细分市场的领导车型,可以说,哈弗"一超多强"的产品局面正在形成。另外,2017年4月,新一代哈弗H6接棒上市,配置大幅提升,价格逐渐上浮到10万~15万元售价区间。哈弗H6的调整方向,正是逐步减少10万元以下车型占比,并逐步提高10万~15万元SUV细分市场份额。

另外,哈弗H2也慢慢地确立了自己的江湖地位,去年累计销量超过21万辆,同比增长9.2%。最为关键的是,哈弗H2并不是小型SUV中的"尺寸担当",却是售价较高的自主品牌车型之一。热销背后,是哈弗H2比肩合资的品质实力,1.5T+6MT/7DCT黄金动力总成,经典不乏时尚的外观,注重质感和个性化需求的内饰,高分通过中国C-NCAP五星评价,以及澳大利亚A-NCAP五星评价。

经过5年多的市场开拓、品牌培育,在超过400万哈弗保有车主的口碑传播下,无论是产品力,还是品牌形象,哈弗已经迅速在消费者心中确立了稳固的SUV领导者地位。

中国汽车品牌快速向上 哈弗吉利与BBA同框秀实力

2月1日,国际品牌价值评估权威机构Brand Finance发布"2018全球品牌500强"榜单,SUV领导者哈弗品牌入围世界最具价值品牌500强,排名249位,荣登中国汽车品牌榜首。

在Brand Finance"2018全球品牌500强"榜单中,汽车品牌仅次于科技、银行、电信、零售品牌,成为上榜大户。而长期以来,中国汽车品牌在与合资品牌的正面竞争中,品牌力成为中国品牌的短板。长城此番与吉利一起杀入全球品牌500强榜单,与奔驰、宝马、奥迪、大众、丰田、本田同框,也标志着中国汽车品牌已经有实力与国际品牌同场较量。

2017年2月,在Brand Finance发布的"2017全球专项SUV品牌力"排名中,哈弗力压吉普、路虎,位居全球第一,品牌等级AA+。一年过去,按照Brand Finance的评估,哈弗品牌价值暴增124%,增速在全球品牌500强中高居第三,超越了特斯拉,有力地佐证了中国汽车品牌的快速向上态势。

(资料来自:中国汽车网站)

阅读上述资料后请思考下列问题：
1. 怎样看待自主品牌的产品结构调整？
2. 在汽车产业进入智能网联新时代的情况下，未来自主品牌汽车生产商应该在哪些方面改进自己的产品策略？

知识准备

一、产品整体概念及基本构成

1. 产品的整体概念

人们通常理解的产品是指具有某种特定物质形状和用途的物品，是看得见、摸得着的东西。这是一种狭义的定义。

市场营销学认为，广义的产品是指人们通过购买而获得的能够满足某种需求和欲望的物品的总和，它既包括具有物质形态的产品实体，又包括非物质形态的利益，这就是"产品的整体概念"。

汽车市场营销理论认为，凡是能满足汽车消费者某种欲望和需求的服务也是产品，汽车市场提供的产品不仅包括汽车实物，而且包括所有围绕汽车销售和使用过程中的各类专属服务和代理服务。

2. 产品整体的构成

现代市场营销理论认为，产品整体要素由核心产品、有形产品、附加产品和心理产品四个层面构成（图6-1）。

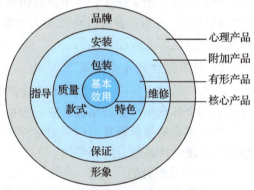

图6-1 产品整体的构成要素

（1）核心产品

核心产品也称实质产品，是指消费者购买某种产品时所追求的利益，是顾客真正要买的东西，因而这在产品整体概念中是最基本、最主要的部分。

消费者购买某种产品，并不是为了占有或获得产品本身，而是为了获得能满足某种需要的效用或利益。购买汽车的目的，不仅是为了占有汽车，更重要的是为了享受汽车功能为自己带来的种种利益。为此，汽车企业在开发产品、宣传产品时应明确地确定产品能为消费者带来的具体的利益，产品才具有吸引力。

（2）有形产品

有形产品是核心产品借以实现的形式，即向市场提供的实体和服务的形象。如果有形产品是实体物品，则它在市场上通常表现为产品质量水平、外观特色、式样、品牌名称等。

产品的基本效用必须通过某些具体的形式才得以实现。汽车企业在向消费者提供产品时，必须首先了解消费者购买产品时所追求的利益，并从这点出发再去寻求利益得以实现的形式，进行产品设计。

（3）附加产品

附加产品是顾客购买有形产品时所获得的全部附加服务和利益，包括提供信贷代理保险、二手车置换、售后服务等。

附加产品的概念来源于对市场需要的深入认识。因为购买者的目的是为了满足某种需要，因而他们希望得到与满足该项需要有关的一切。

汽车作为特殊的产品，汽车从销售到售后服务包括维修网点、各4S店员工的良好素养、定期推广活动等都是良好的附加产品。

由于汽车产品的消费是一个连续的过程，既需要售前大量的广告宣传，又需要售后持久、稳定地发挥效用，汽车服务变得越发重要。可以预见，随着市场竞争的激烈展开和用户要求不断提高，附加产品将成为产品竞争能否获胜的重要手段。

（4）心理产品

产品的消费往往是生理消费和心理消费相结合的过程。心理产品指产品的品牌和形象提供给顾客心理上的满足。随着人们生活水平的提高，人们对产品的品牌和形象看得越来越重，因而它也是产品整体概念的重要组成部分。

二、汽车产品组合与四个变数

1. 产品组合的概念

通常情况下，一个企业不可能只经营单一产品，更不可能经营所有的产品，同时还要考虑所有经营产品之间的协调。这对企业把握经营产品的量与度、产品之间的结构等问题具有重要意义。

产品组合是指某一企业所生产或销售的全部产品大类、产品项目的组合。产品组合又称"产品搭配"，是指企业提供给市场的全部产品系列和产品项目的组合或结构，可以简单地理解为企业的全部业务经营范围。

2. 产品组合的4个变数

汽车产品组合是指一个汽车企业生产和销售的所有汽车产品系列和汽车产品品种的组合方式，即全部汽车产品的结构。它一般由若干汽车产品系列组成。

产品组合的衡量通常可以采取这样4个变数：产品组合的广度、产品组合的深度、产品组合的长度和产品组合的相关度。

（1）产品组合的广度

产品组合的广度（又称为产品组合的宽度）是指产品系列的总量。产品系列越多，意味着企业的产品组合的广度就越宽。产品组合的广度表明了一个企业经营的产品种类的多少及经营范围的大小。

（2）产品组合的深度

产品组合的深度是指在某一产品系列中产品项目的多少，它表示在某类产品中产品开发的深度。产品组合的深度往往反映了一个企业产品开发能力的强弱。

（3）产品组合的长度

产品组合的长度是指企业产品项目的总和，即所有产品系列中的产品项目相加之和。一般情况下，产品组合的长度越长，说明企业的产品品种、规格越多，有时候一个产品项目就是一个品牌，因此，产品组合的长度越长，企业所拥有的产品品牌也可能越多。

（4）产品组合的相关度

所谓产品组合的相关度是指各个产品系列在最终用途方面、生产技术方面、销售方式方面以及其他方面的相互关联程度，包括最终用途相关度、生产技术相关度、销售方式相关度等。

最终用途相关度大即为消费关联性（或称市场关联性）组合。如企业同时经营汽车、汽车零部件配送、汽车金融服务，就属于消费关联性组合。

生产技术相关度是指所经营的各种产品在生产设备、原材料或工艺流程等方面具有较强的关联性。

销售方式相关度一般是指各种产品在销售渠道、仓储运输、广告促销等方面相互关联，也称销售关联性组合。

产品组合的相关度与企业开展多元化经营有密切关系。相关度大的产品组合有利于企业的经营管理，容易取得好的经济效益。产品组合的关联度较小，说明企业主要是投资型企业，风险比较分散，但管理上的难度较大。

3. 两类汽车产品组合

汽车产品组合具有广度性组合和深度性组合两种类型。汽车超市和汽车专营店就分别体现了这两种组合类型。汽车超市体现了汽车产品广度性组合的特点，而汽车4S店则明显体现了汽车深度性组合的特点（表6-1）。

表6-1 两类不同的汽车产品组合

	组合广度	组合深度	组合长度	组合相关度
汽车超市	宽	浅	长	差
汽车专营店	窄	深	短	好

4. 汽车产品组合的分析

汽车企业要使产品组合达到最佳状态，即各种产品项目之间质的组合和量的比例既能适应市场需要，又能使企业盈利最大，需采用一定的评价方法进行选择。汽车市场营销常用波士顿矩阵分析法对汽车产品组合进行分析。

波士顿分析法假定企业拥有复杂的产品系列，并且产品之间存在明显差别，具有不同的市场细分，在这种情况下，根据每种产品的市场占有率和销售增长率的不同，形成四种具有不同发展前景的产品类型，企业针对不同类型的产品采取相应的战略对策（图6-2）。

波士顿矩阵主要用于企业产品布局规则，其目标是将资源进行有效配置。一般的策略是逐渐放弃或卖出瘦狗产品；尽量出现金牛产品；投入资源保持明星产品的竞争优势，并确保市场占有率；投入资源提升问题产品竞争优势，使其成为明星产品。

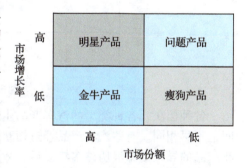

图6-2 波士顿矩阵中的四大产品类型

（1）瘦狗产品

瘦狗产品是指在一个低增长的市场环境中仅仅有低市场占有率的产品。企业对于销售增长率和市场占有率均低的瘦狗产品，应采取撤退战略。

（2）金牛产品

金牛产品是在市场上占有高份额，低市场增长率的产品，即虽然接近饱和期，但能产生持续现金流的产品。对于销售增长率低，市场占有率高的金牛产品，可采取收获战略。

（3）明星产品

明星产品是处在高成长率市场，企业又有相对竞争优势的产品。对于销售增长率和市占有率为"双高"的明星产品，企业应采用扩张性的发展战略。

（4）问题产品

问题产品是指未来不确定性高的产品，它虽然享有高成长率，但是现阶段竞争力较弱，市场占有率不高。对于高销售增长率，低市场占有率的问题类产品，应采取选择性投资战略。

三、产品生命周期与阶段特征

1. 汽车产品生命周期

汽车产品生命周期是指从汽车产品试制成功、投入市场开始，到被市场淘汰为止所经历的全部时间过程。

2. 汽车产品使用寿命

汽车产品的使用寿命是指从汽车产品投入使用到损坏报废所经历的时间，受汽车产品的自然属性和使用频率等因素所影响。汽车产品的使用寿命受汽车消费者需求变化、汽车产品更新换代速度等多种市场因素的影响，是汽车产品的市场寿命。

3. 汽车产品生命周期发展阶段

汽车产品从进入市场到被市场淘汰，一般分为四个阶段，即导入期、成长期、成熟期和衰退期（图6-3）。汽车产品生命周期的各个阶段在市场营销中所处的地位不同，具有不同的特点。

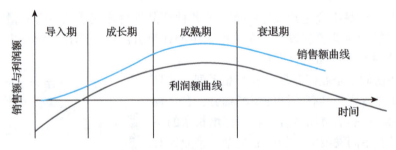

图6-3 产品生命周期图

各种档次、各种类型的汽车产品生命周期不同，每种汽车产品经历寿命周期各阶段的时间也不尽相同。有些汽车产品经过短暂市场导入期，很快就进入成长、成熟阶段；而有些汽车产品的导入期却经历许多年以后，才逐渐为广大汽车消费者所接受。

值得注意的是，并不是所有的汽车产品都要经过四个阶段，有些汽车产品刚进入市场，按理应当处在导入期，但却由于脱离市场的实际需求而被淘汰出局；也有些应该处于成长期的汽车产品，由于营销失策，结果未老先衰；还有些汽车产品一进入市场就快速进入成长期。在汽车发展历史中，最典型的是亨利·福特设计的T型车，从投入市场到停产前后整整经历了20年时间；而福特公司1957年9月推出的埃泽尔车，1959年11月就被迫停产，其寿命周期只有短短两年时间。

（1）导入期

导入期是指汽车产品投入市场的初期阶段。在这一阶段，汽车消费者对汽车新产品不够了解，所以销售量低，费用及成本高，利润低，有时甚至亏损。这个时期的主要特点是：汽车产品刚上市，消费者对这一汽车产品不够了解，汽车销量缓慢增长，市场上同类竞争产品较少，产品的广告宣传花费大，企业生产这种产品的能力尚未全部形成，生产批量小，成本高，利润小甚至无利。

汽车产品导入期的风险很大，应当加大推广力度，尽快结束这个阶段，让汽车消费者尽早地接受这种汽车产品。

这个阶段的产品策略重点是建立产品的初步需求，努力提高产品的知晓度。

(2) 成长期

成长期是指汽车产品经过试销，汽车消费者对汽车新产品已经有所了解，汽车产品销路逐步打开，销售量迅速增长的重要阶段。

这一阶段汽车产品已定型，开始大批量生产；分销途径已经疏通，成本降低，利润增长；同时，竞争者也开始加入。

成长期的产品策略重点是创建名牌、提高客户偏爱度，促使消费者在出现竞争性产品时，更加喜爱自己的产品。

(3) 成熟期

成熟期是指汽车产品的市场销售量已经达到饱和状态的阶段。

在这个阶段，销售量虽有所增长，但增长速度减慢，开始呈下降趋势，竞争越发激烈，利润相对下降。

成熟期是汽车企业获得利润的黄金时期。这一时期的策略重点应放在如何延长产品的生命周期和提高产品竞争力上。通过获得竞争优势，维持大量销售，从这一产品中获得尽量多的利润。

(4) 衰退期

衰退期是指汽车产品已经陈旧老化，正在被市场逐步淘汰的阶段。这一阶段，销售量开始快速下降，迭代新产品已经出现，不适应市场需求变化的老产品逐渐退出市场。

这一阶段的特点是：产品销售量由缓慢下降变为急剧下降；汽车消费者期待汽车新产品的出现。面对这一情况，生产及销售企业容易产生两种倾向：一种是仓促收兵，贸然舍弃；另一种是不肯割爱，犹豫观望。这两种倾向都可能导致企业在时间、经济、效率、声誉等诸多方面的损失。

因此，这一阶段的基本策略应当是掌握时机，弃旧图新，进行转产。

任务实施

大型汽车集团汽车产品组合信息采集

1. 目的要求

1) 采集某一大型汽车集团汽车产品组合信息。

2) 理解不同汽车产品组合策略的利弊。

2. 器材与设备

1) 计算机及外联网络。

2) 事先编制信息采集要求（表6-2）。

3. 注意事项

1) 数据必须来自相关单位的门户网站。

2）按照学校实际条件，可以组织学生统一上网，也可以分散以作业形式进行采集。

4．操作过程

1）教师事先说明作业要求及正确步骤。
2）寻找正确的门户网站，认真采集信息。
3）正确填写汽车产品组合信息采集表。

表6-2 大型汽车集团汽车产品组合信息采集表

姓名		班级		学号	
信息来源					
采集时间			年 月 日		
采集方法					
数据时限			年 月 — 年 月		
相关数据					
品牌系列	车型一	车型二	车型三	车型四	车型五

任务评价

教师对学生任务完成的情况进行评价（表6-3）。

表6-3 大型汽车集团汽车产品组合信息采集任务评价表

评价要素	得分	评分细则
某一大型汽车集团汽车产品组合信息采集	5	任务明确、操作合理、内容完整、信息正确、填写完整
	4	数据中有1处错误
	3	数据中有2处错误
	2	数据中有2处错误且数据不完整
	1	数据不正确、不完整
最终得分		

知识拓展

资料阅读：

四大案例演绎细分市场生命周期

细分市场的竞争决定了产品的换代模式及老产品的生命周期，这种说法我们可以通过几个不同细分市场的成功案例来证明。

案例一　C 级车：奥迪 A6 产品生命周期新老产品延伸换型成功的案例

奥迪 C5（老 A6）从 1999 年国内投产到 2000 年投放市场，计划产品生命周期 6 年，生产规模 12.6 万辆，而在实际运作中奥迪 A6 在 2003 年就已经提前完成了 12.86 万辆，达到了规划产品生命周期的规模，截止到 2006 年停产时已累计生产 201764 辆，超规模 75000 辆。

新 C6（A6L）于 2005 年 1 月投放市场时与老奥迪 A6 同步生产了一年，通过逐步加大国产化率的进程促进 C5（老 A6）退市，新 C6（A6L）的销量远远超出了产品投放市场时的预期目标。

奥迪的成功在于新产品投放市场时卓有远见的战略性的价值定位，重视产品维护的技术升级和改进工作，给消费者一种真正意义上的技术领先，符合品牌核心价值理念，稳定的价格控制、渠道覆盖、随市场的发展而发展，足以证明其品牌建设成功，营销战略节奏清晰。

奥迪带给我们的启示：好产品更需要面向未来适合市场的战略定位，否则给自己设立的门槛过高等于把机会留给对手。

案例二　B 级车：广州本田雅阁垂直换代获得成功的案例

广州本田雅阁新老产品垂直换代获得成功，成为中高级细分市场的大赢家。

广州本田雅阁自 1999 年投放市场以来一直是一款热销的产品，但广州本田在 2002 年 12 月 15 日停止老雅阁的生产，到 2003 年 1 月 15 日新雅阁的换型上市，其间利用短暂的一个月时间将社会库存消化一空，并以低于上代雅阁的价格上市，又一次成为中高级市场的价值领袖，也成为消费者衡量价格的标准。雅阁不仅成功地进行了产品的换代，同时建立了良好的品牌形象和口碑，使其在中国市场价格竞争中回避了降价潮的冲击，成为近几年单车利润率最高的产品。

雅阁带给我们的启示：从市场的发展中理解战略的意义，舍得将利益让给自己的战略伙伴，从而获取多赢的效果使整体优势变得更加强大，并带来持久的增长。

案例三　A 级车：花冠老产品通过换代延长产品生命周期及实施多品牌战略的案例

一汽丰田花冠是丰田花冠第九代产品，2004 年在中国汽车市场低迷阶段进入市场。在竞争最为惨烈的中级轿车市场，花冠以久负盛名的品牌和精准的市场定位而一举获得成功，因明确的以市场导向组织生产，以及良好的渠道管理而长盛不衰。

2007 年 5 月，一汽丰田又在天津成功地投放了丰田公司第十代花冠，取名为卡罗拉，同时第九代花冠依然生产并在不同的细分市场中继续扮演主流产品。

花冠的案例带给我们的启示：在细分市场中灵活运用自身的优势资源，适应市场需要，利用更新换代机会，打多品牌战略，往往会收到更加令人满意的效果。

案例四　A 级车：捷达老产品发展战略获得成功的案例

捷达 A2 产品在中国投放市场的时间是 1992 年，虽几经换型但基本上还是在 A2 底盘基础上的改进，并且与它的几代后续产品长期同堂，即宝来、新宝来、速腾，而且继续在竞争最激烈的细分市场中各自占据主导地位，这主要源于产品质量、产品成本、产品口碑、产品规模及不断地优化产品线和技术改进赢得了市场机遇。

捷达给我们带来的启示："没有不好的产品，只有不适应市场的定位"，在成长中的市场上不断改进产品、降低成本、适时调整定位，是延长产品生命周期的最有效措施。

汽车生命周期以市场变化为主导

无论在中国市场，还是在欧美市场，每一个产品生命周期的基本历程其实差别不会太大。

对国外成熟市场而言大致是：新产品投放—产品线增加—拉大规模—产品技术改进升级—彻底换代；而对于国内合资企业产品而言，其生命周期历程大致如下：新产品投放—产品国产化率提升—产品线增加—产品技术改进升级—价格及消费群体重新定位—在换代产品进入市场时再根据具体情况决定是否与新产品共存或退出市场。

对于每一款具体的产品而言，命运所以能千差万别，绝大多数问题就出在第二阶段，即产品迅速提升国产化率；而一旦由于一开始定位不够准确，产品初期就滞销，将直接导致国产化率和产能规模不能拉升，于是，这款产品就只能跳过第二步和第三步，马上面临价格调整或定位调整或技术升级，相当于花巨资打造的一款产品上市还没有收回一分钱就又要动大手术，产品本身的生命节奏被打乱，其生命周期的缩水可能将不以任何人的意志为转移。

> 请仔细阅读上述资料并思考下列问题：
> 1. 不同的车型生命周期是否一致？为什么？
> 2. 影响汽车产品生命周期的关键因素有哪些？

任务二
汽车新产品开发及营销

学习目标

1. 了解汽车新产品开发的重要性。
2. 熟悉汽车产品开发的流程。
3. 熟悉汽车新产品分类。
4. 能通过各种方法获取汽车市场的新产品信息。

任务导入

资料阅读:

开瑞汽车打造精品微车

2009年1月14日,国务院出台了刺激农村市场,引导汽车消费的"汽车下乡"细则。大部分汽车厂商已经将此次汽车消费的惠农政策视为一个提高销量和市场占有率的好机会。汽车厂商在此项政策出台前纷纷表示,"汽车下乡"细则一旦出台,企业的相关促销措施就将集中亮相。

很快,奇瑞推出了高性价比、精细服务亿万城乡居民切实需要的精品微车——"开瑞微车"品牌。开瑞微车品牌正式启用后,除继续整合生产销售原有的两款主力产品外,新产品也陆续上市,开瑞品牌旗下的产品,大部分是能享受财政补贴政策的产品。

在营销网络方面,开瑞微车销售公司已在全国建立了一级营销网络160多家,二级营销网络300多家,启动"国民车"下乡巡展系列活动,布局县乡级市场。除了这些有形的销售网络外,开瑞微车还在一些乡镇设立了无形的网络。在一些乡镇甚至是村社,聘任当地人员为新产品进行宣传、推介。

在售后服务方面,"开瑞微车"实行了分级售后服务制度,即在县城设立一级售后服务点,在县城下面的乡镇设立二级服务点,二级服务点的功能主要是快修,对用户车辆的一些小故障进行即时维修,解决用户的后顾之忧。

请阅读上述资料并回答问题:
1. 除了国家出台新的政策和法规,汽车生产企业在哪些情况下会考虑推出新产品?
2. 配合推出新产品,汽车生产企业在市场营销方面需要做好哪些工作?

知识准备

一、汽车新产品开发及作用

1. 新产品的概念

新产品指采用新技术原理、新设计构思进行研制、生产的全新产品,或在结构、材质、工艺等某些方面比原有产品有明显改进,从而显著提高产品性能或扩大使用功能的产品。

对新产品的定义可以从企业、市场和技术三个角度进行。

对企业而言,第一次生产销售的产品都叫新产品。

对市场来讲则不然,只有第一次出现的产品才叫新产品。

从技术方面看,在产品的原理、结构、功能和形式上发生了改变的产品叫新产品。

营销学的新产品包括了前面三者的成分,但更注重消费者的感受与认同,它是从产品整体性概念的角度来定义的。凡是产品整体性概念中任何一部分的创新、改进,能给消费者带来某种新的感受、满足和利益的相对新的或绝对新的产品,都叫新产品。

2. 新产品的作用

现代企业的竞争格局正在向立体化、多元化方向发展。买方市场的普遍特征是消费者除了要求产品具有良好的性能、时尚的外观和可靠的质量以外,还希望有更加实惠的价格和良好的服务。

对于汽车生产企业来说,为了应对激烈的汽车市场竞争,必须加快产品更新换代的速度。另一方面为了满足消费者多元化的需求,必须具备强大的新产品开发和设计能力,不断推陈出新,又要能掌握降低产品制造成本的秘诀,取得竞争优势。这是因为汽车产品的生命周期正在不断缩短,企业开发新产品所承受的商业风险越来越大。

例如,20世纪80年代中期上市的普通桑塔纳轿车兴盛了十多年,而桑塔纳2000轿车的生命周期只有6~7年即需改型,今后新产品的寿命周期还将进一步缩短,为3~4年。正因为这样,汽车生产厂家每年都要推出一些新的车型,跟上市场不断升级的需求。

二、汽车新产品的分类与特征

新产品从不同角度或按照不同的标准有多种分类方法。常见的分类方法有以下几种。

1. 从市场角度和技术角度分类

从市场角度和技术角度,可将新产品分为市场型和技术型新产品。

(1) 市场型新产品

市场型新产品是指产品实体的主体和本质没有什么变化,只改变了色泽、形状、设计装饰等内容的产品。这种产品不需要使用新的技术,其中也包括因营销手段变化而引起消费者"新"的感觉的流行产品。如某种汽车只对外形进行了部分改动,尽管整个汽车的技术特征没有发生变化,但这种产品仍然可以被认为是市场型的新产品。

(2) 技术型新产品

技术型新产品是指由于科学技术的进步和工程技术的突破而产生的新产品。不论是功能还是质量,它与原有的类似功能的产品相比都有了较大的变化。如新能源汽车、智能网联汽车等都属于技术型的新产品。

2. 按新产品新颖程度分类

按新产品新颖程度,可分为全新新产品、换代新产品、改进新产品、仿制新产品和"新牌子"产品。

(1) 全新新产品

全新新产品是指采用新原理、新材料及新技术制造出来的前所未有的产品。全新新产品是应用科学技术新成果的产物,它往往代表科学技术发展史上的一个新突破。它的出现,从研制到大批量生产,往往需要耗费大量的人力、物力和财力,不是一般企业所能胜任的。因此它是企业在竞争中取胜的有力武器。

(2) 换代新产品

换代新产品是指在原有产品的基础上采用新材料、新工艺制造出的适应新用途、满足新需求的产品。它的开发难度较全新新产品小,是企业进行新产品开发的重要形式。

(3) 改进新产品

改进型新产品是指在材料、构造、性能和装饰等某一个方面或几个方面,对市场上现有产品进行改进,以提高质量或实现多样化,满足不同消费者需求的产品。它的开发难度不大,也是企业产品开发经常采用的形式。

(4) 仿制新产品

仿制新产品是指对市场上已有的新产品在局部进行改进和创新,但保持基本原理和结构不变而仿制出来的产品。仿制有利于填补自己的生产空白,提高企业的技术水平。但必须高度重视的是,在生产仿制新产品时,一定要自觉遵守国内、国际知识产权保护的法律法规。

(5) "新牌子"产品

"新牌子"产品是指在对产品实体微调的基础上,改换产品的品牌和包装,带给消费者新的消费利益,使消费者得到新的满足的产品。

3. 按新产品的区域特征分类

按新产品的区域特征分类可分为国际新产品、国内新产品、地区新产品和企业新产品。

(1) 国际新产品

国际新产品是指在世界范围内首次生产和销售的产品。

(2) 国内新产品

国内新产品是指在国外已经不是新产品,但在国内还是第一次生产和销售的产品。一般是指引进国外先进技术,填补国内空白的产品。

(3) 地区新产品和企业新产品

地区新产品和企业新产品是指国内已有,但本地区或本企业第一次生产和销售的产品。它是企业经常采用的一种产品发展形式。

三、新产品开发方式及策略

1. 新产品的开发方式

新产品的开发方式包括独立研制开发、技术引进、研制与技术引进相结合、协作研究、合同式新产品开发和购买专利等。

(1) 独立研制开发

独立研制开发是指企业依靠自己的科研力量开发新产品。它包括以下三种具体的形式:

第一,从基础理论研究开始,经过应用研究和开发研究,最终开发出新产品。采用这种方式的企业,一般技术力量和资金比较雄厚。

第二，利用已有的基础理论，进行应用研究和开发研究，开发出新产品。

第三，利用现有的基础理论和应用理论的成果进行开发研究，开发出新产品。

(2) 技术引进

技术引进是指企业通过购买别人的先进技术和研究成果，开发自己的新产品，既可以从国外引进技术，也可以从国内其他地区引进技术。这种方式不仅能节约研制费用，避免研制风险，而且可以节约研制时间，保证了新产品在技术上的先进性。这种方式大都被许多开发力量不强的企业所采用，但难以在市场上形成绝对的优势，也难以拥有较高的市场占有率。

(3) 研制与技术引进相结合

研制与技术引进相结合是指企业在开发新产品时既利用自己的科研力量研制又引进先进的技术，并通过对引进技术的消化吸收与企业的技术相结合，创造出本企业的新产品。这种方式通过研制促进引进技术的消化吸收，使引进技术为研制提供条件，从而可以加快新产品的开发。

(4) 协作研究

协作研究是指企业与企业、企业与科研单位、企业与高等院校之间协作开发新产品。这种方式有利于充分使用社会的科研力量，发挥各方面的长处，有利于把科技成果迅速转化为生产力。

(5) 合同式新产品开发

合同式新产品开发是指企业雇用社会上的独立研究人员或新产品开发机构，为企业开发新产品。

(6) 购买专利

购买专利是指企业通过向有关研究部门、开发企业或社会上其他机构购买某种新产品的专利权来开发新产品。这种方式可以大大节约新产品开发的时间。

2. 开发新产品的程序

开发新产品是一项十分复杂而风险又很大的工作。为了减少新产品的开发成本，取得良好的经济效益，必须按照科学的程序来进行新产品开发。开发新产品的程序应按照企业的性质、产品的复杂程度、技术要求的复杂性，以及企业研究开发能力的差别而有所不同。一般要经历产生构思、筛选构思、概念发展与测试、初拟营销计划、商业分析、产品开发、市场试销和正式上市八个阶段。

(1) 产生构思

新产品构思是指新产品的设想或新产品的创意。企业要开发新产品，就必须重视寻找创造性的构思，构思的来源很多，主要有以下六个方面。

第一，顾客。生产产品是为了满足消费者的需求，顾客的需求是新产品构思的重要来源。了解消费者对现有产品的意见和建议，掌握消费者对新产品的期望，有益于从产品开发开始就为新产品开发构思的形成提供可靠依据。

第二，企业职工。企业职工最了解产品的基本性能，也最容易发现产品的不足之处，他们的改进建议往往是企业新产品构思的有效来源。

第三，竞争对手。分析竞争对手的产品特点，可以知道哪些方面是成功的，哪些方面是不成功的，从而对其进行改进。

第四，科技人员。许多新产品都是科学技术发展的结果。科技人员的研究成果往往是新产品构思的一项重要来源。

第五，中间商。中间商直接与顾客打交道，最了解顾客的需求。收集中间商的意见是构思形成的有效途径。

第六，其他来源。大学、科研单位、专利机构、市场研究公司、广告公司、咨询公司、新闻媒体等都可作为新产品构思的意见来源。

（2）筛选构思

筛选构思阶段的主要任务是将前一阶段收集的大量构思进行评估和可行性研究。在这一阶段，必须尽可能做到及时发现、尽早放弃错误的或不切实际的构思，以避免浪费。

筛选构思一般分两步进行。

第一步是初步筛选，首先根据企业目标和资源条件，评价市场机会的大小，淘汰那些市场机会较小或企业无力实现的构思。

第二步是仔细筛选，即对剩下的构思利用加权平均评分等方法进行评价，筛选后得到企业所能接受的产品构思。

（3）概念发展与测试

产品概念是指企业从消费者角度对产品构思所做的详尽描述。企业必须根据消费者对产品的要求，将形成的产品构思开发成产品概念。通常，一种产品构思可以转化为许多种产品概念。企业对每一个产品概念，都需要进行市场定位，分析它可能与现有的哪些产品产生竞争，以便从中挑选出最好的产品概念。

（4）初拟营销计划

产品概念确定后，企业就要拟订一个初步的市场营销计划，并在以后阶段不断发展完善。

（5）商业分析

商业分析是指对新产品的销售额、成本和利润进行分析，如果能满足企业目标，那么该产品就可以进入产品的开发阶段。

（6）产品开发

新产品构思经过一系列可行性论证后，就可以把产品概念交给企业的研发部门进行研制，开发成实际的产品实体。产品开发包括设计、试制和功能测试等过程。这一过程是把产品构思转化为在技术上和商业上可行的产品，需要投入大量的资金。

（7）市场试销

新产品开发出来后，要选择一定的市场进行试销，注意收集产品本身、消费者及中间商对新产品的反应，以便有针对性地改进产品，调整市场营销组合，并及早判断新产品可能形成的成效。

然而，并不是所有的新产品都必须经过试销，通常是选择性大的新产品需要进行试销，选择性小的新产品不一定需要进行试销。

（8）正式上市

如果新产品的试销成功，企业就可以将新产品大批量投产，及时推向市场。新产品正式上市要注意研究选择适当的投放时机和地区、市场销售渠道以及销售促进策略，一鼓作气占领市场。

四、汽车新产品的定位与推广

1. 新产品整体形象

产品不仅具有一系列有形的物质属性，还包含许多无形的、文化的属性。科技新产品科技含量高，在维修和售后服务等方面，不仅要满足消费者物质方面的需要，更应满足消费者非物质的需求和欲望。完整的产品形象应包括核心产品形象、形式产品形象和延伸产品形象三部分。

（1）核心产品形象

核心产品形象是指产品提供给消费者的实际利益。开发新产品时，要特别注意分析和研究消费者对产品的真正需求，准确定位核心产品，以避免无效投入。

（2）形式产品形象

形式产品形象是指产品的有形部分，包括产品的质量水平、特点、式样、品牌和装饰等。新产品在开发中要认真研究消费者心理，艺术性地将产品形象勾画出来，从感官上吸引消费者。

（3）延伸产品形象

延伸产品形象是指产品提供的各种附加利益，包括便捷服务、信誉保证等，是将产品形象从时间上、空间上延伸到购买者的使用过程。由于新产品的高科技性，消费者必然在信息服务、保养维修、使用指导甚至更新换代等方面比其他一般产品要求更高。

2．新产品形象定位策略

形象定位就是帮助新产品在众多产品中被快速有效地识别出来，在消费者心目中确定特有的位置和形象。由于产品的品种和性能不同，消费水平、消费结构、消费习惯和消费形式都会有所不同，这就要求投放市场的新产品必须准确定位，才能脱颖而出。一般可采用以下几种定位策略。

（1）公众需求定位策略

这是专注于公众特殊需求和偏好的一种投其所好的定位策略。运用需求定位策略时要注意：一是要了解消费者的心理，弄清消费者需要的究竟是何等品质的新产品，开发潜力如何，力求定位准确避免走弯路。二是注意宣传广告的诉求要与产品定位一致。另外，还要注意，新产品运用需求定位时，一定要从长远考虑，特别要考虑汽车的使用周期一般较长这个特点。因为新产品更新换代的速度较快，加上市场竞争激烈，需求定位有效期太短，一旦公众需求发生变化或转移，就会被消费者诟病。

（2）优势定位策略

这是根据产品本身所具有的与众不同的特点进行定位的一种方法。有的注重产品的品质，有的注重强调产品的有形部分，有的专注在产品的附加利益上下功夫。新产品定位时要突出产品的科技性、先进性方面的特点，既要独特又要新颖，否则就不可能区别于其他产品。

（3）独立定位策略

当一种产品自身特色非常突出，别人望尘莫及时，可采取独立定位等策略，强化自身"第一""惟一"的特点。例如，劳斯莱斯轿车的定位就是"世界上最昂贵的汽车"，这种定位极易形成先入为主的首因效应，在消费者心目中留下深刻、持久的印象。

（4）比附定位策略

这是一种借助其他产品的知名度为产品增加影响力的定位方法，即一提起第一就自然联想到第二的效应。

3．品牌名称设计特征

品牌的名称标志，是体现新产品整体形象的一个重要方面，确立品牌意识，树立品牌形象，是一项重要的经营策略。一个鲜明的品牌名称应具有下列特征。

（1）科学性和艺术性并佳

新产品的名称既要有科学性，也要有独特新颖的艺术感染力，要考虑新产品的可注册性和受保护性，如果要想成为世界名牌，还要考虑到不同国家在文化和语言上的差异，能被世界上尽可能多的人发音、拼写和认知。

（2）语言简洁凝练，好听易记

新产品要成为名牌，其名称要便于传诵，响亮易读，否则，就会影响推广效果。例如，驰名全球的"劳斯莱斯"，现在几乎已经家喻户晓，但最初的名称却是叫"罗尔斯·罗伊斯"，既难读又难记。

(3) 内容寓意深刻，富有联想

很多语词都有多义现象，会在信息传递过程中产生附加信息，引起人们的联想。一个美妙的产品品牌能使消费者对这个产品的特点、性能等产生同样美妙的联想，如宝马、捷豹、路虎、大众、帝豪、长城、荣威等。这些成功的品牌名称，为新产品的推广奠定了基础，开拓出新天地。

4. 运用不同寻常的信息传播方式

形象的价值不可估量，把汽车新产品的形象树立起来，为公众所熟悉，是一项复杂而艰巨的工程。汽车新产品的推广策略是全方位、立体化的，必须科学策划。

(1) 广告

当前广告的媒体越来越丰富，技巧越来越讲究，广告的表现形式也越来越复杂。新产品的广告技巧和表现形式更是花样百出。硬性灌输给消费者的广告传播方式正在向软性、迂回的广告策略靠拢，这对拉近汽车产品与消费者的心理距离，更多地从情感上打动消费者具有重要作用。

(2) 新闻传播

新闻媒体是舆论的放大器，影响大，而且传播者更具权威性。新闻媒体站在观测者的立场上，以客观、公正的姿态传播有关信息，比企业自卖自夸式的广告宣传更加真实、可信。

利用新闻媒体宣传新产品要突出新产品本身的特点，如科技上的先进性和能对社会生活产生较大影响等特点，要主动利用向媒体提供新闻稿的形式，争取报道的机会，引起社会公众的注意。另外，还可以采用事件营销的策略"制造新闻"，在真实的、不损害公众利益的前提下，策划一些能够引起社会公众和消费者注意的活动或事件，使自己成为公众注意的焦点，提高知名度和美誉度。

(3) 开展专题活动

专题活动是由专人设计策划的有助于塑造企业和产品形象的专项公关活动，主要有记者招待会、新闻发布会、产品展览会、技术研讨会、社会公益活动等，形式多种多样。

记者招待会或者新闻发布会，可以通过发布新产品的信息或回答记者提问，使记者和社会公众对新产品有更进一步的了解，这是采用人际传播和大众传播两种方式传递信息的有效方法。

社会公益活动是企业通过赞助社会福利事业、文化、体育以及科技、教育事业等活动，既有益于推动社会公益事业的发展，又有益于提高企业和产品的美誉度、知名度。

展览会则是一种运用多种传播方式向人们展示新产品的有效方法，它集实物、音响、色彩、文字、大众传播和人际沟通等传播方式为一体，从各个角度介绍新产品的特点、功能以及开展人员培训和实际操作等活动，使消费者对新产品全方位、立体化地进行了解。

技术研讨会是召集有关专家对新产品的技术进行研讨，肯定技术上的突破、指出存在的问题，利用专家意见，扩大新产品的影响力。这对于创新运用科技成果的新产品的推广具有提供证据和引导消费的作用。

任务实施

新能源汽车新产品发展趋势分析

1. 目的要求

1) 了解新能源汽车的种类及代表车型。

2）对新能源汽车进行发展预期并做出自己的分析。

2. 器材与设备

计算机、手机。

3. 注意事项

1）任务实施可以安排集中或课后分别进行。

2）收集材料涉及主题要集中。

3）趋势分析要辩证。

4. 操作过程

1）教师可统一制定任务实施要求所需的表格（表6-4）。

2）教师事先说明作业要求及正确步骤。

3）安排学生上网、上图书馆或图文中心搜集相关资料。

4）学生整理相关资料，完成作业。

5）教师组织交流并给予鼓励性评价。

表6-4 新能源汽车新产品发展现状和趋势分析

姓名		班级		学号	
已经出现的新能源汽车类别						
相关产品	相关产品	相关产品	相关产品
趋势评价						
发展趋势	
主要问题	
解决办法	
教师评价						

任务评价

教师对任务完成情况进行评价（表6-5）。

表6-5 新能源汽车新产品发展现状和趋势分析任务评价表

评价要素	占比	得分	情况记录
车型信息采集	20%		
趋势评价	20%		
问题分析	30%		
解决办法	30%		
最终得分			

知识拓展

资料阅读：

1. 2019上海国际车展参展企业（图6-4）

整车展区	本届上海车展继续吸引到海内外主流汽车品牌以高规格参展		
• 大众汽车品牌 • 一汽-大众奥迪 • 上汽斯柯达 • JETTA（捷达） • 梅赛德斯-奔驰 • BMW及MINI • 东风标致 • 雪铁龙暨东风雪铁龙 • DS • 雷诺及东风雷诺 • 福特 • 林肯 • 上汽通用汽车 • 沃尔沃 • 捷豹路虎 • 广汽菲克 • 丰田及一汽丰田 • 广汽丰田 • 雷克萨斯 • 本田及东风本田 • 广汽本田 • 广汽讴歌 • 日产及东风日产 • 东风英菲尼迪 • 马自达 • 三菱及广汽三菱 • 斯巴鲁 • 现代和北京现代 • 起亚及东风悦达起亚 • 江铃	• 一汽 • 东风 • 上汽 • 长安 • 北汽 • 广汽 • 奇瑞汽车 • 吉利汽车 • 长城汽车 • 华晨中华 • 比亚迪汽车 • 江淮汽车 • 观致汽车 • 众泰汽车 • 东南汽车 • 汉腾汽车 • 东风启辰 • 长安欧尚 • 奇瑞捷途 • 海马汽车 • 猎豹汽车 • 陆风汽车 • 大乘汽车 • 领克汽车 • 一汽红旗 • 星途	• 阿尔法·罗密欧 • 宾利 • 保时捷 • 兰博基尼 • 玛莎拉蒂 • 阿斯顿·马丁 • 劳斯莱斯 • 迈凯伦 • 路特斯 • 福建奔驰 • 巴博斯 • 美ވ华通 • 中欧房车 • 车驰 • 上喆汽车 • 铂驰 • 上汽淮升 • 伟昊 • 罗伦士 • 上海中宝时 • 木尚汽车 • 哈曼 • YBS • AM • 克蒂汽车 • 路瀚 • 霍默汽车 • 迈莎锐	• 广汽新能源 • 威马 • 小鹏 • 合众 • 天际 • 爱驰 • 理想 • 零跑 • 艾康尼克 • 博郡 • ARCFOX • 几何汽车 • 国机智骏 • 赛力斯 • GYON • KARMA • G-tech • 格罗夫 • 特斯拉 • 蔚来 • 奇点 • 欧拉 • 前途 • 上汽集团（商用） • 中国重汽 • 福田汽车 • 庆铃 • 本田摩托 • 杜卡迪

图6-4 2019上海国际车展参展企业

2. 2019 上海国际车展首发车型（图 6-5）

概念车	电动车	紧凑型车	SUV	
■ 大众 ID. ROOMZZ	■ 大乘 G60E	■ 领克 03	■ 科雷傲	■ RAV4 荣放
■ 前途 Concept 2	■ 艾瑞泽 5e	■ 起亚 K3	■ 欧尚 COS1°	■ 揽胜运动版
■ Imagine By Kia	■ 比亚迪 e2	■ 奔驰 B 级	■ 讴歌 CDX	■ 揽胜极光
■ 马自达 VISION COUPE	■ 东风风神 E70	■ 奔驰 A 级 AMG	■ 锐界	■ 英菲尼迪 QX50
■ SUV Coupe Concept	■ 宋 MAX 新能源	■ 前途 K25	■ 领克 01	■ 马自达 CX-7
■ Matchless	■ 天际 ME7	■ 汉腾 RED 01	■ 零跑 C-more	■ 大乘 G60S
■ 奔腾 T2	■ 风光 E3	■ 甲壳虫	■ 红旗 HS7	■ 大乘 G60E
■ 大众 B SMV	■ 名爵 6 新能源	■ 捷达 VA3	■ 红旗 HSS	■ 标致 4008
■ 雪铁龙 AMI ONE	■ 欧尚 E01	■ 雷凌	■ 宝马 X7	■ 三菱 e-Yi
■ 宝骏 RM-C	■ 指挥官新能源	■ 卡罗拉	■ 威马 EX5	■ 启辰 The X
■ 奇点 iC3	■ 合众 U	■ 轩逸	■ 威马 EX6	■ 星途-TX
■ 观致 MILE II	■ 启辰 D60 新能源	■ 聆风	■ 威马 EVOLVE	■ 东南 DX3
■ 荣威 Vision-i	■ 领动新能源	■ 合众 Eureka	■ 星途 E-IUV	■ 东风风光 E3
■ 博世 IoT Shuttle	■ 朗逸新能源	■ 东风风神 D 53	■ 理想 ONE	■ 沃尔沃 XC40
■ 爱驰 U7 ION	■ 北汽新能源 EU 5	■ 菲斯塔	■ 北京现代 ix25	■ 东风风光 580
■ Karma SC1 Vision	■ 名爵 6 新能源	■ 奥迪 AI：ME	■ 奔驰 GLB	■ WEY VV5
■ 别克 GL8 Avenir	■ ENCINO 昂希诺	■ 荣威 i 5	■ 奔驰 EQC	■ 捷途 X95
■ 宝马 i NEXT		■ 名爵 6	■ 绅宝智达	■ 长安 CS75 PLUS
■ ARCFOX ECF		■ 东风风神 E 70	■ 荣威 MAX	■ Stelvio
		■ 凌渡	■ 保时捷 Cayenne	■ T-ROC 探歌
		■ 绅宝 D 50	■ 红旗 E-HS3	■ 上汽大通 D60

图 6-5 2019 上海国际车展首发车型

（资料来源：2019 上海国际车展涉及报告）

> **阅读上述材料后完成下列任务：**
> 在 2019 上海国际车展四类首发车型名录中，每类选择一个车型，通过网络了解这些车型的技术特点。

思考与练习

一、判断题

1. 新产品处于导入期时，竞争形势并不严峻，而企业承担的市场风险却最大。（   ）
2. 即便内在质量符合标准的产品，倘若没有完善的服务，实际上也是不合格产品。（   ）
3. 每一种产品都需经历试销期、畅销期、饱和期和滞销期四个阶段。（   ）
4. 在营销学里，换代产品也属于新产品。（   ）

二、名词解释

1. 产品整体概念。
2. 产品组合。
3. 产品生命周期。

三、简答题

1. 消费者对产品的实际理解是怎样的？
2. 简述产品生命周期各阶段特点和营销策略。
3. 详细阐述新产品的推广策略。

模块七

汽车定价策略与价格调整

价格是购买者选择产品最敏感的因素，也是消费者做出购买决定的主要因素之一。虽然最近几十年，非价格因素在现代营销中的作用日益增加，但价格仍是营销组合中的关键因素，是4P营销组合中仅有的、能产生收入的要素，而其他营销要素则均要产生成本。与此同时，价格还是汽车生产企业市场份额和盈利率最重要的决定因素之一。所以，汽车定价策略是汽车市场竞争的重要手段。

从历史上看，价格多由买卖双方谈判而成。汽车的定价既要有利于促进销售、获取利润、补偿成本，同时又要考虑汽车消费者对价格的接受能力，从而使汽车定价具有买卖双方双向决策的特征。除了消费者因素以外，汽车定价还要考虑宏观方面的因素（社会经济状况、货币价值、国家对汽车市场的干预)和微观方面的因素（汽车市场结构、汽车成本、汽车特征等)。

汽车产品主要有三种定价方法：成本导向定价法、需求导向定价法和竞争导向定价法。汽车企业在确定汽车产品的价格时往往综合使用这三种定价方法。

价格的变化直接影响着汽车市场对汽车产品的接受程度，影响着消费者的购买行为，影响着汽车生产企业盈利目标的实现。

汽车产品的定价不是单一的。汽车生产企业根据地理位置、成本、细分市场的要求、购买时间等因素的变化，对汽车产品的定价相应加以调整。当市场环境变化时，汽车厂商可适时调价。当竞争者因为不同的原因而降价时，汽车厂商应该有相应的对策。

任务一
汽车价格体系与定价策略研究

学习目标

1. 了解汽车定价策略、汽车定价方法和需求价格弹性的概念。
2. 了解汽车价格构成和汽车价格体系。
3. 了解汽车定价的流程。
4. 熟悉影响汽车定价的各种因素。
5. 熟悉汽车产品的定价方法。
6. 熟悉汽车产品的定价策略。
7. 掌握调查和分析汽车产品价格和汽车产品定价策略。

任务导入

资料阅读：

自主品牌的价格路线

低成本和低价格在相当长的时间内都是自主品牌的最大优势，也是自主品牌走出困境不可或缺的因素。

自主品牌过去将战略重心放在低端车上，是符合当时行业实际情况的，那就是跨国公司不愿意放下身段造低端车型，因此自主品牌厂商找到了一条差异化的竞争道路。如今，跨国公司通过合资品牌低端车型和合资自主放下了身段，自主品牌则难以在成本方面有更多优势。

然而，这并不意味着自主品牌应该抛弃低成本和低价格。所谓自主品牌的价格优势是相对竞争对手而言，并不是一个绝对的量化概念。发挥价格优势并不意味着继续在低端车型上压成本，而是要研究在哪里能更好发挥这种优势。在目前的情况下，中高端车型区间恰恰是自主品牌发挥成本和价格优势的理想舞台。

首先，由于产品定位和利润水平方面的原因，跨国品牌中高端车型难以采用低端车型区间的产品定价策略，这为自主品牌车型创造出了较大的成本和价格空间。其次，出于维护高端车型品牌形象的考虑，跨国公司不会将很多应用于高端车型的配置下移到中高端车型上，而这类配置往往是传统汽车技术之外的高科技配置。

对于自主品牌企业而言，这类配置相对更容易获取，也可以跳出传统汽车技术的制约。比如，东风裕隆纳智捷大7 SUV上配装的360°全车影像装置就是应用于少数跨国品牌高端车型上的配置，最后难免"水土不服"。

（材料摘自新浪网）

> 阅读以上材料，并回答下列问题：
> 1. 你认为当前自主品牌的工作重点是低端车型还是中高端车型？
> 2. 你认为自主品牌要抓住市场机会，除了保持价格优势外，还应做好哪些工作？

知识准备

一、汽车定价策略的基本概念

1. 汽车定价策略

汽车定价策略是根据企业营销目标和定价原理，针对汽车生产商、经销商和市场需求的实际情况，在确定汽车产品价格时所采取的各种对策。

2. 汽车定价方法

汽车定价方法是指汽车企业为了在目标市场上实现定价目标，而给汽车产品制定一个基本价格或浮动范围的方法。

3. 需求价格弹性

"需求价格弹性"简称为价格弹性或需求弹性。它是指需求量对价格变动的反应程度，是需求量变化的百分比除以价格变化的百分比。

由于需求规律的作用，价格和需求量是呈相反方向变化的。价格下跌，需求量增加；价格上升，需求量减少。

当需求量变动百分数大于价格变动百分数，需求弹性系数大于1时，叫作需求富有弹性或高弹性；当需求量变动百分数等于价格变动百分数，需求弹性系数等于1时，叫作需求单一弹性；当需求量变动百分数小于价格变动百分数，需求弹性系数小于1时，叫作需求缺乏弹性或低弹性。

二、汽车价格构成与价格体系

1. 汽车价格的构成

汽车价值决定汽车价格，汽车价格是汽车价值在市场中的货币表现。在现实汽车市场营销中，由于受汽车市场供求等因素的影响，汽车价格表现得异常活跃，价格同价值的变化时常表现不一致，有时价格高于价值，有时价格低于价值。

汽车价值转化为汽车价格的构成要素主要是汽车生产成本、汽车流通费用、国家税金和汽车企业利润四个要素。

（1）汽车生产成本

汽车生产成本是汽车价值的重要组成部分，是汽车生产环节中发生的实际费用，也是制定汽车价格的重要依据。

（2）汽车流通费用

汽车流通费用是汽车从生产企业向最终消费者移动过程中各个环节发生的费用，它与汽车移动的时间、距离相关，因此它是正确制定同种汽车差价的基础。

（3）国家税金

国家税金是汽车价格的构成因素。国家通过法令规定汽车的税率，并进行征收。税率的高低直接影响汽车的价格。

（4）汽车企业利润

汽车企业利润是汽车生产者和汽车经销者为社会创造和占有的价值表现形态，是汽车价格的构成因素，也是企业扩大再生产的重要资金来源。

（5）汽车价格的构成

从汽车市场营销角度来看，汽车价格的具体构成为

汽车出厂价格＝汽车生产成本＋汽车生产企业的利税

汽车批发价格＝汽车生产成本＋汽车生产企业的利税＋汽车批发流通费用＋汽车批发企业的利税

汽车直售价格＝汽车生产成本＋汽车生产企业的利税＋汽车销售费用＋汽车销售企业的利税

2. 汽车价格体系

汽车价格体系是指在国家整个汽车市场中，各种汽车价格之间相互关系的总和。

从价格学的角度来看，价格体系一般分为三个分体系，即比价体系、差价体系和体现我国价格管理体制的各种价格形式体系。

从汽车市场营销学的角度来看，汽车市场营销中的汽车价格体系主要指差价体系。汽车差价是指同种汽车因为购销环节、购销地区、购销季节以及汽车质量不同而形成的价格差异。

三、汽车定价过程的六个步骤

企业在下列情况下需要为产品定价：推出开发的新产品；向新的分销渠道或地区推出现有产品；参加组织采购招标。一般按照下列六个步骤制定汽车产品价格。

1. 明确目标市场

汽车目标市场是汽车产品要进入的市场。目标市场不同，汽车产品的定价就应该不同。

分析汽车目标市场一般需要分析该汽车市场消费者的购买水平、购买习惯、潜在需求量、个人基本特征等情况。

2. 分析影响汽车定价的因素

影响汽车定价的因素有汽车成本、汽车特征、汽车消费者需求、竞争者行为、汽车市场结构、货币价值、政府干预、社会经济状况八个方面的因素。

3. 选择汽车定价目标

选择汽车定价目标是合理定价的关键。不同的企业、不同的经营环境、不同的经营时期，汽车定价不同。

汽车生产企业可选择以下五个主要目标中的任何一个作为定价目标：生存、利润最大化、市场份额最大化、产品质量领先、市场利润占有率最大化。

4. 选择汽车定价方法

汽车定价方法一般有三种：汽车成本导向定价法、汽车需求导向定价法和汽车竞争导向定价法。这三种定价方法能适应不同的汽车定价目标，汽车企业应根据实际情况择优选用。

5. 确定汽车定价策略

汽车产品定价策略包括新产品定价策略、按汽车产品生命周期定价策略、折扣或折让定

价策略、针对消费者心理的定价策略和针对汽车产品组合的定价策略等。

在激烈的市场竞争环境下，汽车企业必须根据产品特点、消费者心理和市场需求，采用灵活多变的定价策略。

6．最后确定汽车价格

确定汽车价格要以定价目标为指导，考虑各种影响定价的因素，经过分析、判断和计算，最后确定出合理的产品价格。

四、影响汽车定价的关键因素

汽车价格的高低，主要是由汽车中包含的价值量的大小决定的。但是，从市场营销角度来看，汽车的价格除了受价值量的影响之外，还要受以下八种关键因素的影响和制约。

1．汽车成本

汽车在生产与流通过程中要耗费一定数量的物化劳动和活劳动，并构成汽车的成本。成本是影响汽车价格的实体因素。汽车成本包括汽车生产成本、汽车流通成本和汽车物流成本等。汽车企业为了保证再生产的实现，通过市场销售，既要收回汽车成本，同时也要实现一定的盈利。

2．汽车消费者需求

汽车消费者的需求对汽车定价的影响，主要通过汽车消费者的需求能力、需求强度、需求层次反映出来。汽车定价要考虑汽车价格是否适应汽车消费者的需求能力；需求强度是指消费者想获取某品牌汽车的程度，如果消费者对某品牌汽车的需求比较迫切，则对价格不敏感，企业在定价时可定得高一点，反之则应定得低一点；不同需求层次对汽车定价也有影响，对于能满足较高层次需求的汽车，其价格可定得高一点，反之则应定得低一点。

3．汽车特征

汽车特征是汽车自身构造所形成的特色，一般指汽车造型、质量、性能、配置、服务、商标和装饰等，它能反映汽车对消费者的吸引力。汽车特征好，该汽车就有可能成为名牌汽车、时尚汽车、高档汽车，就会对消费者产生较强的吸引力，这种汽车往往供不应求，因而在定价上占有有利的地位，其价格要比同类汽车高。

4．竞争者行为

汽车定价是一种挑战性行为，任何一次汽车价格的制定与调整都会引起竞争者的关注，并导致竞争者采取相应的对策。在这种对抗中，竞争力量强的汽车企业有较大的定价自由，竞争力量弱的汽车企业定价的自主性就小，通常只能追随市场领先者进行定价。

5．汽车市场结构

根据汽车市场的竞争程度，汽车市场结构可分为四种不同的汽车市场类型，即完全竞争市场、完全垄断市场、垄断竞争市场和寡头垄断市场。

6．货币价值

价格是价值的货币表现。汽车价格不仅取决于汽车自身价值量的大小，而且取决于货币价值量的大小。汽车价格是汽车与货币交换的比例关系。

7．政府干预

为了维护国家与消费者的利益，维护正常的汽车市场秩序，国家制定有关法规，来约束汽车企业的定价行为。

8. 社会经济状况

经济发展水平及发展速度高，人们收入水平增长快，购买力强，价格敏感性弱，有利于汽车企业较自由地为汽车定价。反之经济发展水平及发展速度低，人们收入水平增长慢，购买力弱，价格敏感性强，企业就不能自由地为汽车定价。

五、汽车产品定价的主要目标

1. 生存目标

当产能过剩、竞争激烈或消费者消费预期较为消极时，汽车企业应以追求生存为主要定价目标。只要价格可以弥补可变成本和部分固定成本，汽车企业就可以继续经营。生存只是一个企业的短期目标，从长远看，企业必须学会增加价值，否则将面临倒闭。

2. 利润最大化目标

以利润最大化为汽车定价目标是指汽车企业期望获得最大限度的销售利润。一般来说，汽车企业以长期利润最大化为目标，但在某些特定情况下，汽车企业可能会通过提高汽车价格来追求短期利润的最大化。

3. 市场份额最大化目标

一些企业为了追求市场份额最大化，认为较高的销量会导致较低的单位成本和较高的长期利润，因而制定最低的价格。

在下面几种情况下，汽车企业一般会采用低价渗透的定价目标：

第一，汽车产品的价格需求弹性较大。

第二，成本随销量上升而下降，而利润则逐渐上升。

第三，低价阻止竞争者出现。

第四，采用进攻型经营策略的汽车企业。

第五，企业实力雄厚，能承受低价带来的经济损失。

4. 产品质量领先目标

许多品牌的汽车生产商努力使自己的产品成为"买得起的奢侈品"，即产品或服务在感知质量、品位和地位方面的层次高，产品价格虽高，但不会超出消费者的购买力。

5. 市场撇油最大化目标

各大汽车公司的高科技或新技术的汽车，如混合动力汽车和纯电动汽车，以高价进入市场以追求市场撇油最大化。

6. 其他目标

其他目标如增加汽车销量、保持分销渠道畅通、避免价格战等。增加汽车销量适用于汽车企业开工不足、产能过剩和价格需求弹性较大的情况；保持分销渠道畅通指定价时充分考虑分销商的利益，保证分销商的合理利润，促使分销商有充足的积极性经销汽车；避免价格战指汽车厂商一般采用在汽车质量、售后服务、促销和分销方面下功夫的方法，避免因产品定价与最主要竞争者相同或更低而引发价格战。

六、汽车产品定价的基本方法

影响汽车价格的因素比较多，但在制定汽车价格时主要考虑的因素是汽车产品的成本、汽车市场的需求和竞争对手的价格。

汽车产品的成本规定了汽车价格的最低基数，汽车市场的需求决定了汽车需求的价格弹性，竞争对手的价格提供了制定汽车价格时的参照点。

在实际操作中，往往侧重于影响因素中的一个或几个因素来选定汽车定价方法，以解决汽车定价问题。

1. 汽车成本导向定价法

汽车成本导向定价法就是以汽车成本为基础，加上一定的利润和应纳税金来制定汽车价格的方法。这是一种按汽车卖方意图定价的方法。以汽车成本为基础的定价方法主要有以下三种。

（1）汽车成本加成定价法

汽车成本加成定价法是一种最简单的汽车定价方法，即在单台汽车成本的基础上，加上一定比例的预期利润作为汽车产品的售价。售价与成本之间的差额，就是利润。由于利润的多少是按一定比例反映的，这种比例习惯上称为"几成"，所以这种方法被称为汽车成本加成定价法。这种定价法主要适用于汽车生产经营处于合理状态下的企业和供求大致平衡、成本较稳定的汽车产品。计算公式如下：

$$汽车加成价格 = \frac{单台汽车成本 \times (1 + 汽车成本利润率)}{1 - 税率}$$

其中，

$$汽车成本利润率 = \frac{要求达到的总利润}{总成本} \times 100\%$$

例如，设某个汽车企业一年要求达到的总利润为 6000 万元，总成本是 30000 万元，只生产某种汽车产品 2000 台，产品税率为 10%，计算得

$$成本利润率 = 6000 万元 / 30000 万元 \times 100\% = 20\%$$

$$汽车加成价格 = \frac{(30000 万元 / 2000 台) \times (1 + 20\%)}{1 - 10\%} = 20 万元/台$$

汽车成本加成定价法的优点是：

第一，能使汽车企业的全部成本得到补偿，并有一定的盈利，使汽车企业的再生产能继续进行。

第二，这种计算方法简便易行。

第三，有利于国家和有关部门通过规定成本利润率，对汽车企业的汽车价格进行监督。

第四，如果汽车行业都采用此法，就可缓解汽车价格竞争，保持汽车市场价格的稳定。

但在实践运用过程中，这种定价方法也存在着一些问题：

首先，由于汽车成本加成定价法忽视了汽车市场的需求和竞争对手的价格，只反映生产经营中的劳动耗费，这种方法制定的汽车价格必然缺乏对汽车市场供求关系变化的适应能力，不利于增强汽车企业的市场竞争力。

其次，汽车企业成本纯属是企业的个别成本，而不是正常生产合理经营下的社会成本，因此有可能包含不正常、不合理的费用开支。

（2）汽车加工成本定价法

汽车加工成本定价法是将汽车企业成本分为外购成本与新增成本后分别进行处理，并根据汽车企业新增成本来加成定价的方法。

对于外购成本，企业只垫付资金，只有企业内部生产过程中的新增成本才是企业自身的劳动耗费。因此按汽车企业内部新增成本的一定比例计算自身劳动耗费和利润，按汽车企业新增价值部分缴纳增值税，使汽车价格中的盈利同汽车企业自身的劳动耗费成正比，是汽车加工成本定价法的要求。其价格计算公式如下：

$$汽车价格 = 外购成本 + \frac{汽车加工新增成本 \times (1 + 汽车加工成本利润率)}{1 - 加工增值税率}$$

其中，

$$汽车加工成本利用率 = \frac{要求达到的总利润}{加工新增成本总额} \times 100\%$$

$$加工增值税率 = \frac{应纳增值税金总额}{销售总额 - 外购成本总额} \times 100\%$$

这种汽车价格成本定价法主要适用于加工型汽车企业和专业化协作的汽车生产企业。这个方法既能补偿汽车企业的全部成本，又能使协作企业之间的利润分配和税收负担合理化，避免按汽车成本加成法定价形成的行业和协作企业之间极不平均的弊端。

（3）汽车目标成本定价法

汽车目标成本定价法是指汽车企业以经过一定努力预期能够达到的目标成本为定价依据，加上一定的目标利润和应缴纳的税金来制定汽车价格的方法。

必须看到的是，这里的目标成本与定价时的实际成本不同，它是企业在充分考虑到未来营销环境变化的基础上，为实现企业的经营目标而设定的一种"预期成本"，一般都低于定价时的实际成本。其计算公式如下：

$$汽车价格 = \frac{汽车目标成本 \times (1 + 汽车目标成本利润率)}{1 - 税率}$$

其中，

$$汽车目标成本利用率 = \frac{要求达到的总利润}{目标成本 \times 目标产销量} \times 100\%$$

上式表明，汽车目标成本的确定要同时受到价格、税率和利润要求的多重制约。即汽车价格应确保市场能容纳目标产销量，扣税后销售总收入，在补偿目标产销量计算的全部成本后，能为汽车企业提供预期的利润。此外，汽车目标成本还要充分考虑原材料、工资等成本价格变化的因素。

汽车目标成本虽非定价时的实际成本，但也不是主观臆造出来的，而要建立在对"量、本、利"关系进行科学测算的基础上。

通常，企业成本可划分为固定成本和变动成本这两大类。

小批量生产成本高的主要原因是固定总成本按产量分摊后的单位固定成本高，如果在设备能力范围内将目标产量增大，就能使固定总成本分摊额减少。

平均变动成本一般变化不大，并还可能由于工艺技术更熟悉而降低一些，于是就使单台汽车成本大大降低。

预期的成本降低便可将汽车价格定到能吸引消费者的水平，从而为汽车打开销路。

但是，并非汽车目标成本定得越低越好，这是因为，要降低目标成本就必须增大目标产销量，而汽车目标产销量如果太接近一个汽车企业的生产能力极限，单台汽车成本水平反而又会升高。按照许多汽车企业的实践经验，汽车目标成本一般是在企业可能达到的产量区间内确定的。

汽车目标成本定价法是为谋求长远和总体利益服务的，较适用于经济实力雄厚、生产和经营有较大发展前途的汽车企业，尤其适用于新产品的定价。

采用汽车目标成本定价法有助于汽车企业开拓市场，降低成本，提高设备利用率，从而提高汽车企业的经济效益和社会效益。

2. 汽车需求导向定价法

汽车需求导向定价法是一种以需求为中心，汽车企业依据消费者对汽车价值的理解和对汽车需求的差别来定价的方法。

(1) 对汽车价值的理解定价法

对汽车价值的理解定价法，是汽车企业按照汽车消费者对汽车价值的理解，来制定汽车价格，而不是根据汽车企业生产汽车的实际价值来定价。

对汽车价值的理解定价法同汽车在市场上的定位是相联系的。其方法是：

第一，先从汽车的质量、提供的服务等方面为汽车在目标市场上定价。

第二，决定汽车所能达到的售价。

第三，估计在此汽车价格下的销量。

第四，由汽车销量算出所需的汽车生产量、投资额及单台汽车成本。

第五，计算该汽车是否能达到预期的利润，以此来确定该汽车价格是否合理，并可进一步判明该汽车在市场上的命运如何。

运用对汽车价值的理解定价法的关键是，要把自己的汽车产品与竞争者的汽车产品相比较，正确估计本企业的汽车产品在汽车消费者心目中的形象，找到比较准确的理解价值。因此，在汽车定价前要搞好市场调研。

(2) 对汽车需求的差别定价法

这是根据对汽车需求方面的差别来制定汽车的价格。主要有以下四种情况：

第一，按汽车的不同目标消费者采取不同价格。因为同一商品对于不同消费者，其需求弹性不一样。有的消费者对价格敏感，适当给予优惠可诱其购买，有的则不敏感，可照价收款。

第二，按汽车的不同花色、样式确定不同价格。因为对同一品牌、规格汽车的不同花色、样式，消费者的偏好程度不同，需求量也不同。因此，定不同的价，能吸引不同需求的消费者。

第三，按汽车的不同销售时间采用不同价格。同一种汽车因销售时间不同，其需求量也不同，汽车企业可据此制定不同的价格，争取最大销售量。

第四，按汽车的不同交易条件采用不同价格。交易条件包括交易量、交易频率、交易方式、支付手段等。交易条件不同，汽车企业给出的价格也不同。例如，交易批量大，则价格低，零买则价格高；现金付款则价格可适当降低，支票付款和分期付款则价格高。

总之，对汽车需求的差异定价法能反映汽车消费者对汽车需求的差别及变化，有助于提高汽车企业的市场占有率和增强汽车产品的渗透率。但这种定价法不利于成本控制，且消费者需求的差别不易精确估计。

3. 汽车竞争导向定价法

汽车竞争导向定价法是依据竞争者的价格来定价，使本汽车企业的价格与竞争者价格相类似或保持一定的距离。这是一种为了应对汽车市场竞争需要而采取的特殊的定价方法。主要有以下三种方法：

（1）随行就市定价法

随行就市定价法是以同类汽车产品的平均价格作为汽车企业定价的基础。这种方法适合汽车企业既难于对顾客和竞争者的反应做出准确的估计，又难于自己另行定价时运用。

在实践中，有些产品的价值难以计算，采用随行就市定价一般可较准确地体现汽车价值和供求情况，保证能获得合理效益，同时，也有利于协调同行业的步调，融洽与竞争者的关系。

此外，采用随行就市定价法，汽车产品的成本与利润要受同行业平均成本的制约，因此只有努力降低成本，才能获得更多的利润。

（2）相关商品比价法

相关商品比价法，即以同类汽车产品中消费者认可某品牌汽车的价格作为依据，结合本企业汽车产品与认可汽车的成本差率或质量差率来制定汽车价格。

（3）竞争投标定价法

这是一种在汽车交易中，采用招标、投标的方式，由一个卖主或买主对两个以上并相互竞争的潜在买主或卖主出价或要价、择优成交的定价方法。显著特点是招标方只有一个，处于相对强势地位；而投标方有多个，处于相互竞争的地位。

竞争投标能否成交的关键在于投标者的出价能否战胜所有竞争对手。这种定价法主要在政府处理走私没收汽车和企业处理多余汽车时采用。但面对组织采购的竞争投标，不仅涉及价格，而且涉及服务保障。

七、汽车产品定价的基本策略

汽车价格竞争是一种十分重要的汽车营销手段。在激烈的汽车市场竞争中，汽车企业为了实现自己的营销战略和目标，必须根据产品特点、市场需求及竞争情况，采取各种灵活多变的汽车定价策略，使汽车定价策略与汽车市场营销组合中的其他要素更好地结合。

汽车产品定价策略包括新产品定价策略、按汽车产品生命周期定价策略、折扣与折让定价策略、针对消费者心理的定价策略和针对汽车产品组合的定价策略等。

1. 汽车新产品定价策略

（1）撇脂定价策略

撇脂定价策略是一种汽车高价保利策略，是指在汽车新产品投放市场的初期，将汽车价格定得较高，以便在较短的时期内获得较高的利润，尽快地收回投资。

撇脂定价策略的优点是：

第一，汽车新产品刚投放市场，需求弹性小，尚未有竞争者，因此，只要汽车新产品能超群、质量过硬，就可以采取高价，来满足一些汽车消费者求新、求异的消费心理。

第二，由于汽车价格较高，因而可以使汽车企业在较短时期内取得较大利润。

第三，定价较高，便于在竞争者大量进入市场时主动降价，增强竞争能力，同时，也符合顾客对价格由高到低的心理。

撇脂定价策略的缺点是：

第一，在汽车新产品尚未建立起声誉时，高价不利于打开市场，一旦销售不利，就有较大风险。

第二，如果高价投放市场销路旺盛，很容易引来竞争者参与，从而使汽车新产品的销量受到影响。

这种汽车定价策略一般适应以下几种情况：

第一，汽车企业研制、开发的这种技术新、难度大、开发周期长的汽车新产品，用高价也不怕竞争者迅速进入市场。

第二，这种汽车新产品有较大市场需求。由于汽车是一次购买，享用多年，因而高价市场也能被消费者接受。

第三，高价可以使汽车新产品一投入市场就树立起性能好、质量优的高档品牌形象。

（2）渗透定价策略

渗透定价策略是一种汽车低价促销策略，是指在汽车新产品投放市场时，将汽车价格定得较低，以便使汽车消费者容易接受，很快打开和占领市场。

渗透定价策略的优点是：一方面，可以利用低价迅速打开新产品的市场销路，占领市场，从多销中增加利润；另一方面，低价又可以阻止竞争者进入，有利于控制市场。

渗透定价策略的缺点是：投资的回收期较长，见效慢，风险大，一旦渗透失利，企业就会一败涂地。

渗透定价策略一般适应以下几种情况：

第一，制造这种汽车新产品所采用的技术已经公开，或者易于仿制，竞争者容易进入该市场。利用低价可以排斥竞争者，占领市场。

第二，投放市场的汽车新产品，在市场上已有同类汽车产品，但是生产汽车新产品的企业比生产同类汽车产品的企业拥有较大的生产能力，并且该产品的规模效益显著，大量生产定会降低成本，收益有上升趋势。

第三，该类汽车产品在市场中供求基本平衡，市场需求对价格比较敏感，低价可以吸引较多顾客，可以扩大市场份额。

以上两种汽车定价策略各有利弊，选择哪一种策略更为合适，应根据市场需求、竞争情况、市场潜力、生产能力和汽车成本等因素综合考虑（表7-1）。

表7-1 汽车撇脂定价策略与渗透定价策略的选择标准

两种汽车定价策略选择标准	撇脂定价策略	渗透定价策略
汽车市场需求水平	高	低
与同类竞争汽车产品的差别	较大	不大
汽车价格需求弹性	小	大
汽车企业生产能力扩大的可能性	小	大
汽车消费者购买力水平	高	低
汽车产品目标市场潜力	不大	大
汽车产品仿制的难易程度	难	易
汽车企业投资回收期长短	较短	较长

（3）满意定价策略

满意定价策略是介于撇脂定价和渗透定价策略之间的汽车定价策略。所定的价格比撇油定价价格低，而高于渗透定价，是一种中间价格。

这种汽车定价策略由于能使汽车生产者和消费者都比较满意而得名。由于这种价格介于高低价中间，因而能比前两种定价策略风险小，取得市场成功的可能性大。但有时也要根据市场需求、竞争情况等因素进行具体分析。

以上三种汽车新产品定价策略的价格和销量关系如图 7-1 所示。

2. 汽车产品生命周期的定价策略

在汽车产品生命周期的不同阶段，汽车定价的三个要素，即成本、消费者和竞争者都会发生变化，因此汽车定价策略必须适时、有效，及时调整。

（1）导入期的定价策略

大多数消费者对新产品的价格敏感性相对较低，因为他们倾向于把汽车价格作为衡量汽车档次和质量的标志，而且此时也没有更多可做对比的其他品牌汽车，因此适当定高新产品的价格，反而有利于消费者对新产品的认可。

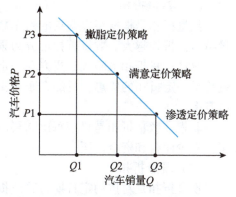

图 7-1　新产品定价策略的价格和销量关系

但需要注意的是，不同的汽车新产品进入市场后的消费者反应差异很大，确认自己的新产品是否具有技术上、性能上的优势十分重要。

（2）成长期的定价策略

在成长期，消费者的注意力不再单纯停留在汽车产品的效用上，开始比较不同汽车品牌的性能和价格，消费者对产品的了解逐步深入，价格敏感性也随之提高，因而成长期的价格一般都会比导入期的价格低。

但对于那些对价格并不敏感的市场，一般不应使用渗透定价。尽管这一阶段竞争会有所加剧，但行业市场的扩张可以有效防止价格战的出现。当然有些汽车企业出于挤压竞争者的目的，也可能展开价格战，企图用降价来扩大自己的市场份额。

（3）成熟期的定价策略

成熟期汽车定价策略的着眼点是尽可能地创造竞争优势，维护产品的市场地位。在成熟期汽车产品定价的可调范围逐步缩小，所以最好通过销售更有利可图的辅助产品或优质服务来调整自己的竞争地位。

（4）衰退期的定价策略

衰退期中很多汽车企业会选择降价。但遗憾的是，这样的降价并不能刺激足够的需求，反而可能降低企业的盈利能力。

衰退期的汽车定价目标不是赢得什么，而是应在损失最小的情况下退出市场，或者是保护甚至加强自己的竞争地位。一般有三种策略可供选择：

第一，紧缩策略。将资金紧缩到自己力量最强、汽车生产能力最强大的生产线上。

第二，收缩策略和巩固策略。通过降低汽车价格，获得最大现金收入，然后退出整个市场。

第三，加强竞争地位的策略。加强自己的竞争优势，通过降价，打败弱小的竞争者，占领他们的市场。

3. 折扣和折让定价策略

在汽车市场营销中，汽车企业为了竞争和实现经营战略的需要，经常对汽车价格采取折扣和折让策略，直接或间接地降低汽车价格，以争取消费者，扩大汽车销量。灵活运用折扣和折让策略，是提高汽车企业经济效益的重要途径。具体来说，折扣和折让分以下五种：

(1) 数量折扣

数量折扣是根据买方购买的汽车数量多少，分别给以不同的折扣。买方购买的汽车的数量越多，折扣越大。数量折扣可分为累计数量折扣和非累计数量折扣。

累计数量折扣策略规定买方在一定时期内，购买汽车达到一定数量或一定金额时，按总量给予一定折扣的优惠，目的在于使买方与汽车企业保持长期的合作，维持汽车企业的市场占有率。

非累计数量折扣是只按每次购买汽车的数量多少给予折扣的优惠，这可刺激买方大量购买，减少库存和资金占压。

(2) 现金折扣

现金折扣是对按约定日期付款或提前付款的买主给予一定的折扣优惠价，目的是鼓励买主尽早付款以利于资金周转。运用现金折扣应考虑三个因素：一是折扣率大小；二是给予折扣的限制时间长短；三是付清货款期限的长短。

(3) 交易折扣

交易折扣是汽车企业根据各个中间商在市场营销活动中所担负的功能不同，而给予不同的折扣，所以也称"功能折扣"。

(4) 季节折扣

季节折扣是指在汽车销售淡季时，给购买者一定的价格优惠，目的在于鼓励中间商和消费者及早购买汽车，减少企业库存，节约管理费用，加速资金周转。季节折扣率应不低于银行存款利率。

(5) 运费让价

运费是构成汽车价值的组成部分，为了调动中间商或消费者的积极性，汽车企业对他们的运输费用给予一定的津贴，支付一部分甚至全部运费。

4. 针对汽车消费者心理的定价策略

这是一种根据汽车消费者心理要求所采用的定价策略。每一品牌汽车都能满足汽车消费者某一方面的需求，汽车价值与消费者的心理感受有着很大的关系，这就为汽车心理定价策略的运用提供了基础。

利用汽车消费者心理因素，可以有意识地将汽车价格定得高些或低些，以满足汽车消费者心理的、物质的和精神的多方面需求；提高汽车消费者对汽车产品的偏爱或忠诚，诱导消费者增加购买；扩大市场销售，获得最大效益。具体的心理定价策略如下：

(1) 整数定价策略

在高档汽车定价时，往往把汽车价格定成整数，不带尾数。凭借整数价格给汽车消费者一种汽车属于高档消费品的印象，提高汽车品牌形象，满足汽车消费者某种心理需求。

整数定价策略适用于汽车档次较高，需求的价格弹性比较小，价格高低不会对需求产生较大影响的汽车产品。

(2) 尾数定价策略

尾数定价策略是一种与整数定价策略相反的定价策略，是指汽车企业利用汽车消费者的求廉心理，在汽车定价时不取整数、而带尾数的定价策略。

这种带尾数的汽车价格直观上给汽车消费者一种便宜的感觉，会给消费者一种汽车企业经过了认真的成本核算才定价的感觉，可以提高消费者对该定价的信任度，从而激起消费者的购买欲望，促进汽车销售量的增加。

尾数定价策略一般适用于汽车档次较低的经济型汽车。经济型汽车价格的高低会对消费者购买欲望产生较大影响。

（3）声望定价策略

声望定价策略是一种根据汽车产品在消费者心目中的声望、信任度和社会地位来确定汽车价格的定价策略。声望定价策略可以满足某些汽车消费者的特殊欲望，如地位、身份、财富、名望和自我形象等，还可以通过高价格显示汽车的名贵优质。声望定价策略一般适用于具有较高知名度、有较大市场影响力的著名品牌汽车。

（4）招徕定价策略

招徕定价策略是指将某种汽车产品的价格定得非常之高，或者非常之低，以引起消费者的好奇心理和观望行为，并且带动其他汽车产品的销售的一种汽车定价策略。

例如，某些汽车企业在某一时期推出某一款车型降价出售，过一段时期又换另一种车型，以此来吸引顾客时常关注该企业的汽车，促进降价产品的销售，同时也带动同品牌其他汽车产品以正常销售。招徕定价策略常为汽车超市、汽车专卖店、汽车电商所采用。

（5）分级定价策略

分级定价策略是指在定价时，把同类汽车分为几个等级，对不同等级的汽车采用不同价格的一种汽车定价策略。

这种定价策略能使消费者产生货真价实、按质论价的感觉，因而容易被消费者所接受。采用分级定价策略，等级的划分要适当，级差不能太大或太小。否则，起不到应有的分级效果。

5. 针对汽车产品组合的定价策略

一个汽车企业往往不只生产一种产品，常常会有多个系列的多种产品同时生产和销售。同一企业的不同种汽车产品之间的需求和成本是相互联系的，但同时又存在着一定程度的"自相竞争"。所以这时候的企业定价就不能只针对某一产品独立进行，而要结合相关联的一系列的产品，组合制定出一系列的价格，使整个产品组合的利润最大化。

这种定价策略一般有两种表现：

（1）同系列汽车产品组合定价策略

同系列汽车产品组合定价策略把一个企业生产的同一系列的汽车产品作为一个产品组合来定价。在一系列产品中，确定某一车型的较低或较高的价格，充当这个车型在该系列汽车产品中的价格明星，提高品牌效应，以此来吸引消费者购买这一系列中的各种汽车产品。

（2）附带选装配置的汽车产品组合定价策略

这种定价策略将一个企业生产的汽车产品与其附带的一些可供选装配置的产品看作一个产品组合来定价。

执行这个定价策略，汽车企业首先要确定产品组合中应包含的可选装配置产品，其次再对汽车及选装配置产品进行统一合理的定价。如汽车价格相对较低，而选装配置的价格相对稍高一些，这样既可吸引汽车消费者，又可增加企业利润。附带选装配置的产品组合定价策略一般适用于有特殊、专用汽车附带选装配置的汽车。

任务实施

一、当年第一季度新上市车型价格调查

1. 目的要求

1）采集当年第一季度同一个汽车生产企业新上市车型的价格。

2）核对当地汽车车型价格与全国其他省市的差异。

3）按照学校实际条件，可以组织学生统一上网，也可以分散以任务形式由学生个人独立采集。

4）加深对汽车价格影响因素的理解。

2．器材与设备

1）计算机或手机。

2）事先印制当年第一季度新上市车型价格调查表（表7-2）。

表7-2　当年第一季度新上市车型价格调查表

姓名		班级		学号	
汽车厂商					
信息来源					
采集时间		年　　月　　日			
采集方法					
数据时限		年　月　—　年　月			
相关数据					
本地新上市车型名称	车型类型	发动机	车价/万元	其他地区	车价/万元

3．注意事项

有条件的地方，教师应鼓励学生到本地汽车经销商处采集第一手信息。

4．操作过程

1）教师事先说明作业要求及正确步骤。

2）正确填写当年第一季度新上市车型价格调查表。

二、当地汽车产品组合定价调查

1．目的要求

1）了解当地某汽车品牌产品组合定价的情况。

2）核对当地某汽车品牌产品组合定价与全国其他省市的差异。

3）加深对汽车产品组合定价策略的认识。

2．器材与设备

1）计算机及外联网络。

2）笔记本。

3. 注意事项

有条件的地方,教师应鼓励学生到本地汽车经销商处采集第一手信息。

4. 操作过程

1) 教师事先说明作业要求及正确步骤。
2) 正确填写当地汽车产品组合定价调查表。

任务评价

小组交流或教师评价(表7-3、表7-4)。

表7-3 当年第一季度新上市车型价格调查任务评价表

评价要素	得分	评分细则
当年第一季度新上市车型价格调查	5	任务明确、操作合理、内容完整、信息正确、填写完整
	4	数据中有1处错误
	3	数据中有2处错误
	2	数据中有2处错误且数据不完整
	1	数据不正确、不完整
最终得分		

表7-4 当地汽车产品组合定价调查任务评价表

评价要素	得分	评分细则
当地汽车产品组合定价调查	5	任务明确、操作合理、内容完整、信息正确、填写完整
	4	数据中有1处错误
	3	数据中有2处错误
	2	数据中有2处错误且数据不完整
	1	数据不正确、不完整
最终得分		

案例:

帕萨特轿车定价策略分析

帕萨特轿车(Passat B5)推向市场之前,当时的上海汽车工业销售总公司作为上海大众轿车总经销商,进行了详细而规范的定价研究,确立了综合成本导向、需求导向和竞争导向三种汽车定价方法的定价思想,准确地制定出定价策略(图7-2)。

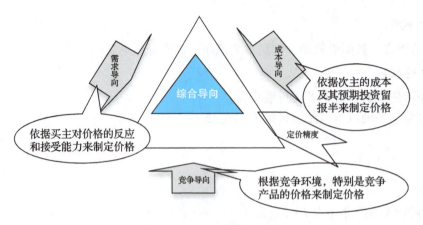

图7-2 帕萨特轿车的定价策略

在成本方面,认真核算了帕萨特轿车的各种成本,并对成本变化的各种可能性做出了切实的评估,尤其是对该车型所使用的110kW发动机的性能价格比、需求弹性做出了尤为详尽的分析,得出该车型的保本价格,并使用成本定价法计算出基本价格范围。同时,又在此基础上描绘出帕萨特轿车豪华型的重要使用部件——自动变速器的需求价格弹性,获得豪华型车的基本价格。由于汽车工业是一个存在着典型规模经济效应的行业,还需进行市场需求对轿车成本影响的分析和评估,把动态的分析结合到成本分析中去。

在需求方面,着重从行业和同行企业这两方面分析,预测了当年售价高于20万元的国产轿车的各种可能的需求量和发展趋势,又对消费者关于汽车的各种实用性能和部件配置的敏感度进行了描绘,计算出帕萨特轿车基本型和豪华型的价格。此外,还考虑了中国加入WTO这个宏观大环境的影响,再对计算价格做适当调整。

而在对竞争对手的研究上,综合了2000年该市场的统计数据(表7-5),描绘了帕萨特轿车面临的市场竞争(图7-3),得出最终的定价点。考虑到同一档次轿车的市场价格,并避免与最大竞争者的定价完全相同(以免由于正面竞争激化而爆发价格战),最终再对定价点做适当调整。

表7-5 2000年轿车生产计划

(单位:辆)

厂家	一汽轿车	一汽大众	上海大众	上海通用	广州本田
车型	红旗	奥迪	帕萨特B5	别克	雅阁
2000年生产计划	22000	13000	30000	50000	25000

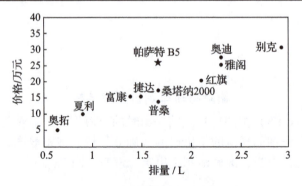

图7-3 帕萨特轿车面临的市场竞争

综合上述三种方法，我们还可以描绘该车型的定价轨迹（图7-4），把市场环境的变化糅合到定价策略中去。

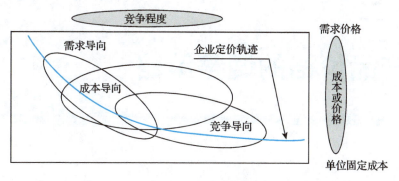

图7-4　轿车定价轨迹图

阅读上述材料思考下列问题：
1. 汽车企业在分析确定产品价格时可以采用哪几种定价方法？
2. 从帕萨特车型定价过程看定价需要考虑的基本问题。

任务二
汽车产品价格的调整策略

1. 了解汽车产品价格调整的概念。
2. 掌握汽车产品价格调整降价策略和提价策略。
3. 掌握其他汽车产品价格调整策略。
4. 掌握汽车产品价格竞争策划。
5. 会调查、分析汽车厂商价格调整的情况。

材料阅读：

2019 车市"降价潮"一波接一波

2019 年，车市官降比以往来得更早了一些，也更频繁了一些。短短三个月，中国汽车市场已经经历了两轮"降价潮"！

1 月底，国家十部委联合发文宣布再次启动"汽车下乡"政策，以促进农村汽车更新换代，提振车市。

尽管该政策具体的实施细则并未随之出台，但很快便有一汽-大众、北京汽车、上汽大众、东风日产、奇瑞、比亚迪等多家车企宣布"自掏腰包"补贴市场，国内车市掀起 2019 年的第一轮降价潮。

一波未平，一波又起。3 月中旬，在梅赛德斯-奔驰率先以"快速响应国家增值税政策调整"为名，宣布下调全部在售车型厂商建议零售价后，迅速获得了宝马、捷豹路虎、沃尔沃、林肯、奥迪、英菲尼迪等多个豪华车品牌的跟进，车市新一轮的价格调整在豪华车市场蔓延开来。

三个月内两次大规模的降价，让今年的车市再度变幻莫测了起来，甚至还有很多人猜测接下来国内汽车市场或将迎来新一轮降价潮。

据盖世汽车日前发布的一份关于 2019 年车市"降价潮"的调查显示，高达 66% 的参与者认为接下来中国车市还会有第三轮降价潮。

进一步调查，他们的理由主要有以下几点：61% 的参与者认为当前国内新车销量持续低迷，在接下来可能会引发更多的车企降价"自救"，进而导致降价潮持续。

因此相较于刺激新车销量，更多的参与者觉得此次豪车降价的意义其实在于加速车市优胜劣汰，优化产业结构，促进低端品牌往上走，高端品牌朝低端下探。因为随着高端车的价格下探，进一步拉近了它们与国内消费者的距离，这必然会加大中低端品牌的竞争压力，为了保证市场份额，这些品牌必须通过创新驱动，研发出更具市场竞争力的产品。

20%的参与者则觉得由于部分地区提前实施国六，为迎合新标准，一些车企势必会对在售的国五排放车型进行大幅度的降价促销，从而引发新一轮的降价潮，事实上，早在去年这一说法就开始在汽车圈内流传开来。12%的参与者认为还是增值税税率下调政策的刺激作用，在4月1日该政策正式实施后，可能会吸引更多的中低端品牌加入官降大潮。剩下5%的参与者的看法是如果有新的车市刺激政策出现，也可能会让降价潮持续。

不过值得注意的是，也有近3成的参与者认为，像目前这样受政策刺激掀起的降价潮，如果频繁出现，其实也会导致车企过度依赖降价来走量，伤害品牌价值。从这一点上来讲，相较于依赖降价走量，面对车市低迷，车企们更应该做的其实是快速推出真正有竞争力的产品，在产品质量、车型配置、价格等方面多管齐下，提升综合实力。

而9%的参与者认为接下来车市没有出现第三轮降价潮的可能。他们的理由主要有以下几点：22%的参与者认为接下来车市有可能会逐渐回暖，使得供求关系渐渐趋于正常，如此一来车企无需靠降价来保证销量。47%的参与者觉得由于车市持续低迷，目前部分车型的终端零售价已经处于低位，市场未来继续降价的空间有限。而30%的参与者则认为随着国六标准的正式实施，会导致整车制造成本上升，相关车型更没有降价的理由，说不定还会涨价。

据相关业内人士分析，相比国五轻型汽车，国六轻型汽车技术难度非常大，对发动机行业挑战非常严峻，这就要求车企对排放技术进行升级，因此从国五升级到国六，单车成本也有望随之上升。

整体来看，其实上面各方说法都有一定的道理，但无论哪一种观点，都抵不过正在发生的事实——当前车市降价潮范围确实在逐渐扩大。据了解，在豪华车市场降价潮正轰轰烈烈上演之际，主流汽车品牌阵营已经有车企按捺不住，加入了此次官降大潮。

（材料节选自：新浪网）

阅读上述材料并回答下列问题：
1. 2019年汽车厂商产品降价的原因有哪些？
2. 汽车降价对厂家究竟有什么好处？你怎么看待这轮降价潮？

知识准备

一、价格意识与产品价格调整

1. 汽车产品价格调整

汽车产品价格调整是汽车生产企业为某种产品制定出价格以后，随着市场营销环境的变化，对现行价格予以适当的提价或降价的市场行为。

2. 价格意识

价格意识指消费者对商品价格高低强弱的感觉程度，直接表现为顾客对价格敏感性的强弱，包括知觉速度、清晰度、准确度和知觉内容的充实程度。它是掌握消费者态度的主要方面和重要依据，也是解释市场需求对价格调整反应的关键变量。

二、汽车产品价格调整策略

汽车企业通常不仅仅制定单一价格，而是建立一个价格体系，以反映地理位置、成本、

细分市场需求、购买时间、订货水平、服务合同和其他因素的不同。

企业产品价格调整的动力既可能来自于内部，也可能来自于外部。倘若企业利用自身的产品或成本优势，主动地对价格予以调整，将价格作为竞争的利器，这称为主动调整价格。有时，价格的调整出于应对竞争的需要，即竞争对手主动调整价格，而企业也相应地被动调整价格。无论是主动调整还是被动调整，其形式不外乎是降价和提价两种。

1. 降价策略

降价策略是定价者面临的严峻且具有持续威胁力量的问题。企业降价的原因很多，有企业外部需求及竞争等因素的变化，也有企业内部的战略转变、成本变化等，还有国家政策、法令的制约和干预等。这些原因具体表现在以下几个方面。

（1）通过降价回笼现金

对现金产生迫切需求的原因，既可能是产品销售不畅，也可能是为了筹集资金进行某些新活动而资金借贷来源中断。此时，企业可以通过对某些需求的价格弹性大的产品予以大幅度降价，从而增加销售额，获取现金。

（2）通过降价开拓市场

一种产品的潜在顾客往往由于消费水平的限制而阻碍转向现实购买的可行性，在这种情况下企业可以通过降价方式来扩大市场份额。特别是进入成熟期的产品，降价可以大幅度增进销售，从而在价格和生产规模之间形成良性循环，为企业获取更多的市场份额奠定基础。不过，为了保证这一策略的成功，有时需要与产品改进策略相配合。

（3）通过降价排斥对手

对于某些产品来说，各个企业的生产条件、生产成本不同，最低价格也会有所差异。那些以目前价格销售产品仅能保本的企业，在别的企业主动降价以后，会因为价格的被迫降低而得不到利润，导致被动。这种降价无疑有利于主张降价的企业。

（4）主动应对产能过剩

在产品供过于求，而企业在无法通过产品改进和加强促销等工作来扩大销售的情况下，企业必须考虑降价。

（5）成本允许企业降价

随着科学技术的进步和企业经营管理水平的提高，许多产品的单位产品成本和费用在不断下降，因此，企业拥有条件适当降价。

（6）满足经销商的需要

以较低的价格购进货物不仅可以减少中间商的资金占用，而且为产品大量销售提供了一定的条件。因此，企业降价有利于同中间商建立良好的关系。

（7）外界环境迫使降价

政府为了实现物价总水平的下调，保护需求，鼓励消费，遏制垄断利润，往往通过政策和法令，采用规定毛利率和最高价格、限制价格变化方式、参与市场竞争等形式，使企业的价格水平下调。在通货紧缩的经济形势、市场疲软、经济萧条时期，由于币值上升，价格总水平下降，企业产品价格也随之降低，以适应消费者的购买力水平。

2. 提价策略

提价确实能够增加企业的利润率，但却会引起竞争力下降、消费者不满、经销商抱怨，甚至还会受到政府的干预和同行的指责，从而对企业产生不利影响。虽然如此，在实际中仍然存在着较多的提价现象，其主要原因是：

（1）应对产品成本压力

这是所有产品价格上涨的主要原因。成本的增加或者是由于原材料价格上涨，或者是由于生产或管理费用提高而引起的。企业为了保证利润率不致因此而降低，便采取提价策略。

（2）适应通胀减少损失

在通货膨胀条件下，即使企业仍能维持原价，但随着时间的推移，其利润的实际价值也呈下降趋势。为了减少损失，企业只好提价，将通货膨胀的压力转嫁给中间商和消费者。

（3）供不应求遏制消费

对于某些产品来说，在需求旺盛而生产规模又不能及时扩大出现供不应求的情况下，可以通过提价来遏制需求，同时又可以取得高额利润，在缓解市场压力、使供求趋于平衡的同时，为扩大生产准备条件。

（4）利用顾客追高心理

企业可以利用涨价营造名牌形象，使消费者产生价高质优的心理定势，以提高企业知名度和产品声望。对于那些创新产品、贵重商品、生产规模受到限制而难以扩大的产品，这种效应尤为明显。

三、汽车产品价格的竞争策略

汽车企业调价，对消费者、竞争者、中间商都会产生影响。不论是降价还是提价都要把握以下几点。

1. 把握降价时机

价格是营销过程中最敏感的因素之一，合理降价对于销售具有一定的推动作用，但价格大战从来就没有使一个品牌的实际地位发生根本改变。相反，在消费者面前表现得岌岌可危或已经黯然退出市场的产品恰恰是一些"超低价"的产品。因为，其一，它根本化解不了自己的成本；其二，它本身可能就是"超低值"的产品，当然包括它的服务、营销、管理和战略。

汽车市场的激烈竞争，表面上是价格之争，而在本质上却是质量之争、服务之争、品牌之争。决定价值流入还是流出的根本原因是产品是否真正符合消费者的需求。

由此，我们应当清醒地认识到，降价不是汽车市场的唯一策略。消费者正在成熟，没有价值的降价或去掉某些价值的降价，不但不能赢得消费者，相反只会被消费者作为判断真实价值的工具，从而去否定你的价值。这样的降价对汽车工业的发展不利，对企业的发展不利，对市场的健康成长同样不利。

降价必须把握下列原则：

第一，消费者注重商品的实际性能和质量，很少考虑其他因素。

第二，消费者熟悉这一商品，并有信任度。

第三，有降价的理由。

第四，厂家信誉度高，确保较低价格照样买到好东西。

第五，对于时尚商品和新潮商品，进入模仿阶段后就应当降价。

第六，对于一般商品，进入成熟期后就要降价。

第七，降价幅度要适宜，降价超过一定比例时，消费者会对商品表现不信任。

第八，采用暗降策略有利于维护企业形象，可以避免竞争者不满和攻击。

2. 把握提价时机

为了保证提价策略的顺利实现，提价时机可选择在产品在市场上处于优势地位，产品进入成长期，季节性商品达到销售旺季，竞争对手产品提价这样几种情况下进行。

在方式选择上,企业应尽可能多采用间接提价,把提价的不利因素减到最低程度,使提价不影响销量和利润,而且能被潜在消费者普遍接受。

企业提价时应采取各种渠道向顾客说明提价的原因,配之以产品策略和促销策略,帮助消费者寻找节约途径,以减少顾客不满,维护企业形象,提高消费者信心,刺激消费者的需求和购买行为。

任务实施

汽车厂商汽车价格调整调查

1. 目的要求

1)了解某一汽车厂商产品价格调整的情况。
2)了解该品牌汽车调价后,竞争者的应对情况。
3)按照学校实际条件,可以组织学生统一上网,也可以分散以作业形式进行采集。

2. 器材与设备

1)计算机。
2)事先印制当地汽车厂商年底汽车价格调整调查表(表7-6)。

3. 注意事项

尽可能找到某厂商在一定时期价格变动和销量变化的情况。

4. 操作过程

1)教师事先说明作业要求及正确步骤。
2)正确开机,认真采集信息。
3)正确填写当地汽车厂商年底汽车价格调整调查表。
4)操作结束后用正确方法关闭计算机。

表7-6 当地汽车厂商年底汽车价格调整调查表

姓名		班级		学号	
汽车厂商			品牌名称		
信息来源					
采集时间		年 月 日	采集地区		
采集方法					
相关数据					
车型名称	上市时间	最新价/万元	调价数额/万元	竞争车型	应对措施

任务评价

由学习小组或教师对学习成果进行评价（表7-7）。

表7-7 当地汽车厂商年底汽车价格调整调查任务评价表

评价要素	得分	评分细则
当地汽车厂商年底汽车价格调整调查	5	任务明确、操作合理、内容完整、信息正确、填写完整
	4	数据中有1处错误
	3	数据中有2处错误
	2	数据中有2处错误且数据不完整
	1	数据不正确、不完整
最终得分		

知识拓展

阅读下列文章：

2019汽车降价消息

现在有很多汽车品牌都降价了。这是为什么呢？原来是受增值税下调的影响，众多汽车品牌降价了，包括奔驰、宝马等豪华汽车品牌，会降价多少呢？

制造业增值税下调政策公布后，近日，多家汽车企业宣布下调官方指导价，最高降价幅度可达数万元。显然，汽车企业的目的是为了多卖车。不过，降价潮过后，汽车市场会不会回暖依然不好判断。

4月1日起，力度空前的增值税税率下调正式执行。所有行业税负只减不增、制造业减税规模最大。其中，原适用16%增值税税率的，税率调整为13%，主要涉及制造业等行业，而作为制造业的代表，受新政的影响，国内汽车行业掀起了一轮"降价潮"。

奔驰/精灵

3月15日，北京梅赛德斯-奔驰销售服务有限公司宣布，提前下调梅赛德斯-奔驰及精灵在中国大陆全部在售车型的厂商建议零售价，于3月16日开始正式生效，打响了降价第一枪。

此次厂商建议零售价调整后，梅赛德斯AMG车型最高降幅达6.4万元，梅赛德斯迈巴赫车型最高降幅为6万元，梅赛德斯奔驰车型最高降幅4万元，精灵车型最高降幅7000元。

宝马

3月16日，宝马中国宣布，根据国家相关部门发布的关于增值税税率调整通知，宝马（中国）汽车贸易有限公司和华晨宝马汽车有限公司联合宣布：

2019年3月16日，提前下调在中国销售的汽车产品厂家建议零售价，包括宝马在华生产的国产车型，如宝马3系、宝马5系、宝马X3，以及宝马X5、宝马7系等进口车型。以宝马M760Lix Drive为例，新价格较之前降低60000元。

此外，还有奇瑞捷豹路虎、沃尔沃、林肯中国、奥迪、一汽-大众、上汽大众、荣威、上汽通用、一汽丰田、福特、广汽丰田等品牌率先宣布下调厂商建议零售价。

阅读上述材料思考下列问题：
1. 2019年增值税税率调整对汽车价格有什么影响？
2. 增值税税率调整对消费者来讲，汽车降价达到什么水平，消费者才能真正享受降价带来的利益？

思考与练习

一、单项选择题

1. 准确地计算产品所提供的全部市场认知价值是（　　）的关键。
   A. 反向定价法　　　　　　　　　　B. 认知价值定价法
   C. 需求差异定价法　　　　　　　　D. 成本导向定价法
2. 在影响服务定价的成本要素中，职员加班费属于（　　）。
   A. 固定成本　　　　　　　　　　　B. 准固定成本
   C. 变动成本　　　　　　　　　　　D. 准变动成本
3. 产品生命周期中在（　　）购买者一般较多。
   A. 引入期　　　B. 成长期　　　C. 成熟期　　　D. 衰退期
4. 在下列产品中，（　　）价格需求富有弹性。
   A. 低端汽车　　　　B. 导入期产品　　　C. 成长期产品
   D. 科技新产品　　　E. 高端汽车
5. 以迅速获得较大市场占有率为目的的定价策略被称为（　　）。
   A. 渗透定价　　　B. 撇脂定价　　　C. 心理定价　　　D. 促销定价

二、名词解释

1. 汽车定价策略。
2. 需求价格弹性。
3. 价格意识。

三、讨论题

作为一名顾客，哪种定价方式是你最喜欢的？为什么？

模块八

汽车销售
渠道管理

销售渠道在市场营销过程中具有重要作用，充分理解销售渠道的概念、类型、各类销售渠道的优缺点、选择销售渠道应该考虑的因素，对于销售渠道的科学设计、合理布局与管理、改善厂商关系、保证汽车营销目标的实现均有重要作用（图8-1）。

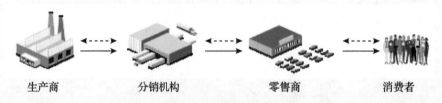

图8-1 销售渠道的构成

销售渠道设计是一个系统化的工作。设计汽车销售渠道，必须考虑经销商因素、市场因素、环境因素、产品因素、生产企业自身因素等外部和内部因素的影响。选择销售渠道后，生产企业还需要对每个经销商进行指导、培训、激励和评估。渠道模式和布局，也应当随着市场的变化做出调整。

汽车生产商与经销商是一个利益共同体，各自在完成自己的经营任务过程中，营造客户满意、实现企业盈利。协调和管理好厂商关系，确保厂商之间的利益平衡，对于汽车品牌企业的持续发展具有重要意义。

任务一
汽车销售渠道与功能类型分析

 学习目标

1. 了解汽车销售渠道的概念。
2. 掌握汽车销售渠道的作用、组成和类型。
3. 掌握汽车经销商的功能和类型。
4. 了解如何进行汽车销售渠道设计。
5. 了解我国汽车销售渠道的演变历史。
6. 了解国外典型销售渠道模式。
7. 了解国内汽车分销的新渠道。
8. 掌握销售渠道调查的基本方法和途径。

 任务导入

资料阅读：

汽车县级市场的销售渠道现状分析

一、汽车县级市场的两种终端模式

1. 汽车品牌4S店

汽车品牌4S店是最为典型的销售渠道方式。汽车制造商按照一套严格的标准选择分销商，并与之签订分销合同和服务合同；分销商则以品牌专卖店的形式进行整车销售、零配件销售、售后服务及信息反馈等一体化的服务。

2. 汽贸公司

在现有的县级市场销售渠道中，汽贸公司是最常见的营销方式。相较于汽车品牌4S店，汽贸公司经营多品牌汽车，彼此的市场定位相差较大，消费者群呈现多层次化。汽贸公司的库存较少，甚至可以按消费者需求进行订货再销售。这种经营模式减轻了公司的资金链压力，在一定程度上可以降低营运风险。但大多汽贸公司的制度不完善，售前和售后相分离，基本不存在顾客回访和信息反馈，顾客体验较差。为了与4S店竞争，多数汽贸公司采取的是价格领先战略，挤压了利润空间。4S店在货源、物流、技术等方面都掌握主动权，一些汽贸公司先向4S店订车，再销售给最终消费者，汽贸公司的价格也受4S店的控制。在广告宣传方面，

汽贸公司缺乏服务意识，营销力度也不够。

二、汽车在县级销售渠道的优化策略

1. 引入电商运营

网络购物已经与大众生活紧密相连，汽车网购也在悄然进行中，既有汽车之家、易车网等汽车综合信息服务平台，也有汽车品牌网上旗舰店。像戴尔计算机的在线订单，定制个性化计算机的模式值得借鉴。一方面汽车制造商可以通过网络平台收集市场需求，第一手了解消费者信息；另一方面消费者可以按照个人需求选择中意的内饰和设施。虽然现阶段人们更习惯通过网络平台了解信息，比较不同品牌、型号之间的差异，较少选择在网上直接下订单。但网购理念的影响是潜移默化的，顾客的信任度也会逐步建立，相信汽车电商运营模式的普及不会太遥远。

2. 构建系统化、扁平化的销售体系

不同地域的县级市场的消费水平相差较大，甚至同一县级市场也是参差不齐。汽车县级市场销售渠道构建要基于完善的市场调研，要改变目前零星式、孤岛式的销售模式，以自上而下构建出的一套系统化、扁平化模式取而代之。系统化、扁平化的销售模式指的是经销商和代理商的关系为一对多，由此深入到县级市场。

3. 签订合作战略协议

汽车品牌4S店和汽贸公司这两种销售模式各有其优劣，应该在不同层次的市场舞台上发挥其优势，可以签订合作战略协议，实现合作共赢。在相对发达的县级市场中心设立汽车品牌4S店，汽贸公司转移到经济水平相对较低的偏远区域，并承担起汽车品牌体验店的角色。至于汽车商品的销售、售后服务及信息回馈等工作则由汽车品牌4S店负责。这样可以完善信息采集的广度，还可用较低的成本完成偏远地区的铺网工作，搭建起系统化的营销网络。

由于偏远地区的汽车体验店可以为汽车品牌4S店带来更多的销量，而汽车品牌4S店的企业形象可以为处于偏远地区的汽车体验店带来更多的顾客信赖感，因此，双方签订的合作战略协议可以引导利润方式由各自盈利向共同盈利发展。

4. 加强渠道管理

首先是营销政策的制定要因市场而异。构建了系统化的销售渠道体系，要避免政策照搬硬套式的下达。不同县级市场的消费者的消费审美、消费需求等差异较大，如果以同一套营销策略自上而下地覆盖，势必会导致事倍功半的效果。鼓励终端商在统一的营销方向下制定各自的具体营销策略。其次是针对销售终端的培育要注重文化差异性，引导其形成"一店一文化、一店一特色"。再次是提高售后服务质量。售后服务是保持市场份额的关键一环，要想在县级市场上站稳脚跟，就必须保证销售服务的质量，兼顾维修保养和信息反馈工作，赢得消费者的口碑。

（资料节选自"学术堂"文章）

> 阅读上述两个资料，分析下列问题：
> 1. 分析县城汽车销售渠道的主要特点。
> 2. 分析县城汽车销售渠道的优化策略。

一、汽车销售渠道与制约因素

1. 汽车销售渠道

销售渠道是指某种商品和服务从生产者向消费者转移时，取得这种商品和服务的所有权或帮助所有权转移的所有企业和个人，即产品从生产者到用户的流通过程中所经过的各个环节连接起来形成的通道。销售渠道的起点是生产者，销售渠道的终点是消费者或用户，中间环节为经销商。

2. 销售渠道的制约因素

销售渠道的布局受到产品、市场、公司、政策等众多因素的制约（图8-2）。

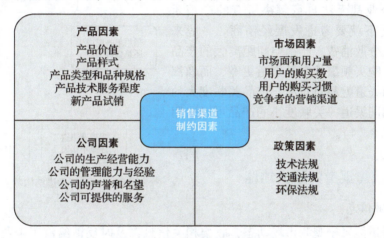

图8-2 销售渠道的制约因素

二、汽车销售渠道的类型选择

汽车销售渠道可以从长度和宽度两个方向进行分类（图8-3）。

1. 销售渠道长度决策

渠道的长度是指中间层次的多少。公司应当根据产品属性、市场状况和公司自身因素决定渠道的长短。

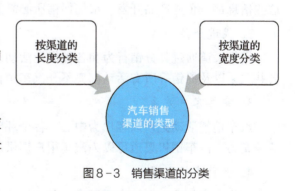

图8-3 销售渠道的分类

（1）产品属性

技术性强的产品和需要较多售前、售后服务的产品，需要较短的渠道。

（2）市场状况

顾客数量少、购买量大，地理位置比较集中，宜用短渠道。经济越发达，渠道越短。

（3）公司自身条件

公司强大可以少用经销商，公司规模小则可以用较多的经销商。

（4）其他因素

经营目标、业务人员素质、法规限制等因素也会决定渠道的长短。

2. 渠道宽度的决策

渠道宽度是指公司在某一市场上同一层次并列地使用多少经销商的决策。公司使用渠道宽度决策时面临3种选择。

（1）广泛经营

在销售渠道的某一层次上使用大量的经销商。

（2）独家经营

在一个划定的地区一定时间内只选择一家经销商经营或代理。

（3）选择性经营

在某一层次只选择部分经销商经营公司产品。决定渠道宽度需要注意了解市场、区分地区的特点。

3. 选择渠道结构

任何汽车企业都无法自行解决所有的产销矛盾，在这种情况下就要考虑发展经销商。一般来讲，分散生产、分散消费、产销空间距离大的产品销售渠道更宽，购买频繁的产品渠道更宽，而像汽车这类选购品的渠道就相对较窄。产品关联度大的产品可以采用相同渠道，关联度小的产品可以采用多销售渠道（图8-4）。

图8-4 选择渠道结构需要考虑的问题

三、汽车销售渠道的强大功能

1. 收集提供信息

汽车销售渠道能紧密观测市场动态，收集相关信息，及时反馈给汽车企业。销售渠道构成成员中的汽车销售经销商直接接触市场和消费者，最能了解市场的动向和消费者实际状况。这些信息都是企业产品开发、市场促销所必需的。

2. 促进产品销售

销售渠道通过其分销行为和各种促销活动来创造需求、扩展市场。人员促销、营业推广、公共关系以及促销等所有活动都离不开汽车销售渠道的参与。

3. 完善客户关系

汽车销售活动必须以客户为中心，各个环节的服务质量直接关系到汽车企业在市场中的竞争实力。汽车销售渠道可以为汽车用户提供周到、高质量的服务，提高客户的满意度。

4. 调整市场配置

销售渠道熟悉市场的实际需求，并向生产企业及时通报这些情况。销售渠道的建立有利于企业调整市场配置的各种活动，这种活动主要包括集中、选择、标准、规格化、编配分装、备件产品安排等。销售渠道的这一职能可以调整生产者和市场之间的平衡关系，使产品得到顺利、有效的流通。

5. 强化物流效益

物流又称实体分配。要使产品从生产者转移到消费者或用户，就需要储存和运输。汽车销售渠道可以提供应当将何种汽车、以多少数量在指定的时间送达到正确的汽车市场上的信息,实现汽车销售渠道整体的最佳效益。

6. 连接终端客户

汽车销售渠道承担着转移汽车产品的所有权,并就其价格及有关条件达成协议,将厂家生产的产品顺利交付给消费者的责任。汽车销售渠道最常见的工作就是寻找可能的购买者、与其沟通,并促进成交,及时向生产者反馈市场信息,有计划地向厂家订购产品。

7. 承担分销风险

汽车市场的销售情况变化多样,有高峰也有低谷,渠道中的各个成员承担着共同面对、共担收益与风险的义务。

8. 提供间接融资

销售渠道能为汽车生产企业补偿渠道工作的成本费用,加速资金周转、减少资金占用。汽车销售渠道的各成员间及时进行资金清算,并且相互间提供必要的资金融通和信用。

四、汽车经销企业的重要作用

1. 提供劳动专业化与分工

(1) 提高效率,降低成本

汽车经销商把一项复杂的任务分成更加具体而简单的任务以及分配给专家完成,将大大提高效率而降低生产成本。

(2) 提高规模效益

汽车生产企业通过经销商可以使用生产大批单一产品的高效设备,取得规模经济效益。经销商的专业活动可以弥补汽车生产企业直销动机、融资能力不足等缺陷,帮助汽车生产企业取得规模效应。

(3) 提高销售质量

经销商从事汽车生产企业没有能力完成,而渠道成员会完成得更好的事情。因为经销商与消费者有更直接的良好关系,经销商的专业特长提高了整个渠道的总效率。实践反复证明,经销商比汽车生产企业在汽车营销问题上的办事效率更高。

2. 克服差异

(1) 克服数量差异

经销商可以通过储存产品和以合适的数量进行分销,克服数量差异,使出现的产品数量与消费者想要购买的数量更加吻合。

(2) 克服时间差异

经销商为了满足消费者对车型的复杂的需求,会主动集中许多能完全满足消费者需求的必备产品,通过估计需求保持存货,克服供求之间的时间差异。

(3) 缩小空间差异

经销商能够通过自己的良好服务,使产品在更加方便于消费者的地方出现,从而缩小产品与消费者之间的空间差异。

3. 提高接触的有效性

经销商通过减少产品从汽车生产企业到消费者手中所需要的交易次数,使不同车型的产品出现在同一地方,而且简化分销过程(图 8-5)。

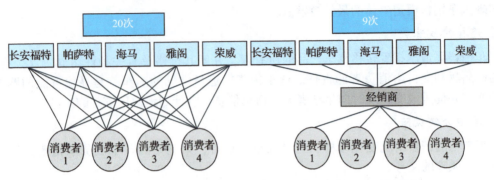

图8-5　5个生产商与4个消费者通过经销商与否的不同交易次数

五、汽车中间商及主要类型

汽车中间商是指居于汽车企业与汽车用户之间，参与汽车交易业务，促使交易实现的具有法人资格的经济组织和个人。

汽车中间商是销售渠道的主体，汽车企业产品绝大部分是通过汽车经销商转卖给汽车用户的。

在实际汽车销售活动中，汽车经销商的类型是多种多样的：

按照是否拥有商品的所有权可以分为经销商和代理商。

按其在流通过程中所起的不同作用又可以分为批发商和零售商。

汽车批发商是从事以进一步转卖汽车为目的、整批买卖汽车的经济活动者，主要包括汽车经销商、特约经销商、销售代理商和总代理商。

汽车零售商是从事将汽车或汽车劳务售给最终汽车用户的经济活动者。

1．汽车经销商

汽车经销商是指从事汽车交易，取得汽车商品所有权的中间商。

经销属于"买断经营"性质，具体形式可能是汽车批发商，也可能是汽车零售商。

汽车经销商最明显的特征是将汽车产品买进以后再卖出，由于拥有汽车产品所有权，汽车经销商往往制订自己的汽车营销策略，以期获得更大的效益。

汽车经销商作为渠道的中间机构，是连接制造商和消费者的桥梁，是汽车制造商的重要资源。

汽车经销商往往代替制造商完成对消费者的售前、售中和售后服务，是制造商了解市场需求信息的重要渠道。

2．汽车特约经销商

汽车特约经销商属于特许经营的一种形式，是通过契约建立的一种组织，一般只从事汽车零售业务。

特约经销商具有汽车生产企业的某种产品的特许专卖权，在一定时期和在指定汽车市场区域内销售汽车企业的产品，并且只能销售汽车企业的产品，不能销售其他汽车企业的相同或相近产品。

汽车产品特约经销商除应具备一般经销商的条件外，还应建立品牌专营机构，有符合要求的专用展厅和服务、管理设施，及专职的销售和服务人员，有较强的资金实力和融资能力，有良好的信用等级。

汽车特约经销商并不自动获得汽车企业的有关知识产权，如以汽车企业的商号或汽车产品品牌为自己的公司命名，或者用汽车企业的商标宣传自己。

汽车特约经销商要获得这些知识产权的使用权，必须征得汽车企业的同意，并签订使用许可合同。

3. 汽车销售代理商

汽车销售代理商属于佣金代理形式，是指受汽车企业委托，在一定时期和在指定汽车市场区域及授权业务范围内，以委托人的名义从事经营活动，但未取得汽车产品所有权的中间商。

代理商最明显的特征是寻找汽车用户，按照汽车企业规定的价格向汽车用户推销汽车产品，促成交易，以及代办交易前后的有关手续。若交易成功，便可以从委托人那里获得事先约定的佣金或手续费；若汽车产品没有销售出去，也不承担风险。

汽车企业对销售代理商的要求一般高于特约经销商。虽然销售代理商不用买断汽车产品，对资金的要求低，但实际上它需要投入较大的资金按汽车企业的规范标准，去建设汽车专卖店和展厅。代理商还应具有很强的销售能力，有更高的信用和较强的融资能力，这些都需要经济实力做后盾，汽车销售代理商一般为区域独家销售代理商。

4. 汽车总代理商

汽车总代理商是指负责汽车生产企业的全部汽车产品所有销售业务的代理商，多见于实行产销分离体制的企业集团。汽车总代理商一般与汽车企业同属一个企业集团，各自分别履行汽车销售和生产两大职能。除了为汽车企业代理销售业务外，还为汽车生产企业开展其他商务活动。

六、汽车分销系统的类型特征

不管汽车生产企业采用何种销售渠道，只要汽车生产企业的全部产品在不同区域和目标市场开展营销业务，企业就需要独立拥有或合作形成具有管理控制能力的分销系统。分销系统的划分以分销组织和合作的纵横关系为主要依据，而不同系统的实质区别在于营销主体对系统投资与控制力的不同。

1. 垂直分销系统

垂直分销系统是由生产者、批发商和零售商所组成的一种统一的联合体。某个渠道成员拥有其他成员的产权，或者授予它们特许经营权，或者拥有相当实力，系统成员愿意参与合作。

垂直分销系统可以由生产商支配，也可以由批发商、零售商支配。垂直分销系统有利于控制渠道行动，消除渠道成员为追求各自利益而造成的冲突。

垂直分销系统能够通过其规模、谈判实力，以及重复服务的减少而获得效益。

2. 水平分销系统

水平分销系统是两个以上的企业自愿结成营销合作关系，利用各自的资源和优势为对方服务，共同开拓市场而形成的分销合作体系，是企业间战略联盟的具体表现形式之一。

在水平分销系统中生产商、大型商业公司、物流企业以及技术和销售服务企业在同一层次上进行营销与分销合作。

在水平分销系统中，制造商可以专心地研究开发与制造产品，扩大生产规模，商业公司可以充分利用子公司和连锁网络的分销能力,物流、技术和销售服务公司在获得稳定且较大规模的业务以后,其工作效率提高,成本得以下降。

3. 多渠道、松散型分销体系

以制造商为例,如果企业的产品以较多的销售渠道,通过市场自发的作用机制形成进销关系和分销网络,便属于多渠道、松散型分销体系。

在这种体系中,企业的部分产品由分公司、子公司销售,部分产品以代理或非代理方式由经销商销售,部分产品进入批发交易市场供客户自由选购。企业既可能向经销商销售,也可能直接向最终用户提供产品,在物流、技术和销售服务方面也采取同样的选择。

在这种分销体系中,同一用户的需求也可能由不同销售渠道满足。采用这种分销体系,营销主体一定要在交易和服务条件上相对统一,否则会引起业务关系和价格上的混乱,影响企业和品牌形象。事实上在汽车营销领域,这种分销体系并不多见。

七、汽车销售渠道的历史演变

1. 国内汽车销售模式的发展与演变

改革开放前,我国汽车供应采用计划分配的办法,各地有一些国营专业汽修公司负责汽车维修。改革开放初期,计划经济开始向市场经济转变,上海大众、东风雪铁龙、广州标致等合资企业先后成立。

那个时期的销售渠道以物资机电部门和汽车工业销售部门为主,整车厂也直接投资建立自己的销售服务体系。随着改革开放的逐步深入,汽车行业进入快速发展时代,汽车市场有了明显的变化,私人购车的份额开始逐渐加大,1998年,广州本田和上海通用率先建立品牌专卖4S店,即包括整车销售(Sale)、零部件供应(Spare part)、售后服务(Service)、信息反馈(Survey)为一体的汽车销售服务企业。随后,4S店迅速发展,成为我国汽车市场的主要销售渠道(图8-6)。

广州本田4S店

雷克萨斯4S店

图8-6 典型的4S店外景

2. 我国汽车分销的新模式

在我国汽车销售作为一个行业是在改革开放以后,在此以前,汽车是作为机电物资进行计划分配的。

改革开放以后,汽车走进了市场,销售渠道随之发生了根本变化并不断演变。这是因为:消费者的市场意识随着时间的推移越来越强;消费者新的需求不断产生;产品的丰富加大了消费者选择产品和服务的可能性并对产品购买后的使用保障有了更多的思考;随着竞争加剧,制造厂和经销商为了把握企业长远的利益，把顾客满意、客户关系经营和营销网络的建设放到了更高的位置上。

现在我国汽车的销售渠道百花齐放，除了4S专卖店以外，各种业态各显神通。随着我国二三线城市市场的进一步活跃，汽车销售市场营销实践的进一步丰富，计算机技术、媒体技术的广泛应用，汽车的销售渠道还会出现种种变化（图8-7）。

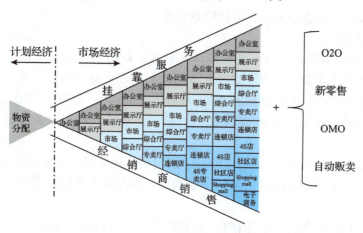

图8-7 我国汽车分销模式的历史演变

（1）汽车超市

汽车超市可以提供一条龙或一站式服务。它不仅可以将多种品牌集合在一起，还可以将银行、工商、交管等部门请进来，帮助用户办理购车手续，给购车人提供许多便利。其次，汽车超市凭借规模效益，可以降低经销商的费用，客观上讲，比较符合国情。但是，汽车超市也有明显的不足，例如：众家经销单位齐集一堂，鱼龙混杂，售后服务难以兑现，交易秩序并不理想。

（2）汽车集团化连锁经营

汽车集团化连锁经营是国内有实力的汽车销售集团为了降低成本、规避风险，在不同地区建立多个相同品牌的汽车专卖店或不同品牌的汽车专卖店。具体的做法有三种，一是直接投资兴建连锁店，二是收购其他公司的4S店，三是招募加盟商，采用特许连锁的方式。采用连锁经营的汽车销售集团能够获得巨大成功有以下原因。

1）获得进货优势。汽车销售集团能够通过批量包销、买断等形式从汽车生产厂家争取到更优惠的价格或更优质的车型，售价低必然得到更多的订单，从而从生产商处得到更低价的汽车，这样售价可以更低，对大多数消费者有相当的吸引力。

2）优化管理体制。汽车销售集团具有相对健全的管理体制，经营管理成本降低。在大型汽车销售集团，资本高效运转，各种资源得到优化组合。体现在市场营销上，集团公司对市场部的工作进行高效整合，降低营销成本，达到投入产出最佳的结果。

3）服务优势突出。汽车销售集团的营销网络深入广大的市、县、地区，服务优势突出。未来中国农村汽车市场急需完善的配套服务，必须由有实力的汽车销售集团来解决。

4）融资能力加强。汽车销售集团具有很强的融资能力。汽车销售集团具有多年的营销经验和良好的信誉，特别是拥有大量优质资产可以抵押，能够争取到更多金融机构的资金支持。

5）抵御经营风险。汽车销售集团抗风险能力强。汽车销售集团营销网络健全，经营的品牌多样化，可以有效抵御因区域市场变化和消费结构变化带来的各种风险。

(3) 汽车电子商务

汽车电子商务就是汽车互联网销售。互联网销售不仅可以超越时空，到达世界各地车市，还可以随意欣赏任何一款汽车；可以依据自身的喜好，选择自己喜爱的车型和装饰配件。汽车电子商务使汽车消费更加符合个性时代的消费特征。汽车电子商务还可以让汽车生产商节约流通成本，根据订单制订生产计划，确定汽车设计、配置和数量，及时调整产品结构，适应市场和用户的要求。这也是未来汽车营销的趋势。

(4) 汽车产业园区

1) 汽车产业园区的概念。汽车产业园区是企业或政府为促进汽车产业的充分发展，实现聚集效应，增进产业联系、学习及快速发展而规划的专业化产业区，是汽车产业发展的一种空间布局和专业化产业环境；就政府而言，在政策上有扶持，地理上有限定。汽车产业园区的具体称谓有所不同，如汽车城、汽车开发区、汽车产业区、汽车产业基地等，本书统称为汽车产业园区。

2) 汽车产业园区的分类。汽车产业园区一般包括两种类型：专业园区和综合园区。

专业园区是由汽车产业价值链的某一环节构成，如汽车服务贸易园区、零部件园区、制造园区等。

综合园区通常以产业集群的形态存在，涵盖汽车产业价值链的全部环节或大部分环节，如研发、教育、供应、制造、销售、中介服务等。本书主要探讨专业园区类的汽车服务贸易园区。

3) 汽车产业园区的功能。汽车服务贸易园区的功能包括汽车展示、汽车博览、汽车游乐、汽车一站式服务、汽车拍卖、汽车保养维修、汽车改装、汽车体验运动、汽车零配件交易等。如今，新旧车销售、汽配、汽车用品等同场经营已经成为一种趋势。汽车文化、汽车商务、汽车运动、汽车旅馆、汽车俱乐部、汽车展览、汽车租赁、汽车休闲等都将随着汽车的普及进入快速发展阶段。这些都为发展集各种功能于一体的汽车园区创造了条件，成为催生汽车园区的重要因素。

(5) 与互联网相关的三种汽车营销新模式

近年来，移动网民成为网民主体，移动营销成为营销主战场，数据驱动的营销应用得以实现，数字营销中的新技术、新方法层出不穷，营销环境发生巨大变化。如何做到在用户的认知沟通阶段，覆盖门户、垂直媒体等全渠道，实现流量导入；在用户考虑转化阶段，实现线索管理和销售跟进；在用户购买阶段，实现购买行为的客户关系管理（CRM）记录，为再营销提供基础；在再营销阶段，依据用户需求，进行新车营销和服务营销，许多汽车营销的新模式应运而生。

1) O2O 商业模式。O2O 模式是指将线下的商务机会与互联网结合，让互联网成为线下交易的平台。非常突出的一点是 O2O 强调线上推广、沟通、集客，线下体验、成交。

2) 新零售商业模式。新零售是指企业以互联网为依托，通过运用大数据、人工智能等先进技术手段，对商品的生产、流通与销售过程进行升级改造，进而重塑业态结构与生态圈，并对线上服务、线下体验以及现代物流进行深度融合的零售新模式。

3) OMO 商业模式。OMO 商业模式则是一种"行业平台型"商业模式，OMO 商业模式有效聚合在线分享商务、移动电子商务和线下商务，顺应体验经济的发展和用户需求的变化。拥有这种统一平台型商业模式的企业，一般结合自身产品与服务特点，合理配置企业资源，制定相应的经营战略，最终实现品牌传播与实际交易的双赢。

八、汽车经销商的评估与选择

1. 经销商选择的原则

选择经销商应遵循以下原则：所选择的经销商的市场范围，应该是产品计划销售的区域范围；重视经销商的经营能力、实力、经营人员、市场拓展能力和形象；重视经销商可以提供的服务；重视经销商的财力和信用状况；重视双方合作的相互依赖程度；重视经销商的管理水平。

2. 明确经销商的条件与责任

（1）了解制约因素

汽车生产企业必须确定销售渠道各成员的条件与责任。第一，生产商要制定经销商认为公平合理的价格目录和折扣表，双方承诺执行这个价格政策；第二，明确付款条件和厂家承诺，给提前付款的经销商以利益激励；第三，明确经销商的地区划分和别的经销商地区划分，承认地区经销商的全部业绩；第四，强调每一渠道成员需要提供特殊的约定服务。

（2）划分条件与责任

条件与责任必须以合同或协议的形式划分清楚，合同与协议必须经过企业顾问律师审核，地区划分要保证公司对销售渠道的控制能力。

（3）坚持经销商选择的标准

选择经销商要坚持标准，事先考察经销商的公司规模、销售能力、声誉状况、销售业绩等，并对考察项目确定权重，逐项打分，选择优者。

3. 销售渠道网点的位置选择

选择销售渠道网点的位置时要考虑尽可能贴近消费者，符合消费者的购买习惯，节省消费者的购买时间，为消费者带来方便（图8-8）。

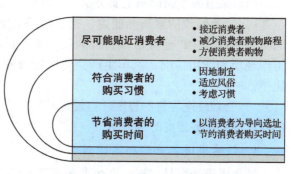

图8-8 销售渠道网点的位置选择

4. 经销商的资信调查

（1）预备调查

预备调查的内容包括商业登记资料；不动产登记账；房地产登记账；公司概况；往来银行账目；所得税申报情况；经销商履历资料、财务报表等。

（2）实况调查

实况调查包括经销商的一般信用，经营者的人品、生活态度、经营理念、责任感、兴趣嗜好、名誉感、政治关系、保证人、继承人；公司职员的人数、编制结构、员工培训、服务态度、员工流动、员工与经营者关系；经营组织的经济性质和责任权限；另外，还需了解经销商的交易动机、创业动机、其他业务投资、公司氛围等。

5. 二级经销商情况调研

发展二级经销商应当对区域市场进行有的放矢的调查，预设该市场的产品结构、市场期望，了解该市场的销售渠道特征和布点密度，并对二级经销商进行实地考察（表8-1）。

表 8-1　二级经销商情况调研内容

调研事项	具体内容
了解二级经销商的基本情况	年龄、学历、经销时间、营业地点及环境；负责人的汽车销售经历、家庭情况、生活习性，主要工作人员学历、工作经历等
了解二级经销商的特点	对本品牌及相关产品的认识与兴趣、对厂家政策的期待、对同类产品市场竞争的认识、言谈举止、生活习惯、品牌热情、进车承诺等
了解二级经销商的口碑	通过其他经销商了解经销商的经营能力、经营状况、厂商关系、客商关系、经济实力、商业信誉等；通过实地调查，了解其市场拓展能力、网络渠道建设能力、对企业政策的执行能力等市场综合能力
了解二级经销商的工作	检视经销商的工作，如硬件设施、人力资源、渠道布点、财务管理情况等
观察二级经销商的反应	是否尊重厂家的经营理念和价值观、是否了解厂家的品牌文化、是否能够理解厂家的价格策略、能否接受厂家的回款方式、是否具有足够的信心和长期规划等

九、汽车销售渠道的诊断与管理

销售渠道的组织诊断主要考察两个方面。

1）销售经理的素质和能力。销售经理的素质和能力诊断，既包括经销商的销售经理，同时包括汽车生产企业区域管理人员。主要诊断指标是：销售经理与汽车营销领域相关的工作经历和学历情况；汽车生产企业区域管理人员自控经销商销售额占本区域销售总额的比例。

2）自控终端零售的程度。自控终端零售的程度主要考察汽车生产企业自控终端零售商的数量和终端零售商的覆盖面。

1. 销售渠道客户的档案诊断

销售渠道档案是汽车生产企业最重要的市场资源，也是降低市场网络风险的重要保障，包括最终产品用户、商业客户和业务人员三类档案。

最终产品用户档案主要包括客户名称、购买产品型号、购买日期、用户电话、用户使用强度、使用频率等。只有当公司建立了足够大的用户数据库来进行产品开发、广告实验时，公司的市场营销才能建立在稳固的基础上。

商业客户档案的主要内容包括客户名称、地点、联系方式、品种、规模、经验；负责人户口所在地及其信用、行为偏好；负责人家庭成员及其偏好；客户的父母、爱人、孩子的生日；客户购买周期、每次购买量；客户的网络及其档案。

业务人员的客户档案，主要是指汽车生产企业区域管理人员的客户档案中客户数量占该地区同类客户总量的比例。

2. 销售渠道铺货能力诊断

根据客户档案，对经销商进行信用等级评估，根据评估的不同信用等级，决定是否铺货以及铺货数量。客户信用等级评估的主要指标是：客户户口是否是本地；经营年数是否超过3年；前3年销售增长率是否较快；是否拖欠其他公司货款；每年是否有重点地销售某一产品；单一产品销售量占全部销售量的比例；经销商主要领导是否有不良嗜好；经销商是否存在跨地区"窜货"的现象等。

3．销售渠道的促销诊断

（1）促销目的

对促销目的诊断主要考察经销商的促销目的是否明确；新产品上市促销能否吸引顾客；促销活动能否抑制对手，保护市场份额；能否在市场竞争条件下争夺顾客，拓展市场；能否通过奖励顾客的措施，推动销量增长。

（2）控制环节

促销环节的重点要体现在终端顾客的拉力、经销商的推力和公司业务人员的引力上。

（3）促销成果

促销成果主要考察经销商促销活动持续天数占全年的比例和经销商万元促销费用所实现的销售额。

4．销售渠道的价格管理

在市场销售渠道价格管理体系中，级差价格是比较普遍采用的方法，也就是说，在销售网络内部实行级差价格体系，构建级差利润分配结构。所谓级差价格体系是指由公司统一制定包括总经销价、出厂价、批发价、团体批发价、零售价在内的综合价格的一种体系。

销售渠道的价格管理实施要点是：

（1）保障总经销商的利润

为保障总经销商的利润，厂家要求总经销商在各地按出厂价出货，总经销商的利润应包含在出厂价中。

（2）保障二级批发商的利润

为保障二级批发商的利润，总经销商对外实行四种价格：对二级批发商执行出厂价；对零售商执行批发价；对团体消费者执行团体批发价；对个人消费者实行零售价。确保各层面渠道的应得利润。

（3）保障零售商的利润

为保证零售商的利润，总经销商和二级批发商在对团体消费者和个人消费者销售时，要严格按照团体批发价和零售价销售，确保零售商在相同价格水平销售也有利可图。

5．销售渠道的成员管理

在激励市场销售渠道成员时，必须明确了解经销商的需要与愿望，制定销售渠道管理办法，进行市场调研等。

6．渠道成员的激励方法

（1）直接激励

直接激励主要是指物质奖励、金钱奖励、返利推动。返利的方法包括：过程返利，用铺货率、售点氛围、开户率、安全库存、指定区域销售、规范价格、专销、积极配送、守约付款等因素实行返利；销量返利，提升经销商的销售热情。

（2）间接激励

通过协助经销商增强经营管理能力，提高销售效率和效果的具体行动，来激发经销商的积极性，如建立库存管理系统；给予价值肯定，帮助经销商应对市场压力，如压低定价、广告补贴、试销支持等。

任务实施

汽车制造商本地销售渠道调查

1. 目的要求

调查学生所在省份（或直辖市）的某一个知名汽车制造商的销售渠道情况。

2. 器材与设备

1）计算机与网络。

2）事先印制汽车制造商本地销售渠道调查表。

3. 注意事项

1）任务实施过程中应加强对学生的指导。

2）鼓励学生通过直接拜访、电子邮件或电话访问汽车制造商或经销商获取第一手资料。

4. 操作过程

1）教师事先说明作业要求及正确步骤。

2）正确填写汽车制造商本地销售渠道调查表（表8-2）。

表8-2 汽车制造商本地销售渠道调查表

姓名		班级		学号	
信息来源					
采集时间			年 月 日		
采集方法					
相关数据					
汽车厂商名称	调查省份	上一年本省、市销售量/辆		销售渠道模式	销售渠道长度

任务评价

小组评价（表8-3）。

表8-3 汽车制造商本地销售渠道调查任务评价表

评价要素	得分	评分细则
汽车制造商本地销售渠道调查	5	任务明确、操作合理、内容完整、信息正确、填写完整
	4	数据中有1处错误
	3	数据中有2处错误
	2	数据中有2处错误且数据不完整
	1	数据不正确、不完整
最终得分		

知识拓展

资料阅读：

汽车销售渠道的变革，从内部打破效果更好？互联网分销的可为与不可为

当前的汽车行业正处在一个风云突变的时代。放眼一望，变革时时处处都在发生。

造车新势力来势汹汹，呐喊着要颠覆传统汽车行业；互联网的大潮冲击着汽车流通领域，各种汽车电商层出不穷；新技术以及能源结构的变化，让汽车售后变得越来越简单；消费者的购买习惯、消费方式的改变，给汽车营销提出了新的课题；新的出行方式，为汽车流通带来了新的契机。

变化来得太快、太大，显得轰轰烈烈、欣欣向荣而又迫在眉睫，让很多人感到无所适从。在这个自媒体高度发达的时代，各种诸如"汽车流通领域要变天""汽车4S经营模式将走向衰亡"之类的说法甚嚣尘上，不时地冲击着汽车经销商们的敏感神经。

在这个时候，对于广州市的汽车经销商来说，传统的汽车销售行业又遇到前所未有的困境。很多经销商都意识到，传统的汽车4S店经销模式越来越艰难。除了愈发激烈的市场竞争之外，他们还面临着成本居高、利润下滑、政策缩紧等巨大压力。据相关机构统计，今年上半年广州市汽车经销商的亏损面达到80%。

世界变化这么快，不能坐着等死。此情此景，让很多经销商觉得应该做出一些改变，但是怎么变？往哪儿走？又是一个问题。世界变化太快，各种新概念、新名词层出不穷，互联网不太懂，新零售也不太擅长，要改变，但又在蒙着眼睛走路，碰壁的风险随时存在。因此，经过一段时间之后，有些人逐渐冷静下来，大家觉得先观望一下再做打算。经销商们恐慌了一阵，又回到原来的轨道上来。

因此，看似风雨欲来的汽车销售渠道变革，在市场表现上却显得和风细雨，裹足不前，未来的发展带有很多不确定因素。

人们思考问题习惯寻找某种直观的假设。一说到汽车经销商生存艰难，很多人第一印象会想到，一定是受到汽车电商的冲击。

但事实并非如此。就拿广州来说，大多数经销商亏损并非电商的冲击造成，也不是经营不善的原因，而是因为广州的限牌政策。随着广州市实施汽车总量控制，并逐渐缩紧甚至封闭广州周边城市的上牌通道，广州汽车经销商的日子越来越艰难。他们面临的问题不是没有客户，没有需求，而是车辆无法上牌。一块小小的铁牌，成为横跨在消费者和汽车经销商之间的"楚河汉界"。

那么汽车电商究竟对传统经销渠道影响有多大呢？

再过几天，一年一度的"双11"购物狂欢节又要开始了。在往年，汽车电商也会借这个机会来热闹一把。然而，今年似乎显得比较沉寂，到现在也没看到相关平台的宣传。毫不客气地说，从目前的情况来看，几年前叫嚣着要颠覆汽车销售行业的汽车电商所做的尝试并不成功。

汽车电商受阻，没有打通线下环节是一个很重要的原因。在笔者看来，到现在为止，这个问题是没得解的。对于汽车电商，最热衷的还是主机厂。也只有他们，才有能力把控线上线下环节。汽车电商的模式，通常是厂家在线上提供购车信息以及优惠政策，消费者完成线上交易，在经销商处提车。

对于这种方式，汽车经销商的态度是不反对，但也不拥护。其原因有几点：一，网上成交的客户本来就是经销商碗里的菜，只是通过网络的方式成交，拿了相关补贴，绕了一个圈又回到经销商这里。但在销售环节中，经销商是赚不到钱的。因此，这类客户跟经销商缺乏先天的亲近。二，即便是网上带来的新客户，相比到店的客户而言，经销商的重视程度也会"亲疏有别"，在服务上，毫无疑问会是到店客户优先。举个例子，如果遇到紧俏的车型，经销商在交车的时候肯定会优先考虑到店客户，电商客户的交车可能会被推后。

因此，汽车电商叫得再响，4S店也是铁板一块，很难撬得动。

不仅如此，近几年，有些品牌的汽车4S店不仅没有减少，反而正以加速之势进行扩张。据悉，今年以来，吉利汽车在华南区有二十多家新店开始运营，并且陆续还有不少在建店中或者申请中。

其实，变革在汽车4S店内部悄然发生。一个突出的表现是，很多4S店增设了一个网销部，专门负责网上集客。在4S店的总销售量中，网销的比例越来越高。据笔者了解，在广州各4S店中，网销比例一般能达到50%，有的更高。据吉利汽车方面透露，做得好的店可以占到60%以上。

因此，长期耕耘线下的经销商，越来越倚重于线上的渠道。马云曾经说过，"不是想用互联网颠覆谁，而是让每个人都学会拥抱互联网。"在这方面，可以说广州的经销商很好地拥抱了互联网。吉利华南区销售促进高级经理李定婷表示，华南这边信息技术比较发达，吉利线上的活动也做得不少，效果非常不错。

除此之外，广州的经销商还热衷参加车展，而车展也通过网络的方式将客户吸引到现场，带来不错的人气和氛围。

可以说，网络在广州的汽车经销商的销售中无孔不入，并且占据着越来越重的分量。在对互联网这一工具的使用上，广州汽车经销商是驾轻就熟，如鱼得水。

然而，在汽车4S店们坚守阵地的同时，新的销售模式也在对汽车市场进行渗透。目前，位于佛山的一家"淘车"店正在进行装修。"淘车"店的前身是易鑫体验店。从汽车金融切入新车交易，从车源寻找、车辆分期、保险、延保、精品、美容、维修、汽车租赁形成购车用车的完整闭环。简单来说，消费者在网上完成的交易，可以到"淘车"店进行线下落实。

新的《汽车销售管理办法》的实施，让很多资本蠢蠢欲动。就连电器行业的苏宁、国美都想介入汽车行业，复制家电模式的辉煌。然而，究竟是沦为汽车4S店的二网，还是成为新模式的引领者？结果还很难说。

从广州的汽车市场来看，如果把传统的汽车销售渠道比作一个鸡蛋的话，那么这个鸡蛋还是从内部打破比较容易，要想从外部打破，很难。

（资料来源：搜狐汽车）

> 阅读上述资料思考下列问题：
> 1. 互联网分销对汽车生产企业有哪些益处？
> 2. 奇瑞A1在线销售模式试验失败的原因有哪些？给其他汽车生产企业什么启示？

任务二

汽车销售渠道的管理任务

学习目标

1. 知道汽车销售渠道管理的概念。
2. 知道汽车厂商关系管理的概念。
3. 掌握汽车销售渠道管理的具体内容。
4. 了解创建合作的汽车厂商关系的意义。
5. 了解汽车厂商合作关系管理的内容。

任务导入

案例：蔚来汽车的体验式营销（表8-4）

表8-4 蔚来汽车的体验式营销

蔚来汽车（愉悦生活，不止于车）		
会员制	选址	体验
会员制的 NIO House 让用户对于汽车品牌的销售展厅更加具有归属感，而不是单纯的购物店	北京王府井东方广场店周围是人流密集的商业街区，明亮的内装让不少游客驻足观看，这对于提升品牌自身影响力有着很大帮助 北京中关村店的位置则是处于众多互联网公司的楼下	（缴纳定金或意向金）开放，在这片专属的区域中，消费者可以体验到阅读、办公、儿童游乐场等免费服务 还可以用自己的积分来换取例如咖啡、独立办公空间等增值服务 除此之外，最大的亮点是在蔚来 App 中，将推送近期的车主专享活动，内容涵盖了制作咖啡、版画、观影等

阅读案例资料，思考下列问题：
1. 蔚来汽车的体验式营销，应用的是一种怎样的渠道模式？
2. 你怎样看待蔚来汽车的营销模式？有哪些亮点？

知识准备

一、汽车销售渠道的成员管理

1. 汽车销售渠道成员的选择

（1）销售渠道成员的招募方法

第一，公关的方法。这种方法针对已经选定的招募目标进行游说。汽车生产企业组织公关团队，通过多方活动，针对有实力的经销商和大客户的决策层核心人物陈述企业的主张、建议，最终达到双方合作的目的。具体方法包括向招募目标提供专项调研报告、组织旅行考察、召开研讨会等方式。

第二，会展的方法。即通过招商会、展销会展示企业的产品和未来市场前景，吸引经销商的注意，最终促成与生产企业合作。具体操作时最好请当地专业公司承办，并邀请行业协会、知名企业、政府官员参加展会。

第三，互联网的方法。即通过企业自建网站招商或将招商广告与品牌宣传结合起来。由于互联网招商有很大的不确定性，企业应该把互联网招商作为销售渠道建设的长期工作来对待。

（2）销售渠道成员的评价优选

在找到多个候选经销商后，就可以对其进行评价、优选。评价、优选时应参考下列标准：候选经销商的汽车产品经营范围、开业年限、盈利状况、发展前景、财务支付能力、合作意愿和企业信誉等；如果是招募代理商，还应考核候选经销商的销售员数量、素质、其经营的其他汽车产品种类；对于要求独家经营的大型零售商，如汽贸公司，则需要评估其销售店的地理位置、布局、顾客类型和公司未来发展前景等。

2. 汽车销售渠道成员的培训与激励

汽车生产企业应该以对待最终用户的方式对待经销商。汽车生产企业需要确定经销商的需求并进行渠道定位，以使渠道为经销商提供相应的价值。汽车生产企业应提供培训计划、营销调研计划和其他能力培养计划，以提升经销商的业绩。对经销商的激励可以采用合作、合伙、经销规划与绩效管理四种方式。

（1）合作

菲利普·科特勒认为生产厂商可以利用以下几类权利来促使经销商合作。第一，强制力。如果经销商不合作，厂商将收回资源或终止合作关系。该权利很有效，但易引起经销商的不满，并引发冲突。第二，奖赏力。厂商为经销商执行的具体行动或功能提供额外奖赏。奖赏力通常比强制力达到更好的效果。第三，合法力。厂商要求经销商履行合同规定的行为。第四，专家力。厂商具有经销商看重的专业知识。第五，指示力。厂商有很高的声望，使经销商感到与其合作很自豪。

（2）合伙

汽车生产企业着眼于和经销商建立长期的伙伴关系。首先，汽车生产企业明确在销售市场、产品供应、市场开发等方面生产企业和经销商之间的相互要求；其次，根据实际情况共同商定在这些方面的有关政策，并按照经销商信守这些政策的程度确定奖酬方案，给予必要的奖励。

（3）经销规划

汽车生产企业建立一个垂直市场营销系统，把生产企业和经销商双方的需要结合起来。汽车生产企业在企业营销部门内设一个分销规划部，同经销商共同规划营销目标、存货水平、场地及形象管理计划、人员推销、广告及促销计划等。

(4) 绩效管理

生产厂商必须定期评估渠道成员的绩效是否已达到某些标准。如果渠道成员绩效低于标准，则应考虑造成的原因及补救的方法。生产厂商有时必须容忍这些令人不满的绩效，因为若断绝与该渠道成员关系或以其他渠道成员取代可能造成更严重的后果。但若对该渠道成员的使用存在其他有利方案时，生产厂商应对渠道成员达到某种水平有时限要求，否则就要将其从渠道中剔除。生产商对经销商的评估内容主要包括汽车销售定额完成情况、平均存货水平、顾客商品送达时间、损坏的处理、对企业促销及训练方案的合作、货款返回情况、经销商为顾客提供的服务等。

3. 汽车销售渠道成员的冲突管理

所谓渠道冲突，是指某渠道成员意识到另一个渠道成员正在从事会损害、威胁其利益，或者以牺牲其利益为代价获取稀缺资源的活动，从而引发他们之间的争执、敌对和报复等行为。由于渠道成员的目标不同，所追求的利益不同，对经济前景的感知也不同，发生渠道冲突在所难免。

(1) 渠道冲突的分类

依照不同的划分标准，渠道冲突有不同的表现形式。按渠道成员的关系类型，渠道冲突一般分为渠道内冲突和渠道间冲突两大类。

渠道内冲突是指同一销售渠道内部各成员间的冲突。这种冲突分为水平渠道冲突和垂直渠道冲突两种。水平渠道冲突指的是同一渠道中同一层次的渠道成员之间的矛盾与冲突。这种冲突往往发生在划分区域分销的渠道结构中。垂直渠道冲突是指同一渠道中不同层次渠道成员之间的冲突，如制造商与批发商、批发商与零售商之间的冲突，主要表现为零售商与批发商之间的利益冲突。

渠道间的冲突是指两种或两种以上的销售渠道之间发生的冲突。渠道间的冲突只是在使用多渠道组织形式时才会出现，因而又称"多渠道冲突"。

除此之外，按其显现程度，渠道冲突还可分为潜在冲突和现实冲突。按冲突性质不同，渠道冲突可分为功能性冲突和病态性冲突。按其产生原因的不同，渠道冲突可分为竞争性冲突和非竞争性冲突。

(2) 渠道冲突化解策略

渠道冲突管理的目标并不是规避所有的冲突。对良性冲突要加以合理利用，促进渠道发展；对恶性冲突要给予足够的重视，预防和化解冲突，确保渠道健康、高效运作。渠道冲突化解策略大致有：

第一，销售促进激励。用价格折扣、数量折扣、业绩奖励等方法加强对渠道成员的激励，以具体的利益实现方式刺激渠道成员关注销售，淡化冲突，做到求同存异，在竞争中共同进步。

第二，进行沟通协商。用沟通协商的办法化解已经产生的冲突，寻找共同利益，规范自律行为，建立合作同盟，这是最好的解决渠道冲突，实现各方共赢的成功方法。

第三，优化渠道成员。果断地清理在人格、资信、规模、经营手段上存在严重问题，不遵守游戏规则，且不愿意改进的渠道成员，保证其他成员的利益。

第四，采用法律手段。通过仲裁或诉讼等手段、严肃维护合同规定的方法解决渠道冲突，这是解决渠道冲突的最后选择。

4. 汽车销售渠道的改进与调整

销售渠道的改进与调整是指为了适应市场环境的变化，对企业原有的整个渠道系统或部分渠道系统加以修正和改进。主要涉及三个层次：增加或剔除某些渠道成员；增加或减少某些销售渠道；改进整个分销系统，在所有市场创立全新的销售渠道销售其产品。通过改进或调整，使得企业的销售渠道结构层次更加合理，能够以最小的成本发挥最大的营销功能，提高企业的竞争力。

（1）增加或剔除某些渠道成员

增加或剔除某些渠道成员属于结构性调整。做这种调整需要进行经济增量分析，即分析增加或剔除某些渠道成员后，对企业利润带来何种影响，影响程度如何，对其他经销商会有何影响。

（2）增加或减少某些销售渠道

增加或减少某些销售渠道属于功能性调整。当增减某些经销商不起作用时，需要考虑增加或减少某些销售渠道。做这样的调整也需要进行系统分析。

（3）调整改进整个分销系统

调整改进整个分销系统也属于功能性调整。一般在下列情况下可考虑调整整个分销系统：销售渠道明显过时；现有分销系统与能够满足目标顾客需求与欲望的理想分销系统之间的差距更大了。这种调整决策需要由企业的最高管理层做出。

二、汽车厂商合作关系的管理

1. 合作关系管理（PRM）

厂商合作关系管理（PRM）是客户关系管理的重要组成部分，是一种通过识别、获取及保有最佳合作伙伴而采取的营销策略。严格来讲经销商、批发商、经纪人、代理商、咨询顾问和连锁经营企业都是汽车生产企业的客户。加强厂商之间合作关系管理（PRM）的目的在于提升收益、刺激销售、降低成本，使分销渠道项目的投资回报实现最大化。但是，有些汽车生产企业由于传统观念的作用，甲方意识非常强，并没有把合作伙伴当成客户对待。

2. 合作关系管理的步骤

（1）合作信息管理

分析合作伙伴的价值观，对潜在或者已有合作伙伴信息进行收集并分类存档，并不断完善分类指标，寻找合作伙伴之间的差异化。

处在企业价值链的各部门都承担客户信息收集的任务，并将收集到的合作伙伴信息汇总到相关部门，由该部门统一处理和发布。

信息管理和合作伙伴维护是相关的，通过查询合作伙伴的信息，确定是否需要维系哪些合作伙伴，确保重要合作伙伴永远感受到厂方的重视。

（2）合作过程管理

在关注合作结果的同时，注重合作中的过程质量，对其中的质量缺陷进行工序分解，对其中的关键节点进行有效控制。

合作过程管理可以用项目管理的角度进行思考，项目管理的一切细分管理都可以应用到其中，比如：日程管理、组织管理、质量管理、沟通管理、进度管理、风险管理、问题管理、知识管理。

（3）建立双向评估制度

双方建立双向评估制度，对双方的优势和劣势进行确认。通过双向评估发现各自在服务、技术管理、过程管理等方面的不足，有针对性地予以改进；同时，持续沟通和传达客户需求，在每一个环节达成质量共识，使关注过程质量成为共同的工作习惯，并从商业伦理的角度审视自己的行为。

3. 合作关系中容易发生的问题

（1）汽车生产企业容易发生的问题

在合作关系管理的问题上，汽车生产企业容易发生的问题主要是：不断推出新产品，自身没有足够的资源投入，想依靠经销商来完成新品的上市工作；忽视与经销商的沟通，不了解经销商的竞争力或者实力，过分依靠经销商或者过分不相信经销商；不能准确地把握市场定位，一味地站在自己的立场上考虑问题，盲目扩张销售网点，频繁出台促销策略和压货措施，不断调整销售政策，让经销商无所适从；在一些琐碎的事情上与经销商经常发生冲突；没有认识到自己不但是制造商，更是服务商。

（2）经销商容易发生的问题

在合作关系管理的问题上，经销商容易发生的问题主要是忽视市场开发，依赖厂家的销售政策；不断向厂家争取费用；企图保护老市场、老产品，疏于薄弱市场提升；忽视与厂家的沟通，不主动去理解厂家对自己的期望和疑虑；居功自傲，故步自封，成为厂家需要重点辅助的对象；不能准确地定位自己的价值和作用，徒劳地阻止厂家出于战略和长远考虑所采取的措施与行动，一味地站在自己的立场上考虑问题，与厂家产生不必要的冲突。

4. 厂商关系中应当思考的问题

（1）汽车生产企业应当思考的问题

厂家应更加尊重经销商的意见，以消费需求、产品和成本为基础，从分销成本的节约和购买的便利性原则出发，设计出符合产品特征和企业实际情况的具有个性化的渠道；对经销商的业务需求做出快速反应；时刻关注经销商的实际生存状态，帮助经销商克服相关困难。

具体来讲，必须考虑以下"十要十不要"：

不要把渠道伙伴当作最终顾客，要同最终客户建立永久的关系。

不要把授权当作一般合作关系，要同合作伙伴进行规划探讨。

不要只是让眼前的财务状况好看，要研究由此可能导致经销商承担的库存成本。

不要被分销商的规模和分销商数目所迷惑，要有能力去促进最终用户的需求以及渠道的销售量。

不要以为销售商越多销售额就越多，要合理发展销售商。

不要以为合作者与自己合作是理所当然的，要了解合作者关心的问题、帮助他们成长。

不要只关心销售商销售产品，要花大力气来培训合作者。

不要关门造车宣布营销方案或销售政策，要为合作者应对竞争提供武器。

不要忽视创造需求，要让经销商参加营销计划的制订和评价。

不要对经销商采取歧视政策，要一视同仁对待每个合作者。

（2）经销商应当注意的问题

经销商应当打造自己的品牌，全面规划自己的经营活动，学会自主管理自己的经营活动；尊重市场，及时准确地向厂家反馈市场信息；向消费者准确传递品牌和产品的优秀品质；积极营销，巩固和发展区域市场；严格执行计划、完成计划；与厂家保持经常的、全面的、真诚的沟通；确立荣辱与共的思想，与厂家分享利润与痛楚。

5. 必须平衡厂商关系

变则通，通则久。分销渠道是整个市场营销的关键性环节，而良好的厂商关系则是渠道畅通的保证。厂商关系并非一成不变，而是随着分销渠道的变革，根据市场的变化进行不断的修正、完善、创新与变革。厂商要获取市场竞争力，必须主动迎合这种变化。不管厂商之间以什么形式合作，都必须注意厂商之间的利益平衡。

任务实施

当地汽车厂商关系调查

1. 目的要求

1) 了解学生所在省份(或直辖市)的经销商集团公司的经营现状。
2) 了解该经销商集团公司下属某品牌汽车 4S 店的经营情况。
3) 了解汽车生产商对经销商集团的商务政策。

2. 器材与设备

1) 可以上网的计算机。
2) 事先印制当地汽车厂商关系调查表。

3. 注意事项

尽量联系 4S 店上门采访,了解第一手资料。

4. 操作过程

1) 教师事先说明作业要求及正确步骤。
2) 正确填写当地汽车厂商关系调查表(表 8-5)。

表 8-5 当地汽车厂商关系调查表

姓名		班级		学号	
信息来源					
采集时间			年 月 日		
采集方法					
相关数据					
汽车厂名称	调查省份	经销商集团名称	本省市集团下属 4S 店数量	上一年销售量/台	
厂商关系存在的主要问题					
厂商关系改善建议					
教师评价					

任务评价

小组交流、师生协作评价（表8-6）。

表8-6 当地汽车厂商关系调查任务评价表

评价要素	得分	评分细则
当地汽车厂商关系调查	5	任务明确、操作合理、内容完整、信息正确、填写完整
	4	数据中有1处错误
	3	数据中有2处错误
	2	数据中有2处错误且数据不完整
	1	数据不正确、不完整
最终得分		

知识拓展

资料阅读：

大众中国酝酿渠道变革

一、进口车渠道推"直销"模式

变革的第一步目前已经开始在大众进口车渠道中酝酿。大众汽车集团（中国）副总裁苏伟铭在接受记者专访时表示，"早在一年前就开始做内部销售流程的改变"，而这一改变的核心在于"直销"的概念。"这个直销并不是没有经销商，我们直接来卖，而是直销方式的概念。销售队伍虽然隶属经销商，但是经过我们直接培训，他们的销售流程是和大众进口汽车直接连接的，追求质量和一种管理的流程。"

为了建立这一全新销售流程，苏伟铭的团队已经开始在一个仓库中搭建实物模型，虽然它是以下一代"辉腾订制中心"为原型，但其中体现了很多销售流程上的"直销"概念。"我认为辉腾的销售不仅仅是放在展厅里的方式，不排除我们采取另外一种方式，把经销商的展厅取消"，苏伟铭介绍说，"大众汽车集团旗下有很多其他的品牌，高档车都用这种方式来进行销售。如果我们这个模型能够打造出来，将会是非常有意义的"。具体的变革方案会在今年11月发布。

但这并不意味着大众会将大众进口车、兰博基尼、宾利等不同品牌的渠道合并。"每个品牌都应该保持自己的渠道，品牌和管理要分开，但背后有很多资源可以共享"。事实上，大众汽车在华的进口品牌有很多已经开始运作了，比如，兰博基尼和大众进口就已经在投资商、售后等方面进行了合作。

这一变革最大的意义在于做大大众进口车业务，尤其是豪华车、跑车。2010年大众旗舰豪华车辉腾全球销量7000辆左右，有一半将卖给中国，但未来这个数字一定只不是3500辆，苏伟铭认为辉腾的销量将与奔驰S级和宝马7系比肩，也就是年销量超过万辆。而兰博基尼、宾利甚至布加迪的销量也将在未来大幅增长。

二、合资公司统一同品牌销售流程

对于合资公司的销售网络，苏伟铭明确表示一汽大众、上海大众的网络不会整合到一起，因为只有这样庞大的销售网络才能支撑起目前大众在华丰富的产品系列。但同时，这两个分立的销售网络也产生了问题，那就是同一个品牌不同渠道的销售流程和标准不同。

"我如果走进一汽大众、上海大众和进口大众的店，难道要有三种不同的销售方式吗？不可能的事情"，将这三个渠道的流程统一就成了大众中国未来要进行的重要工作，"我们必须说服一汽大众和上海大众，当然进口大众就很简单了。我们要把这个流程设计、统一起来"，苏伟铭表示。

据了解，过去一年中已进行的一汽大众和上海大众4S店的店面升级将继续，而且两个销售网络上的大众店面将采用很接近的装修风格，以体现品牌的统一。另外，大众在华两个合资公司还拥有奥迪和斯柯达两个独立的品牌销售网络，针对它们还将有独立流程设计。"辉腾的直销销售流程成功，那这个销售流程可不可以运用到其他的品牌？我觉得是值得参考的一件事。你看这个流程好用，那我们就拿去用，就是这么简单"，苏伟铭表示。

（资料来源：腾讯网）

阅读以上资料思考下列问题：
1. 为何大众中国考虑推行进口车直销模式？
2. 为何大众合资公司将统一同品牌销售流程？
3. 为何大众中国不考虑将大众进口车、兰博基尼、宾利等不同品牌的渠道合并？

思考与练习

一、选择题

1. 按照产品销售所经过的中间环节的多少划分，可将销售渠道分为（　　）。
   A. 直接销售渠道和间接销售渠道　　B. 宽销售渠道和窄销售渠道
   C. 长销售渠道和短销售渠道　　　　D. 永久销售渠道和暂时销售渠道
2. 目前国产轿车制造厂采用的汽车营销模式主要是（　　）。
   A. 代理制　　　B. 品牌经营　　　C. 特许经营制　　　D. 厂家直销
3. 厂家直销的优点是（　　）。
   A. 网点布建快　B. 运营成本低　　C. 占领市场快　　　D. 便于管理

二、名词解释

1. 汽车销售渠道。
2. 汽车经销商。
3. 汽车特许经销商。

三、简答题

1. 汽车销售渠道设计过程划分为哪几个阶段？
2. 目前来看，国内汽车市场的销售渠道有哪几种模式？
3. 汽车经销商合作关系管理的重要意义及关键要点是什么？

模块九

汽车促销组合与
活动策划

现代汽车营销不但要求开发出性能优良的汽车产品，制定有吸引力的价格，还要开展有关汽车产品的信息沟通，即汽车经销商与现在的和潜在的客户、汽车制造企业与公众沟通，进而激发用户的购买欲望，实现汽车产品销售。促销是市场营销组合中的一个重要因素，汽车促销的实质就是汽车产品的卖方与买方之间的信息传播、沟通行为。

促销具有狭义和广义两层意思。

广义的促销是企业通过产品、价格、分销策略、广告、公共关系、人员推销、营业推广等一系列工具的运用，达到增加销售的目的。

狭义的促销仅仅指营业推广。人员推销也被称作人员促销，营业推广也被称作销售促进或销售推广。在促销时，单独使用一种工具往往效果不理想，需要根据促销策略、促销目标、产品因素、市场性质的不同，组合使用两种或两种以上促销工具。

现代汽车市场策划已经成为决胜竞争市场的核心武器。在现实的汽车市场中，精心的、有创意的营销策划可以提高营销活动的成功率。

营销策划的内容非常丰富，例如市场调研策划、营销战略策划、新产品开发策划、价格策划、渠道策划、促销策划、品牌策划、企业形象策划、广告策划、网络营销策划等。

汽车营销策划的流程一般由营销环境分析、营销目标设定、营销战略策划、营销战术思考、营销策划书撰写、营销策划方案实施、营销策划方案的评估与修正七个环节组成。

具体汽车促销活动策划则从促销调查、确定促销目标、选择促销工具组合与方法、具体活动的策划、撰写促销策划书、促销计划的实施与控制、促销效果评估七个步骤展开。

任务一

汽车市场促销与促销组合认知

学习目标

1. 了解汽车营业推广促销的概念、特点和促销方法。
2. 了解汽车人员推广促销的概念、特点、方法与技巧和销售人员管理决策。
3. 了解汽车广告与宣传促销的概念、作用、形式与广告策略。
4. 了解汽车公共关系促销的概念、作用、特点与促销工具。
5. 了解汽车促销组合的概念和制定汽车促销组合策略时应考虑的因素。
6. 会调查并分析企业汽车促销活动。

任务导入

资料阅读：

长安商用车的促销活动

2011年1月长安商用车公司开展了新春促销活动和服务活动，对用户进行感恩回馈，并通过店头布置，营造红红火火的节日氛围，促进旗下商用车销售。

长安商用车2011新春促销活动的主题是"新春感谢季，长安超给力！"，活动时间是1月1日至3月31日，活动范围是全国。

促销活动内容一：补贴继续发，多款车型继续优惠。

促销活动内容二：赠送价值200元过年礼（色拉油、大米、当地有特色的年货、年历、台历、对联等），由经销商承担并自行准备。

促销活动内容三：开展新购车客户送优惠活动，老客户春季客户关怀活动。活动期间对新购长安全系微车（专用车和集团客户除外）按长安金牛星、国四标准车型和国三标准车型分别赠送贵宾金卡、银卡和普通卡。活动期间对到长安汽车服务站的老客户车辆进行免费检测客户关怀活动。

在活动期间，长安商用车公司通过报纸、电台和短信广告宣传促销活动。

长安商用车销售终端通过横幅、展板、充气拱门、LED等充分布置，配合宣传促销活动。

阅读上述案例，请回答下列问题：
1. 在这次促销活动中，长安商用车公司主要应用了哪些促销工具？
2. 你认为这项活动的预期效果如何？有哪些改进的意见？

知识准备

一、汽车促销组合与工具选择

1. 汽车市场促销

促销是市场营销组合中的一个重要因素,汽车促销是通过信息传播、客户沟通、增强客户购买欲望,从而促进汽车产品成交的商业行为。狭义的促销仅仅指营业推广,营业推广也被称作销售促进或销售推广。广义的促销是企业通过人员推销、营业推广、公共关系、广告等一系列工具的综合运用,达到增加销售的目的。

2. 汽车促销组合

促销组合中人员推销、营业推广、广告宣传、公共关系四种工具既相互独立,又紧密联系,有效的汽车促销,一般不会仅仅使用其中某一种促销工具。

汽车促销组合是指企业根据汽车产品的特点和企业营销目标,在综合分析各种影响因素的基础上,对人员推销、营业推广、公共关系、广告宣传等各种促销方式的选择、编配和组合运用(图9-1)。

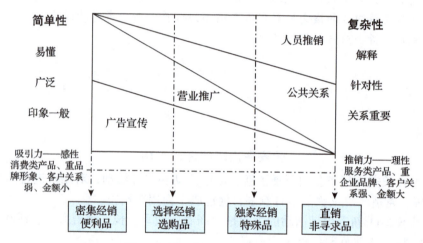

图9-1 汽车促销组合的综合运用

3. 选择汽车销售促进的工具

选择汽车销售促进的工具时,要综合考虑各种因素,包括汽车市场营销环境、目标市场的特征、竞争者状况、促销对象与目标等,还要考虑每一种促销工具的使用成本和效益预测(图9-2)。

(1)产品特征与促销组合

密集经销便利品的特点是客户容易理解,使用对象广泛,主要靠吸引力促进销售,因而广告宣传和业务促销的比重较大。汽车属于理性服务类产品,金额大,使用周期长,客户关系强,主要靠推销力来推动销售,公共关系和人员推销在促销过程中的分量更重。

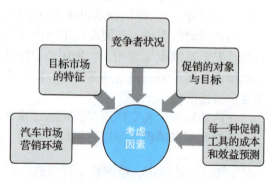

图9-2 选择汽车销售促进工具需要考虑的因素

(2) 产品生命周期与促销组合

知、情、意、行是消费者购买产品的心理过程。没有对产品、服务、供应产品的企业和人了解，消费者不可能进行购买。在客户不了解产品、服务的时候，不管是什么产品或服务，都必须告之消费者，因此广告宣传和业务促销显得尤其重要。但是在消费者已经熟知产品和服务的情况下，消费者是否购买产品和服务，更重要的因素则是企业的口碑，这需要有强有力的公共关系和人员推销去体现。在产品处于不同生命周期的情况下，应当有侧重地使用促销工具。各种促销工具在产品生命周期的不同阶段，在促销组合中的比重是不一样的。

二、汽车营业推广的主要特点

1. 营业推广

汽车营业推广促销也称汽车销售促进或汽车销售推广。汽车营业推广促销由一系列短期的、强刺激性的促销活动组成，是指汽车企业向汽车产品的销售人员、经销商或最终用户提供的一种额外激励或价值，目的是在短期内引起汽车消费者对汽车产品的注意，激发消费者的购买欲望，扩大销量。

2. 营业推广促销的特点

汽车营业推广促销具有如下特点：

第一，汽车营业推广促销是一种非经常性的、短期的促销方式。

第二，汽车营业推广促销是广告和人员推销这两种常规性、连续性促销方式的补充。

第三，汽车营业推广促销的刺激性很强，效果显著。这种方式容易引起竞争者模仿，并会导致公开的相互竞争，如果长期使用或频繁使用，促销效果会迅速下降。

第四，汽车营业推广方法多样，不拘一格。

3. 对最终用户的营业推广

对最终用户的营业推广包括提供赠品、奖励促销、服务促销、金融促销、折扣促销、置换促销、联谊促销等。

4. 对中间商的营业推广

对中间商的营业推广主要包括购买折扣、资助、经销奖励等方法（表9-1）。

表9-1 对中间商的营业推广

购买折扣	资助	经销奖励
● 为了鼓励中间商大批量购买本企业的汽车产品，对第一次购买数量较多的中间商给以一定折扣优惠，购买数量越多，折扣越多。折扣可以直接支付，也可从付款金额中扣除，还可以赠送商品作为折扣。中间商如果履行有利于汽车企业的付款条件，如提前付款，厂家可以在原批发价的基础上再给予一定折扣，付款时间越提前，折扣越多	● 汽车生产企业为中间商提供陈列车辆、支付部分广告费用和部分运费等补贴。在这种方式下，如果中间商陈列本企业车辆，生产企业免费或低价提供陈列车辆；中间商为本企业做广告，生产企业可资助部分广告费用；为激励距离较远的中间商经销本企业车辆，可给予部分运费补贴	● 对在经销本企业产品方面成绩突出的中间商给予奖励；视长期合作情况，对经销商给予不同折扣。这有利于汽车生产企业和中间商建立一种利益同享、风险均担的合作机制

5. 对销售人员的营业推广

对销售人员的营业推广促销方法主要包括：

（1）销售红利

企业规定按销售量、销售额提成或按所获利润不同提成，以激励推销员多推销商品。

（2）推销竞赛

企业确定推销竞赛奖励方法，对成绩优良的销售人员给以奖励。奖励可以是精神奖励，如颁发奖状、奖旗或先进称号等；也可以是物质奖励，如奖品、奖金或旅游等。

（3）推销提成

提成是从销售额中提取出来一部分，作为销售人员销售商品的奖励或酬劳。利用提成把销售人员的销售业绩和报酬结合起来，有利于激励推销员积极工作。

（4）职位提拔

提拔销售业绩优秀的销售人员，鼓励他们把好的推销经验传授给一般销售人员，利于培养优秀销售人员。

三、汽车人员推广的主要特点

1. 人员推广

汽车人员推广是一种最传统的促销方式。它是指企业通过派出推销人员与一个或几个以上的可能购买者交谈、介绍和宣传产品，以扩大产品销售的一系列活动。

2. 人员推广的形式

汽车产品人员推广主要有两种形式。

（1）上门推销

上门推销的好处是推销员可以根据各个用户的具体兴趣特点，有针对性地介绍有关情况，并容易立即成交。

（2）会议推销

会议推销具有群体推销、接触面广、推销集中、成交额大等特点。企业也可以采取会内会外"开小会"的办法，扩大与推销对象的接触。

3. 人员推广的优点

（1）有利于促进双向信息沟通

在人员推广过程中，汽车推销人员可以直面了解消费者的需求，倾听他们的意见和建议，为企业改进营销管理提供决策依据，同时也可以面对面地向消费者介绍汽车产品的性能、质量、售后服务和增值服务等信息，有利于促进与消费者之间的信息沟通。

（2）有利于建立良好的客户关系

汽车推销人员通过和客户的多次接触、愉快交流，有利于建立良好的个人关系，进而推进消费者与汽车企业、品牌、产品的感情，促进汽车产品的销售。

（3）有利于提供针对性解决方案

汽车推销人员接触消费者的目标比较明确，对于推销对象的特点比较了解，有益于信息的准确传递，有益于提出针对性的购买方案。

（4）兼具推广和促销的双重职能

由于汽车产品属于高价值、高技术含量、少次重购型的商品，消费者不会仅凭一个广告或者简单的介绍就随便做出购买决定。而训练有素的汽车推销人员能够娴熟地为客户提供咨询、展示产品，解答难题，往往能够取得较好的促销成果。

4. 人员推广的缺点

人员推广的主要缺点是推广成本较大，对销售员的要求也较高。企业在决定选用人员推广时应权衡利弊。

5. 人员推广的程序

人员推广过程大致可以分为以下七个阶段。

(1) 寻找客户

客户是企业赖以生产和发展的基础，寻找客户是推销过程的第一步。寻找客户的渠道很多，包括通过员工关系、朋友关系、老客户介绍、微信圈粉、电话联络、客户圈层拓展、展示会、驾校、汽车俱乐部、汽车维修厂等。

(2) 事前准备

从事人员推广的推销人员知识要求和综合素质的要求比较高，在与推广对象接触前必须做好相应的准备，包括熟悉本企业，本企业产品的特点、用途和功能；了解潜在客户的个人情况、需求和购买者的性格特点等；弄清楚竞争者的能力、地位和产品特点。在此基础上准备好相关的型录和书面说明材料、选定接近客户的方式、访问时间和应变方法等。

(3) 接近客户

事先预约、登门拜访、与推广对象面对面进行真诚的交谈。

(4) 介绍产品

在介绍产品时要注意客户的反应，倾听客户发言，判断客户的真实意图，尤其要说明该产品可能给客户带来的利益，因为这是客户最关心的部分。

(5) 克服障碍

克服障碍的前提是摸清消费者的真实需求和动机。因为消费者的购买动机具有内隐性，出于某种原因一般消费者并不愿让别人知道自己真正的购买动机。例如，某些消费者公开显露的购买汽车的动机是解决上下班路途遥远的问题，但内心更多考虑的也许是需要显露自己的身份、地位和财富。另外，消费者一般都是非专家，他们也许会提出一些看似外行的异议，推销人员应从专业的角度随时准备答疑，克服由此产生的各种障碍。

(6) 达成交易

达成交易是推销人员与客户之间核对需求、产品、价格、服务承诺等一系列问题的重要环节。只有双方在这些基本问题上取得一致意见，客户感到"合适"的时候才能实现。

(7) 售后追踪

售后跟踪的目的是营造客户满意，与客户建立进一步的信任关系，从而获得更持久的客户价值。

6. 人员推广的方法与技巧

推销人员通过试探、有针对性的推广、介绍和展示产品和引导，最终都是为了增强客户的购买欲望，推动客户购买。在推销活动中，推销人员应掌握一定的推销技巧。

(1) 营造气氛

推销员与客户洽谈时，通过外形、语言、举止给客户留下良好的印象，创造和谐洽谈的气氛。

(2) 巧妙进入

开始洽谈后，推销员应轻松、自然地把话题转入正题。

(3) 排除障碍

推销人员需要掌握排除客户的价格障碍、异议障碍和习惯障碍的技巧。

（4）寻找理由

与客户见面要选择好的理由，并选择好见面时间、地点，保证顺利进入。

（5）抓住机会

推销人员应该有抓住成交机会的技巧，踢好"临门一脚"，争取适时成交。

四、汽车公共关系的主要特点

1. 公共关系

公共关系的定义很多，但主要是指企业或其他社会组织公共的、公开的、公众的关系。公共关系主要从事组织机构信息传播，关系协调与形象管理事务的咨询、策划、实施和服务的管理职能，包括宣传、树立组织成功的形象，降低组织危机事件中的负面影响，发布组织发展和变更的信息等。在市场营销学体系中，公关关系是企业机构唯一一项用来建立公众信任度的工具。

2. 公共关系的作用

（1）建立知晓度

公共关系利用直接的人际接触和媒体宣传来讲述一些情节，吸引公众对汽车产品的兴趣。

（2）树立可信性

公共关系通过企业发展和产品创新的各种信息传播，增加企业在社会公众面前的可信性。

（3）刺激促销人员和经销商

新车投放市场前先以公共宣传的方式披露给相关社会组织，有助于增强经销商新车促销活动的效能，有助于提高促销人员和经销商的积极性。危机事件发生时，借用公共关系的力量可以减小危机公关的阻力，降低企业经济上和声誉上的损失。

（4）降低促销成本

公共关系活动需要利用各种媒体，但与广告活动不同。公共关系活动的宣传一般不用付费，是一种制造正面新闻的行为。但企业如果要做广告进行宣传，必须支付费用。

3. 公共关系促销的特点

（1）关系涉及面广

公共关系活动不但要面向企业产品和服务的直接消费者和客户，而且还要面对虽不直接购买企业的产品和服务，但同企业的经营活动有密切联系的内部和外部公众，如职工、股东、媒体、社区居民、政府机构、金融机构等。

（2）强调整体形象

整体形象是公共关系的核心。企业开展公共关系活动一般不是针对企业的某一种产品或服务，而是针对整个企业的形象和信誉。通过公共关系活动，企业要宣传的是企业的悠久历史、现状、未来、经营方针和目标，其直接目的是使公众对企业产生美誉度、信任感，为企业在竞争条件下打下良好的社会公众基础。

（3）公众接受度高

因为公共关系活动借助的是公共媒体、管理机构、社区公众，利用公共关系发布企业信息，宣传企业产品、服务与发展状况，能使消费者感到客观、真实，有利于提高消费者对企业的信任度。

（4）关系长期性

公共关系活动的直接目的是树立良好的企业形象，提高企业信誉，建立企业市场竞争的优势形象。这个目标不是一朝一夕的短期行为，需要企业公共关系部门付出长期的、坚持不懈的努力。

4. 公共关系促销的工具

（1）公开出版物

公开出版物包括汽车公司的年度报告、公司的商业文件、汽车报纸、杂志等。

（2）公关活动

公关活动包括媒体见面会、记者招待会、专业研讨会、汽车展览会、汽车竞赛、校企融合活动等。

（3）新闻传播

企业主动发布对产品推广有利的新闻，召开产品发布会，争取媒体录用新闻统发稿。

（4）公关演讲

参与各类行业或跨行业高峰论坛或行业峰会，由企业公关部人员或公司领导发表热情且富有活力的演讲，能提升汽车公司和汽车产品的知名度，有力推动汽车销售。

（5）公益活动

承担企业的社会责任，对于绿色环保、扶贫救灾等公益活动，力所能及地身体力行或者提供物质支持。

（6）形象识别媒体

通过一些持久性的媒介，如店面形象、广告标识、业务名片、公司建筑物、工作制服等，创造一个公众能迅速辨识的企业视觉形象，赢得消费者的注意。

五、汽车广告促销的主要特点

1. 广告概述

（1）广告

广告是指商品经营者或服务提供者承担费用，通过一定媒介和形式直接或间接介绍自己所推销的商品或所提供的服务。广告由广告主体、广告媒体和广告信息三部分组成。

（2）广告的特征

广告包括以下几个特征：主体是企业；通过一定的媒介形式传播；是以群体为对象而进行的信息沟通；内容是商品或服务；是有计划有目的地传递某种信息；需要支付费用。

（3）广告的目标

广告的具体目标一般是加强新产品宣传；扩大或维持产品份额；提高产品或企业的知名度；介绍新老产品的新用途；对推销人员一时难以接近的潜在顾客起预备接触作用；加强广告商品的品牌商标印象；帮助消费者确认其购买决策是正确的、有利的；提高消费者对企业的好感；纠正错误或不实的传闻；在销售现场起提示作用，促进消费者直接购买行动；通过广告宣传，延长产品使用季节或提高对产品的变化使用和一物多用的认识，以增加产品的销售；劝诱潜在客户到销售现场或展览陈列场所参观访问，以提高对产品的认识，增强购买信心。

（4）广告的目标分类

汽车广告按其目标可分为通知性广告、说服性广告和提醒性广告三种。通知性广告主要用在汽车新产品上市的开拓阶段，旨在为汽车产品建立市场需求。说服性广告主要用于竞争阶段，目的在于建立对其某一特定汽车品牌的选择性需求。在使用这类广告时，应确信能证明自己处于宣传的优势，并且不会遭到更强大的其他汽车品牌产品的反击。提醒性广告主要用于汽车产品的成熟期，目的是保持消费者对该汽车产品的记忆。

(5) 广告的作用

广告的作用包括：介绍产品，传递信息；刺激消费，扩大产品销售；树立企业形象，维持或扩大企业产品的市场占有率。

2. 媒体概述

(1) 媒体

媒体是指传播信息的媒介，是广告的载体，是个人、企业以及社会组织用来传递信息与获取信息的工具、渠道、载体、中介物或技术手段，是实现信息从信息源传递到受信者的一切技术手段。

(2) 基本媒体和大众媒体

人是信息传播的基本媒体，是信息传播的起点、终点，是决定性、第一性的存在。大众媒体是人的传播能力的延伸，包括平面媒体、电波媒体、互联网媒体、移动互联网媒体等（图9-3）。

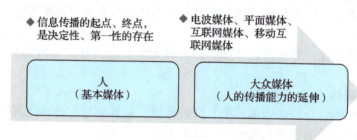

图9-3 基本媒体和大众媒体

(3) 传统媒体与新媒体

传统的媒体分别为报纸、杂志、广播、电视。此外，还有户外媒体，如路牌、灯箱的广告位等。随着科学技术的发展，逐渐衍生出新的媒体，如IPTV、电子杂志等。新媒体是由于科学技术，特别是互联网技术进步，在传统媒体的基础上发展起来的，但与传统媒体又有着质的区别。

从各类媒体出现的先后顺序来划分，可以分为：第一媒体，报纸、刊物；第二媒体，广播；第三媒体，电视；第四媒体，互联网；第五媒体，移动网络。

(4) 媒体发展的过程

媒体的发展是一个历史过程，随着社会经济和科学技术的进步，经历了从口语传播到数字传播的飞跃（图9-4）。

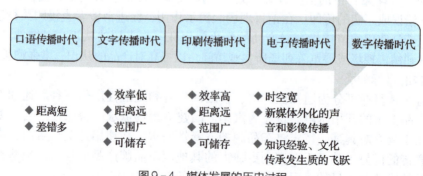

图9-4 媒体发展的历史过程

(5) 丰富多彩的社会化媒体

汽车营销面临丰富多彩的社会化媒体（图9-5），如何按照企业发展的实际、消费者信息获取习惯的变化，合理、有效地选择媒体，做好广告，已经成为汽车厂商必须认真研究、谨慎选择的重要课题。

图9-5　丰富多彩的社会化媒体

(6) 广告媒体选择的流程

选择媒体必须遵守调查研究、分析媒体目标、方案评估等基本流程，最后才能组织实施（图9-6）。

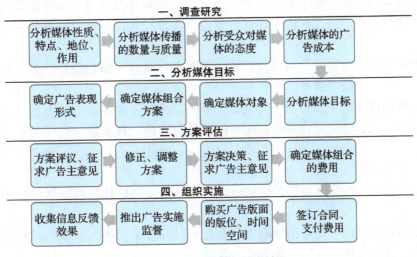

图9-6　媒体选择的基本过程

(7) 用心应对自媒体时代

在新媒体时代，除了要重视媒体广告的边际效益外，还要打破传统的广告思维，在自媒体的运用上做好文章。

第一，重视非结构化的客户信息，利用自媒体与客户之间的互动，掌握客户的消费心理和购买动机，为企业积累大数据打好基础。

第二，根据大数据信息，在与客户的互动营销上做足功课，重视客户的声音，及时消除客户的不满和抱怨；改善互动态度，把被动"推"转化为主动"拉"；为重要客户定制专门的互动方案；建立完整的互动营销评价机制，及时根据社会化媒体发展阶段，采用合适的社交工具，调整互动方案，最终获得客户认可，使自媒体营销的效果最大化。

3. 汽车广告策略

（1）广告目标的选择

首先，应对企业营销目标、产品、定价和销售渠道策略加以综合分析，明确广告在整体营销组合中应完成的任务和达到的目标。

其次，要对目标市场进行分析，使广告目标具体化。

广告目标的具体内容包括：促进沟通，并明确沟通到什么程度；提高产品知名度，帮助客户认识、理解产品；建立需求偏好和品牌偏好；促进购买、增加销售、达到一定的市场占有率和销量等。

（2）广告与产品生命周期的关系

产品所处生命周期不同，广告的形式和目标应有所差异。

对处于导入期和成长期的产品，广告重点是向目标用户介绍产品、灌输理念、提高产品知名度和可信度，以获得目标用户的认可、激发购买欲望。

对处于成熟期的产品，广告重点是创名牌、提高声誉，指导目标用户选择，说服用户，争夺市场。

对处于衰退期的产品，广告以维护用户的需要为主，企业应适当压缩广告的作用。

（3）广告定位策略

广告定位策略包括广告的实体定位策略、目标市场定位策略、心理定位策略。

广告的实体定位策略，就是在广告中突出介绍产品本身的特点，主要包括功能定位、质量定位和价格定位，确立以怎样的市场竞争地位，在目标客户心目中塑造何种形象，使广告最有效果。

广告的目标市场定位策略，就是使广告传播更有针对性。精心设计广告，使之符合目标市场的年龄、文化、传统习惯等。

广告的心理定位策略主要包括正向定位、逆向定位和是非定位三种方法。正向定位是正面宣传本产品的优点，逆向定位是唤起用户的同情与支持，是非定位则强调自己与竞争者的不同之处。

（4）广告时间决策

广告在不同时间宣传会有不同的促销效果。这一决策包括什么时间做广告和什么时刻做广告。

前者指企业根据整体市场营销策略决定在什么时间段做广告，是集中时间做广告还是均衡时间做广告，是季节性广告还是节假日广告等。

后者指具体在哪一个时刻做广告。比如微信推广，应当放在什么时候推出，又该掌握怎样的时间节奏等。

（5）广告创意与设计

广告创意与设计就是设计创作广告的内容和形式，要求立意独特、新颖，形式生动，广告词要朗朗上口、容易记忆，宣传重点要突出。

例如，别克车的广告语"心静，思远，志在千里；有空间，就有可能"，奥迪车的广告语"突破科技,启迪未来;引领时代;科技与成功互辉映",都颇有创意,受到消费者好评。

(6) 广告传播的心理学原理

广告传播要贯彻注意原理、说服原理、个性原理、记忆原理和暗示原理等心理学原理(图9-7)。

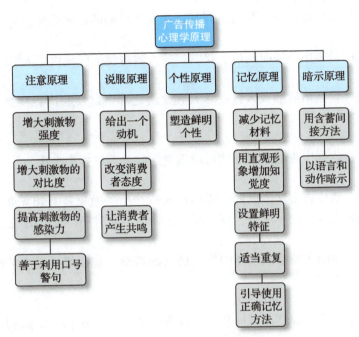

图9-7 广告传播的心理学原理

4. 制订汽车广告预算的五个因素

制订汽车广告预算要把握下列五个因素。

(1) 产品生命周期

在推出新车型时,一般需花费大量广告预算,以便建立知晓度和取得消费者的试用。已建立的品牌所需广告预算在销售额中所占的比例通常较低。

(2) 品牌市场份额

市场份额高的品牌,只求维持其市场份额,因此其广告预算在销售额中所占的百分比通常较低。而通过增加市场销售来提高市场份额,则需要大量的广告费用。根据单位效应成本计算,打动有更多选择品牌的消费者比打动使用低市场份额品牌的消费者花费较少。

(3) 市场竞争程度

在一个有很多竞争者和广告开支很大的汽车市场上,一种汽车品牌必须加大宣传力度,以便高过市场的干扰声,让人们听见。

(4) 广告发布频率

把汽车产品传达到消费者的重复次数,即广告频率,也会影响广告预算的大小。

(5) 产品的替代性

当汽车厂商打算在汽车市场众多竞争品牌中树立自己与众不同的形象,宣传自己可以提供独特的物质利益和特色服务时,广告预算也要相应增加。

5. 广告媒体的评价指标

广告媒体评价指标主要有以下八个方面的内容。

（1）权威性

权威性是衡量广告媒体本身带给广告的影响力大小的指标。

（2）覆盖面

覆盖面是指广告媒体在传播信息时主要到达并发挥影响的地域范围。

（3）触及率

触及率是一则广告推出一段时间后，接收到的人数占覆盖区域内总人数的百分比。

（4）毛感点

毛感点是各项广告推出后触及人数占总人数比例之和。这反映广告在某一媒体上能够达成的总效果。

（5）重复率

重复率是每一接收到广告信息者平均可以重复接收此项广告多少次。

（6）连续性

连续性是指同一则广告多次借助同一媒体推出所产生的效果及其相互联系与影响，也可用来衡量在不同媒体上推出同一广告，或者同一媒体在不同时期广告间的联系与影响。

（7）针对性

针对性是表征媒体的主要受众群体的构成情况的指标。包括媒体受众的组成情况和媒体受众的消费水平与购买力。

（8）效益性

效益是指衡量采用某一媒体可以得到的利益同所投入的经费之间关系的指标。

任务实施

汽车经销商某车型促销活动调查

1. 目的要求

调查汽车经销商对不同级别的轿车采用的促销活动。车型选择经济型、中档和豪华型轿车均可。

2. 器材与设备

1）计算机及外联网络。

2）可以进行网络调查也可以进行实地考察。

3）事先印制汽车经销商某车型促销活动调查表（表9-2）。

3. 注意事项

如果教学时间有限，可以要求课后完成调查；该调查任务可以作为大作业布置完成。

4. 操作过程

1）教师事先说明作业要求及正确步骤。

2）认真采集信息。

3）正确填写汽车经销商某车型促销活动调查表。

表 9-2　汽车经销商某车型促销活动调查表

姓名		班级		学号	
信息来源					
采集时间			年　　　月　　　日		
采集方法					
相关数据					
经销商名称	促销时间	促销车型		促销目标	促销内容
促销工具运用					
人员推广		营业推广	公共关系		广告
促销效果描述					
改进意见					
教师评价					

任务评价

教师评价标准（表 9-3）。

表 9-3　汽车经销商某车型促销活动调查评价表

评 分 标 准		
是否按时完成作业（20 分）	是否明确促销车型（10 分）	是否明确促销目标（20 分）
是否明确促销效果（10 分）	是否发现促销组合的运用缺陷（20 分）	是否提出改进意见（20 分）
得分		
评语		

阅读资料：

奔驰精灵，要的就是疯狂

互联网销售属于直接营销的一种形式，就是通过互联网，企业直接向最终消费者或用户进行信息传播和营销活动。"网上团购"是在互联网销售的基础上发展起来的新事物。

某年伊始，团购网站风生水起，团购在消费者生活中无孔不入。沙发可以团购，衣服可以团购，零食可以团购……不过，听说过汽车也能从网上团购吗？不久前，淘宝聚划算团购平台就上演了一场汽车团购秀，这次团购的主角就是"全球最小汽车"——奔驰精灵。

原价17.6万元，现在以13.5万元的价格，就能买到奔驰精灵硬顶style系列，这样极具诱惑力的价格，让消费者体验到团购的力量。

9月9日上午10点，淘宝聚划算上的奔驰团购如期开团，在众多网友的关注下，出售件数直线攀升，24s售出第一辆，3min售出39辆，37min 99辆，1h 116辆，2h 143辆……3h 28min的时候，最后一辆奔驰车被买家拍走。淘宝聚划算强大的销售力显然也在奔驰的意料之外。原本计划持续21天的团购活动，竟然3h多就销售一空。

205辆每辆价值十多万元的奔驰精灵一次团购成功。此单交易，创造了团购网站中最高单价、最快成交的纪录。精灵自2009年在中国上市以来，线下一年的销售量也不过500多辆，此次却用了3.5h销售了近半年的销量。

对于此次合作，奔驰（中国）方面表示，"淘宝网有广泛的知名度和庞大的年轻时尚的客户群体，而奔驰精灵是都市潮流的引领者、创意生活的代言，精灵希望通过搭乘淘宝网购的快车，以最In的方式走入车迷生活。奔驰与淘宝共同开创别具一格的汽车销售方式。"

吉拉德的推销技巧

美国汽车推销大王乔·吉拉德是世界上最伟大的销售员，连续12年荣登世界吉尼斯纪录大全世界销售第一的宝座，他所保持的世界汽车销售纪录：连续12年平均每天销售6辆车，至今无人能破。

他认为在推销中重要的是"要给客户放一点感情债"。有时，来的客户会带着孩子。这时，推销大王就拿出专门为孩子们准备的漂亮的气球和味道不错的棒棒糖。他还为客户的家人每人准备了一个精致的胸章，上面写着："我爱你"。这就是主动放债，一笔小债，一笔感情债。一般客户会感谢他，从而建立友好洽谈的气氛。

他还有与众不同的推销观念，在他看来，销售工作其实是在货物售出之后才真正开始。因此，他每月都要送出一万三千张以上的贺卡。也就是说，凡是从他那里买过一辆车的客户，每月都会收到乔·吉拉德寄来的表示感谢的短信，这虽是小事一桩；但客户至上，不忘朋友的诚挚之心足以使人感动。

（资料来源：搜狐汽车）

阅读上述资料思考下列问题：
1. 请总结互联网销售的特点。
2. 除了互联网销售，你还知道哪些直接营销形式？

任务二

汽车促销活动策划

学习目标

1. 掌握汽车营销策划和汽车促销活动策划的概念。
2. 了解汽车营销策划的目标与特点。
3. 了解汽车营销策划的方法与创意。
4. 了解汽车营销策划的流程。
5. 掌握汽车营销策划书的撰写。
6. 掌握汽车促销活动策划的流程。
7. 会撰写汽车促销活动策划书。

任务导入

资料阅读：

汽车广告用户最看重广告语和画面设计

艾瑞咨询根据艾瑞广告创意喜好调研数据研究发现，广告语、广告画面设计和品牌喜好度是影响用户对汽车广告喜好度的重要因素。

通过综合分析十个喜好度最高的汽车广告的用户喜欢原因，艾瑞发现，广告语清晰明了和广告语有号召力是用户选择最多的两个原因，平均用户选择百分比分别是 18.1% 和 16.2%。

除广告语外，画面设计也对汽车广告的喜好度有较大影响。用户选择百分比最高的 4 至 6 位均为广告画面设计方面的原因，平均选择百分比均高于 10%，其中图片设计精美平均选择百分比最高，达 14.9%。

此外，品牌好感度是影响汽车广告喜好度的另一个重要因素，用户平均选择百分比达到 15.8%，排在第三位。

广州本田飞度的广告

2005 年 1 月，广州本田飞度轿车新推"喜迎春服务双周热情启动"服务主题广告。该广告以红色作为主色，而黄、白两色配作辅色。同时由大红色的鸡年窗花剪纸、大红色中国结等元素衬托出"回家看看"的广告诉求，一片春节将至、喜气洋洋的热烈气氛充满整个广告画面。

阅读上述案例，请回答下列问题：

1. 你能否说出让你印象最深刻的汽车广告语或汽车广告画面呢？

2. 从广告语和广告画面设计两方面分析飞度汽车广告创意之处,这个广告创意是否让你对飞度品牌有好感呢?

知识准备

一、汽车营销策划的基本概念

1. 众说纷纭的策划概念

日本策划家和田创认为:策划是通过实践活动获取更佳效果的智慧,它是一种智慧创造行为。

美国哈佛企业管理丛书认为:策划是一种程序,"在本质上是一种运用脑力的理性行为",是一种对未来采取的行为做决定的准备过程。

《组织与管理技术》一书认为:策划是在事前决定做何事。《公共管理》一书认为:策划在本质上是较佳决定手段,也是行动先决条件。它认为,策划包括确定某机关或事业的目的,以及达到目的的最佳手段,策划在其运作过程中能影响管理者的决策、预算等,简言之,策划即是管理。

《管理原理—管理功能的分析》一书认为,策划是管理者从各种方案中选择目标政策、程序及事业计划的机能。综上所述,可以认为,策划与智慧、理性、管理、手段和选择有关,策划是做事以前的科学与艺术相结合的思考和谋划。

2. 营销策划的核心思想

营销策划是将适合的产品、用合适的方法、在合适的时间、合适的地点卖给合适的消费者的一种策略和技巧。策划是通过概念和理念创新,利用整合各种资源,达到实现预期利益目标的过程。

策划的任务是将千变万化的市场机会与企业的资源与目标,进行切实可行的配合,维持和推动企业的发展(图9-8)。

3. 汽车促销活动策划

汽车促销活动策划是促进汽车销售增长的一系列策略制定和实施活动。

4. 策划的过程

策划的具体过程是运用创意去解决某一个难题的活动(图9-9)。通过环境和企业经营环境的分析发现问题,设定课题明确汽车促销活动的目标,运用创意发挥资源整合和促销组合高度融合的推动力量,解决企业在营销活动中客观存在的通过一般销售途径难以解决的问题。

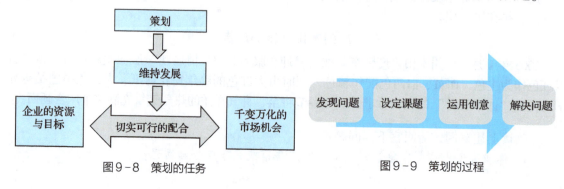

图9-8 策划的任务　　　　　　　　　图9-9 策划的过程

5. 策划的基本功

策划是由专业的策划人员与企业优势互补，运用科学方法，设计、选择、执行、评估最佳方案，将拥有有限资源的企业与动荡复杂的环境连动优化、巧妙连接，以实现最佳投入产出比的科学和艺术。策划的基本功是：整合资源，并加以优化连接；创新思考，并"无中生有"地创造新的方法；运用科学和艺术手段，刺激消费者的消费欲望；经济性地安排市场营销活动，并使策划的文案可以实施、结果可以期待。

6. 策划的原则

（1）战略性原则

战略性原则是指策划必须从企业的整体和大局出发，符合企业的战略策划开局、析局、创局、选局、布局、运局、馈局和结局八大过程，都与全局密切关联。每个局部运作的好坏都会对全局造成影响。策划战略性原则的主要要求是：策划要从整体性出发，注意全局的目标、效益和效果；策划要从企业的持续发展出发，处理好眼前利益和长远利益的关系；策划要从层次性出发，总揽全局，考虑下一个层次的策划时，应该同上一层次的战略要求相符合。

（2）定位性原则

所谓定位，就是指对具体策划项目的结果找准目标。大的方面要确定汽车营销的总体定位；小的方面要确定本次策划项目的具体定位，包括主题定位、市场定位、目标客户定位、现场设计定位、广告宣传定位、营销推广定位等。

（3）客观性原则

客观性原则是指在策划运作的过程中，策划人员通过各种努力，使自己的主观意志自觉能动地符合策划对象的客观实际。要遵循客观原则做好策划，包括：实事求是进行策划，不讲大话、空话；做好客观市场的调研、分析、预测，提高策划的准确性；在客观实际的基础上谨慎行动，避免故意"炒作"；策划的观念、理念既要符合实际，又要超前创新。

（4）整合性原则

在营销策划中，必须寻找和整合各种可以利用的资源，包括显性资源和隐性资源。从具体形式来看，资源可以分为主题资源、社会资源、人文资源、物力资源、人力资源等。这些资源在没有策划整合之前，是松散的、凌乱的、没有中心的，但经过整合以后就会巧妙地连接在一起，为整个策划提供有效性服务。

为了有效地整合好营销策划的各类资源，必须：善于挖掘、发现隐性资源；让可利用资源与策划主题紧密相连；把握好整合资源的技巧。

（5）系统性原则

每一项具体的汽车营销活动策划手段的运用都不是单一和孤立的，必须从整体的角度加以系统化。营业推广、人员促销、公共关系、广告推广不应分割对待，而应以系统的思想加以编排，使之前呼后应，相得益彰。

（6）时机性原则

营销活动策划所有项目的执行必须把握机会特征：有鲜明的时机特点；把握行业政策导向；把握企业战略的市场节奏；把握产品的生命周期；把握销售的季节性变化；把握市场竞争的变化趋势；选择有利时机，执行策划方案。

（7）权变性原则

权变就是随机应变。汽车市场是一个动态变化的复杂环境，营销策划要及时准确地把握汽车市场发展变化情况，预测事物可能发展的方向和轨迹，并以此为依据，调整策划目标和修改策划方案。

能否做到随机应变的关键是：能否增强动态意识和随机应变观念；能否掌握策划对象的变化信息；能否预测对象的变化趋势，掌握随机应变的主动性；能否及时调整策划目标，修正策划方案。

（8）人文性原则

人文性原则强调：在营销策划中把握社会人文精神，深入领会我国人文精神的精髓；理解风俗和流行；运用社会学原理，把握好消费者和社会公众的相关特点；凸显产品、服务、渠道的个性；通过民族文化的弘扬，促进产品及企业品牌的形成。

（9）可操作性原则

营销策划的目的是实现预定的策划目标和效果，必须科学、可行。包括方案要符合市场变化的具体要求；策划方案能够以最小的经济投入达到最好的策划目标；方案实施过程中能够合理有效地利用人力、物力、财力和时间，要用最小的消耗和代价争取最大的利益，风险最小，成功的把握要大。

（10）创新性原则

创新就是策划思考要独到、新颖，有个性，具有超越一般的功能。首先策划观念要创新，其次是策划主题要创新，再次是策划手段要创新。只有这样，策划才能强烈刺激消费者的感觉，震撼消费者的心灵，激发消费者的购买欲望。

（11）效益性原则

所有营销策划活动都必须进行该活动对业绩提升和客户开发成果的评估，关注效益。评估时间的长短要根据营销活动的规模决定。规模大、过程复杂的营销活动，评估的周期就要相对长一些。一般情况下，以3～6个月为宜。

对结果的评估，一般认为组织成功的营销活动销售额增长所获得的纯利润应是营销活动投入的1.5倍；如果销售额增长所获得的纯利润只是营销活动投入的0.5～1倍之间，则说明该营销活动并不成功；如果销售额增长所获得的纯利润是营销活动投入的0.5倍以下，则说明该营销活动是失败的。

二、汽车营销策划的七大环节

汽车营销策划由七个环节组成（图9-10）。

1. 营销环境分析

企业营销策划者通过对企业外部环境和内部条件的调查和分析，确定外部市场机会和威胁、企业自身的优势和劣势，从而明确企业目前所处的实际市场地位。

2. 营销目标设定

营销目标的设定应遵循SMART原则，即具体、可衡量、可操作、现实性和时限性。设定营销目标应当基于一定假设，假设与实际情况符合程度越高，营销策划的成功率就越高。

3. 营销战略策划

营销战略从企业整体框架的角度、从市场细分、目标市场、市场定位营销战略核心三要素出发，勾画出企业如何达到营销目标（图9-11）。

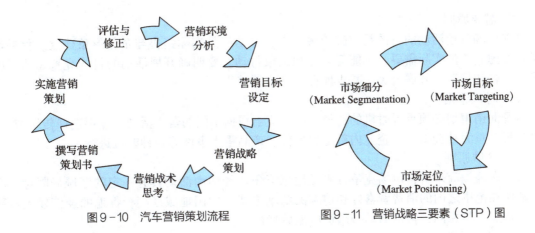

图9-10 汽车营销策划流程　　　图9-11 营销战略三要素（STP）图

4．营销战术思考

企业根据营销战略制定一系列营销手段，包括产品策划、价格策划、分销策划、促销策划、品牌策划等。

5．撰写营销策划书

营销策划书是营销策划活动的主要成果，也是企业进行营销活动的书面行动计划。营销策划书的写作水平高低直接影响营销策划方案的有效表达，从而影响市场营销决策。

营销策划书的作用是：帮助营销策划人员整理信息，全面、系统地思考企业面临的营销问题；帮助营销策划人员与企业高层决策者进行沟通；帮助企业决策者判断营销方案的可行性；帮助营销策划者更有效地实施营销策划管理活动。

6．实施营销策划

实施营销策划即企业根据营销策划方案的要求，合理分配企业的各种资源，处理好企业内外部各种关系，高效组织和实施，把营销策划方案转化为具体行动的过程。

7．评估与修正

营销策划的评估即把现实得到的结果与策划方案的预期目标进行比较，通过比较，对营销策划实施的效果进行评价。营销策划的修正则是发现营销策划的实施效果不理想时，对造成不利影响的因素加以修正，以期营销策划实施的结果能达到策划者所期望的目标。

三、汽车促销活动的策划过程

1．汽车销售促进活动

汽车销售促进是指汽车企业在特定的目标市场中，为了迅速刺激需求和鼓励消费而采取的促销措施。销售促进是指除了人员推销、广告、宣传以外的，刺激消费者购买和提高经销商效益的各种市场营销活动，例如陈列、路演、展会、新品上市等各种推销努力。

2．汽车促销活动策划过程

汽车促销活动策划过程一般可以分为问题提出、目标关注、创意产生、活动策划、条件落实、信息传播、活动实施、效果测定、市场回声等各个阶段，这些阶段串联成了一个不可分割的整体，各个阶段相互独立又相互联系，整个活动与市场之间始终保持着一种互动关系。

3．汽车促销活动执行原则

缺少对策划原则的周全思考，策划难以取得良好效果。一般来讲策划至少应注意以下原则。

(1) 需要原则

策划市场营销活动的目的是突破销售难点，推动产品实际销售与企业形象建立。促销活动必须考虑企业的实际需要，不能凭兴趣和想象行动。要明确开展活动的目的究竟是为了树立形象、告知情况、开展公关、减少库存还是推动销售。

(2) 时机原则

市场促销策划必须重视时机的选择，通常应当根据不同的营销活动，分别选择传统节日、新兴节日、重大社会事件、企业内部重大事件、产品重大事件等各种时机进行。

(3) 区域原则

对汽车经销商来讲，市场竞争首先是地域竞争。经销商活动具有一定的区域局限性，必须了解所在范围之内的消费者喜好和追求的活动方式。中国地域辽阔，各地的经济发展水平和人文特点不尽相同，营销活动必须适应地域特征。

(4) 目标原则

每个具体的市场促销活动分别指向一定的目标人群，必须符合目标消费群的特点，选择合适的活动内容和方式。

(5) 单一原则

具体的促销营销活动信息要单一；内容要简洁；创意要凸现；内容要可控；过程要轻松；结果要预计；费用要节省；并尽可能排除与活动无关的多余信息，使用户更专心于活动本身。

(6) 效果原则

效果原则即最大化传播效果的原则，现在信息传播的手段十分丰富，除了通过传统媒体传播信息外，还可以通过事件、流行、微信、社交网络、视频、故事等各种手段张扬信息。

4. 促销活动策划要点

需要明确的是，促销活动是企业营销部门通过一定的方式，将汽车产品的信息及购买途径传递给目标消费人群，激发他们的购买兴趣、强化购买欲望、创造需求、促进汽车产品销售的活动与过程。其本质是要传播与沟通信息、促进销售、强化购买欲望、创造需求。

(1) 确定一个核心

促销活动必须明确目标。一般的市场活动主要是清理库存、提升销量、打击竞争对手、新品上市、提升品牌认知度及美誉度、加强与客户的联系与情感交流等。然而一次营销活动不可能解决企业的所有问题，必须首先解决营销活动的核心定位，千万不要面面俱到。这样才能真正做到与众不同、鹤立鸡群，达成企业营销活动的核心利益。

(2) 找准一个出发点

促销活动的策划要有针对性，关键是要引起细分人群的兴趣，而不是故作姿态，哗众取宠。成功的营销策划一定要与顾客的兴趣与欲望密切相关，并与顾客的利益紧紧相扣。顾客的需求能够在这里得到某种满足，营销活动才能成功。有效的促销不一定是出血让利，促销的精髓在于让客户有"难得"的感觉。

(3) 紧扣一个主题

促销活动的主题确定以后，必须给以动人心弦的核心包装，以使主题更加鲜亮、突出，让受众过目不忘。营销创意具有无限可能性，主题的选择范围很广，但是一次活动的主题必须清晰明亮。

(4) 营造一个概念

促销活动策划必须重视从感觉、梦想、服务、缺陷、气氛、方法等方面营造一种概念，去满足消费者的需求。

(5) 打造一句口号

促销活动应当策划一个激动人心的口号。这种口号不是"请消费者注意",而是"请注意消费者",口号的策划应当用消费者的语言进行感性创意。

(6) 保持一个口径

企业经常组织促销活动,或者同时举办好几个活动,口径应当统一,不能随意定调,更不能自相矛盾,必须保持一个口径,进行众口铄金的攻心,以利于通过反复刺激,打动消费者。

(7) 坚持一贯性

促销目标一旦确定,必须步步跟进。一个企业、一个产品、一项服务等促销活动的策划,应当始终围绕既定的目标开展,不能脱离目标。所谓不脱离目标是指所有促销活动有具体的原则、数量、质量和时间限制,而且这些指标是可以测量的。

(8) 考虑一盘棋

促销策划的目的是使企业形象和它的产品与服务在消费者和社会公众面前演绎得更加突显、更加动人、更加充满活力,因此它是谋势而不是单独的局部运筹,必须考虑将每次策划放到整个企业的战略框架、营运目标中去检验,以使策划成为整个企业实现营销目标当中的一部分,而不是脱离企业战略目标的单独活动。

5. 促销活动的方案设计

促销活动的方案设计及策划案的撰写必须前后呼应,围绕目标展开。活动的环节必须完整。一般促销活动需要撰写清楚的主要内容见表9-4。

表9-4 一般促销活动策划基本内容

1. 活动背景:包括市场分析、企业销售情况描述(市场占有率、库存、盈利情况等)			
2. 活动名称			
3. 活动目的			
4. 活动日期			
5. 活动地点			
6. 活动目标	市场目标		销售目标
7. 各项KPI指标			
8. 活动车型(包括产品、目标客户、竞品分析)			
9. 资源整合			
10. 活动创意			
11. 活动描述			
12. 流程安排			
13. 促销内容			
14. 工作编组	组别	人员	任务
	市场部		
	销售部		
	售后服务部		
	其他配套部门		

(续)

		工作内容	负责人	完成时间	备注
15. 工作时间计划		1			
		2			
		3			
		4			
		5			
		6			

	来源	报纸	电话邀请	老客户推介	现场招揽	其他	合计
16. 客户邀约计划	预估人数						

		车型	数量	来源	用途	费用
	车辆					
17. 活动设施安排	其他物料	项目	数量		费用	
					厂家支持	经销商
	发放礼品					
	费用小计					

	传播媒体	发布时间及频率	版面	预估客户数	费用	
18. 广告宣传					厂家支持	经销商
	费用小计					

	项目	费用预算	
19. 预算编列		厂家支持	经销商
	费用预算小计		

20. 特殊状况处理预案	
21. 内部奖励办法	
22. 活动评估方法	
23. 活动小结（此栏在活动结束后撰写）	

四、几种典型促销活动的策划

1. 路演的策划

路演、巡展是目前汽车行业最为常用的宣传推广手段，费用小且具有针对性。当前路演活动的主要问题是过于随意，拉起来就干，基本千篇一律，缺少事先策划。要使活动充满活力，除了创意以外，必须精心准备，包括：路演的目的思考；路演的主题确定；协作单位的确定；路演舞台的搭建；路演的情景设计；展示车辆的选择和排放；节目的设计和安排；活动人员的分工与安排；现场咨询的各种准备；现场情况记录的落实等。

(1) 人员分工

路演策划要进行人员组织安排与责任落实，将方案中的具体事务责任落实到部门，然后由部门落实到个人，每个人知道自己在该方案中是什么职责，避免出现责任不明，具体事务没人做的情况。人员分工一般可以分为：

促销组——确定促销方案；准备促销用品；确定促销场地；培训促销人员；执行促销活动；促销活动结束时提交总结报告。

调查组——熟悉促销方案；培训调查人员；确认促销场地；进行促销活动执行前的调查；进行促销活动执行中的调查；进行促销活动结束后的调查；集中数据、分析数据、提交报告。

(2) 人员培训

要使促销活动成功举行，必须高度重视人员关于路演活动的专题培训。培训内容包括：促销活动的意义；促销活动目标与主题；促销活动的内容与安排；明确参与促销活动各人员的职责；学习与促销内容相关的产品知识与市场知识，组织沟通技巧与异议处理方法的培训；危机情况的预防与应急处理措施；统一相关的说法与宣传口径；时间安排、进度调整和控制。

(3) 各种准备

路演活动的准备工作非常细腻，涉及的方面很多，稍有疏忽就会影响路演活动的进程和效果。这些准备工作需要具体到：舞台和背景板的设计与搭建；音响安置；模特的选择与训练；型录、车贴、广告展示架、空飘、气柱、彩虹门、磨砂气球、桁架、丝印、花篮、演艺人员的落实；进行媒体选择与组合，以使信息有效发布。

(4) 八个到位

路演活动要做到八个到位：

第一，活动创意到位。要从新由头、新卖点、新活动形式，促销性、公益性、权威性、新闻时事性等方面展开策划。

第二，前期宣传造势到位。要确定媒体广告组合和新闻炒作的主题、内容和形式。

第三，政府公关到位。做好场地协调、交通疏导、领导邀请等工作。

第四，组织分工到位。要做好前期准备、活动执行、活动后监控，并将责任落实到人。

第五，现场气氛到位。布置好横幅、彩旗、展板、样车等，并规定人员形象、做好现场组织等。

第六，人员培训到位，必须对参与活动的所有人员进行全员培训。

第七，终端建设到位。路演活动要尽可能做到厂商配合，以争取资源和经济支持。

第八，新闻报道到位。要制造新闻卖点，写好统发稿，便于媒体报道。

(5) 效果评估

在路演活动中，必须注意活动投入成本的评估，花更少的钱，办更有效的事。除了注意每一项成本的控制之外，可以采取协同营销的方法，共同分摊费用，化解成本压力。必须强调，所有促销活动都必须进行该活动对业绩提升和客户开发成果的评估，具体要求参见效益性原则。

2. 新车上市的策划

各种品牌汽车新车上市的策划，对新车进入市场以后的表现作用十分重大，对此各个厂商都十分重视，但效果各不一样。新车上市策划至少包括以下几个方面。

(1) 策划文案

新车上市应贯彻先谋后事的原则，需要事先形成市场需求报告、新车市场地位等一系列策划文案。

(2) 策划要点

新车上市促销活动的策划要点是：汽车的造型要有时代气息；新车的做工要精益求精；新车出展要尽显风采；量产要有安排，下线要做到心中有数；信息发布要充满信心而且一以贯之；上市产品要选择优秀渠道；造势要激荡人心；代言人要凸显个性；产品品质、服务承诺要完全兑现；广告要集中火力，但要选好媒体，注意有效性和经济性的统一；策划要整体推进，活动要有节奏地展开；要重视新媒体，传播要重视网络；过程要预防对手的动作；高度注意公共形象；策划不离开目标，牢记目的是要抢占市场；策划的关键在于价值创新，满足消费者的需求。

3. 新闻发布会的策划

召开新闻发布会或新闻通气会的目的，是要通过媒体的力量迅速发布产品与服务信息，推广企业或领导人的形象，事先必须做好相关准备。开好新闻发布会需要策划好下列内容。

(1) 媒体邀请

要根据需要选择邀请媒体。为了实现建立品牌知名度、提升品牌知名度、教育消费者、吸引消费者使用产品、传达促销信息和引导消费等不同的目的，选择与目标受众密切相关的媒体，以保证信息的到达率和有效率。

(2) 新闻发布

新闻发布要淡化商业概念，提出与国家政策法规相符、与社会主流舆论相符、与科技进步有关、与消费者关注的话题有关、与企业社会责任和企业家品格垂范相关的新闻由头。

(3) 新闻通发稿

稿件要有符合社会需要和消费者需求的亮点，具有信息冲击力。

(4) "软文"跟踪

"软文"跟踪的目的是反复巩固新闻发布的效果和目的达成。软文写作要遵循写作特点，区别于广告的写作（表9-5）。

表9-5 "软文"与广告写作的不同特点

特 点	硬广告	软文广告
真实性	部分真实，可以虚构	全部真实、不能虚构
传播媒介	广播、报纸、电视、杂志、户外路牌、车体广告等	广播、报纸、电视、杂志
受众和诉求对象	特定的诉求对象，要研究受众的需求	公众群体，追求最大覆盖面
时效性	多次性、反复性、持续性	第一时间、一次性传播
写作原则	劝说性原则	倾向性原则

(续)

特　点	硬广告	软文广告
商业化	功利性商业化写作	不带有功利性商业化色彩
写作规范	按企业、产品、创意写作	满足文学写作要求
写作目的	劝服受众	感染受众
写作主体	传达企业产品服务信息	传达作者感受感情

（5）时间、地点、形式以及会场安排

活动形式要新颖、发布内容要清晰、会议地点要方便，有利于吸引媒体记者参与。

（6）协同单位

协同单位非常重要，要借势、运势，必须考虑寻找具有合作可行性和行业权威性的协同单位开展协作。

（7）现场展示物

现场展示车辆，呈现形式要力求具有创意、夺人眼球。

五、促销活动中的客户邀约

1．客户是促销活动的主角

为了促进销售，汽车厂商每年都要进行大量的促销活动，但是由于促销活动的客户邀约出现问题，许多促销活动成了不少厂商颇为头疼的"自娱自乐"。活动期待的客户不能到场或者数量不足，促销活动冷冷清清，原本设计好的促销信息传递、潜客线索的发现都成了无本之木，使得促销成本高企而促销结果却大打折扣。实践告诉我们，在促销活动中，除了策划的水平之外，精准邀约已经成为促销活动至关重要的任务之一。

2．客户邀约的逻辑过程

保证邀约客户的数量和质量。保证邀约客户的数量能满足促销活动 KPI 指标的实现，并满足下阶段厂商设定的销售任务的需要，是市场促销活动成功最基础的任务。要完成这一任务，有三点必须做到。

（1）目标一致

使邀约客户的特征和消费倾向能够与促销活动的目的相一致，以解决客户为何而来的问题。

（2）乐于参加

设定符合客户体验要求的活动内容，使客户乐于参加促销活动，以保证邀约客户届时到达现场。

（3）分工邀约

拟订、分配各部门的邀约目标并进行明确分工。其中，总经理出面邀约重要地方人物、企业 VIP 人员；市场部邀约客户关系管理系统中的相关客户和媒体朋友；销售和服务人员邀约由线索客户转化而来的潜在客户，保证邀约客户的数量和质量与活动目标相匹配。

3．如何精准邀约客户

为使邀约客户的任务得以顺利完成，除了必须正确定位本次活动的目标人群，以保证邀约客户的需求偏好与本次活动主题相一致之外，必须掌握客户邀约的基本途径。

（1）历史信息

可以从历史信息中寻找邀约客户。包括已经来电或来店的客户；保有基盘中已经熟悉的客户；展示会、特别场合接触过的客户；通过内部关系或公司 VIP 客户中获取的客户信息。

（2）数据挖掘

可以通过客户数据分析与挖掘寻找邀约客户。汽车营销企业经过多年经营，已经积累了大量管理内客户的基本信息，善于数据分析和挖掘，不仅可以从中找到大量邀约客户的线索，而且对拓展业务具有重要的商业意义。

（3）圈层拓展

可以在适合的客户"圈层"中寻找邀约客户。"圈层"是对在社会阶层分化的社会背景下，自然产生的相对类似特征的特定社会群体的概括。同一类"圈层"的人群往往具有相似的生活形态、艺术品位、需求结构，自然会产生更多联系。通过"圈层"寻找邀约客户具有其他方法难以产生的特别效果。首先，可以更有效地传递品牌信息，使线索客户的名单迅速扩大。其次，可以借助口碑使"圈层"人士对品牌认知更加趋于一致；再次，将"圈层"推广作为一种客户维系手段，还能促进"圈层"客户相互推动，使销售更加简单。

（4）有望客户

可以在有望客户中发现邀约客户。亦即通过销售人员个人观察所得、记录资料、职业上来往的资料、配偶或家属方面的协助、公开展示或说明场合所获、连锁式发展关系、冷淡的拜访、通过别人协助、影响人士的介绍、名录上查得的资料、团体销售中找到活动所需的邀约客户。

（5）车型转化

从车型转化关系中寻找邀约客户。消费升级是当前汽车市场的重要特征之一，在已经拥有某级车型的消费者中，发现他们的消费升级需求，也是寻找邀约客户的重要途径。

（6）社交网络

利用社交网络邀约客户。社交网络是"网络＋社交"的结合体。社交网络代表一种通过互联网连接实现的社会关系，它通过网络这一载体把人们和机构或其他个体连接起来，形成有机的、互动的、具备一定属性特点的社会关系团体的集合。

社交网络同现实人类社交关系有着一致的核心，在学历、职业、身份，以及兴趣、爱好、信仰等方面都具有某些"共同点"。只要用心开掘，就可以在客户和我们自己的社交网络中找到大量促销活动所需的邀约客户。

任务实施

促销活动策划案撰写

1. 目的要求

某经销商计划在黄金周期间对某一车型进行促销，因为这款车型目前的库存太大，请你按本书提供的促销活动策划主要内容的模板，撰写一份促销策划书。

2. 器材与设备

计算机及外联网络。

3. 注意事项

1）此作业可采取小组合作形式完成。

2）策划流程是搜集资料、小组讨论、小组分工、撰写策划书、小组修改、完稿。

4. 操作过程

1）教师事先说明任务要求及正确步骤。
2）分组或个人撰写促销活动策划文案。
3）分组将策划文案做成PPT演示材料。
4）选出优秀小组。
5）举办汽车促销策划技能比赛。

任务评价

1）由各小组推荐评委成员，选出裁判长。
2）教师组织评委培训。
3）评分要求：策划文案70分、PPT汇报30分。
4）促销策划技能竞赛评分表（表9-6）。
5）PPT汇报评分表（表9-7）。

表9-6 汽车促销策划技能竞赛（促销策划方案）评分表

小组： 得分：

考核要点		评分标准与细则	分值	选手得分 缺评判点内容不判优，整项不体现者判0分				
营销方案策划	营销策划方案规范性（22分）	文体规范，符合应用文写作基本要求	2分	优秀	良好	一般	差	小计
				2分	1.6分	1.2	1分	
		文中无错别字，排版美观，重点突出	2分	优秀	良好	一般	差	小计
				2分	1.6分	1.2分	1分	
		方案逻辑清晰，层次分明	2分	优秀	良好	一般	差	小计
				2分	1.6分	1.2分	1分	
		方案结构——背景调查（包含调查计划、需求分析、调查数据、目标客户、目标车型等内容，所用数据符合样题要求）	4分	优秀	良好	一般	差	小计
				4分	3.2分	2.4分	1分	
		方案结构——活动策划（包含价格策略、活动创意、异业联盟、活动宣传、促销礼包设计、软文制作等）	8分	优秀	良好	一般	差	小计
				8分	6.4分	4.8分	2分	
		方案结构——执行方案（包含活动分工、协议签订、应急方案处理等）	4分	优秀	良好	一般	差	小计
				4分	3.2分	2.4分	1分	
	营销策划方案创新性（8分）	策划方案立意新颖，创新性强，体现互联网+的时代特征，宣传方式与自媒体等互联网渠道相关	4分	优秀	良好	一般	差	小计
				4分	3.2分	2.4分	1分	
		软文宣传有利于优化品牌和企业形象，品牌关联度高，结合当今时代热点	4分	优秀	良好	一般	差	小计
				4分	3.2分	2.4分	1分	

(续)

考核要点	评分标准与细则	分值	选手得分 缺评判点内容不判优，整项不体现者判0分				
营销方案策划 营销策划方案合理性（12分）	市场分析客观、翔实，包含数据图表（根据样题提供数据）	4分	优秀	良好	一般	差	小计
			4分	3.2分	2.4分	1分	
	活动设计流程连贯，安排合理，包含时间、地点等基本要素，整体活动策划符合逻辑	4分	优秀	良好	一般	差	小计
			4分	3.2分	2.4分	1分	
	人员安排详细，责任落实到人，体现公司管理对策划方案实施的保障	4分	优秀	良好	一般	差	小计
			4分	3.2分	2.4分	1分	
综合评价可行性（10分）	策划创意与活动内容等可操作性强	2分	优秀	良好	一般	差	小计
			2分	1.6分	1.2分	1分	
	促销政策设计合理、可行、利润高，价格策略选择得当	2分	优秀	良好	一般	差	小计
			2分	1.6分	1.2分	1分	
	宣传活动体现集客效果，现场活动可吸引成交	2分	优秀	良好	一般	差	小计
			2分	1.6分	1.2分	1分	
	人员安排详细，责任落实到人，体现公司管理对策划方案实施的保障	4分	优秀	良好	一般	差	小计
			4分	3.2分	2.4分	1分	
综合评价经济性（10分）	预算切合实际，物料清单翔实，基本符合市场常规价格	2分	优秀	良好	一般	差	小计
			2分	1.6分	1.2分	1分	
	各类费用描述清楚	2分	优秀	良好	一般	差	小计
			2分	1.6分	1.2分	1分	
	客户奖励方案（如奖品、优惠等）设置合理，销售人员的提成方案制定合理	6分	优秀	良好	一般	差	小计
			6分	4.8分	3.6分	2分	
满分分值		72分					

表9-7 汽车促销策划技能竞赛（PPT汇报）评分表

小组：　　　　　　　　　　　　　　得分：

竞赛环节	考核要点	评分标准与细则	分值	选手得分 缺评判点内容不判好 整项不体现者判0分			
方案陈述	PPT制作（7分）	逻辑结构完整	2分	好	中	差	小计
				2分	1.5分	1分	
		主题突出，层次清晰	1分	好	中	差	小计
				1分	0.8分	0.5分	
		能准确表达策划方案精要	1分	好	中	差	小计
				1分	0.8分	0.5分	
		幻灯片衔接得当	1分	好	中	差	小计
				1分	0.8分	0.5分	
		体现与陈述内容的契合度	1分	好	中	差	小计
				1分	0.8分	0.5分	
		PPT内容无错漏	1分	好	中	差	小计
				1分	0.8分	0.5分	

(续)

竞赛环节	考核要点	评分标准与细则	分值	选手得分 缺评判点内容不判好 整项不体现者判0分			
				好	中	差	小计
方案陈述	风采展示（5分）	选手着装整洁	1分	好	中	差	小计
				1分	0.8分	0.5分	
		仪容规范	1分	好	中	差	小计
				1分	0.8分	0.5分	
		行为举止得体	1分	好	中	差	小计
				1分	0.8分	0.5分	
		自信大方	1分	好	中	差	小计
				1分	0.8分	0.5分	
		眼神坚定，表情自然	1分	好	中	差	小计
				1分	0.8分	0.5分	
	语言表达能力及沟通技巧（10分）	表达流畅，口齿清晰、语速适中；语音、语调、语气得当	1分	好	中	差	小计
				1分	0.8分	0.5分	
		对方案陈述准确、恰当	1分	好	中	差	小计
				1分	0.8分	0.5分	
		用词准确，条理清楚	1分	好	中	差	小计
				1分	0.8分	0.5分	
		逻辑架构间有恰当的衔接语	1分	好	中	差	小计
				1分	0.8分	0.5分	
		市场分析	1分	好	中	差	小计
				1分	0.8分	0.5分	
		客户群定位	2分	好	中	差	小计
				2分	1.6分	1分	
		活动策略、内容、设计讲述清楚，突出创意点	3分	好	中	差	小计
				3分	2.4分	1.5分	
	时间管理（3分）	能根据策划方案重点合理分配时间	2分	好	中	差	小计
				2分	1.6分	1分	
		规定时间内陈述内容完整（不得超时或用时太短）	1分	好	中	差	小计
				1分	0.8分	0.5分	
团队合作	语言表达及沟通技巧（2分）	表达流畅，口齿清晰，语速适中，无明显卡顿，用词精炼、准确	1分	好	中	差	小计
				1分	0.8分	0.5分	
		沉着镇定，随机应变，体现良好的心理素质	1分	好	中	差	小计
				1分	0.8分	0.5分	
	评价总结（3分）	紧扣选手现场表现，评价客观、准确	1分	好	中	差	小计
				1分	0.8分	0.5分	
		评价内容条理清楚	2分	好	中	差	小计
				2分	1.6分	1分	
		满分分值	30分				

知识拓展

案例：　　　　　　　　　法国标致，主打新媒体

法国人的特点就是浪漫和富有创造性。法国标致给业界的深刻印象就是敢于也特别善于运用最新的传播方式，比如视频、动漫、SNS，甚至游戏，而标致在视频上的传播尤其成熟。最具轰动效应的，当属今年 4 月的病毒视频《二手奥拓杯具，现实版争车位》。在这条视频里，标致车主找到一个车位正要倒车之际，车位被后到的奥拓抢到，标致车主不甘车位被抢，遂利用娴熟的技巧，倒进狭小的车位。正当人们疑惑这两车车主要怎么下车时，只见标致车顶篷打开，标致车主轻松从后车厢下车。这种车位之争的视频因贴近生活而又十分幽默，所以一经推出便备受网友关注，旋即被大量转载，红透了网络。而视频里标致车主打开敞篷下车的方式，也巧妙而犀利地宣传了标致 308CC 敞篷车的特点，一时间标致敞篷车也成为热点，可以说这是非常成功的病毒视频。

在大获全胜后，标致品牌为宣传旗下产品 BB1 制作了另一条视频《钢铁侠外传：不能不说的秘密》，这条视频也走抢车位路线，宣传了 BB1 车身小巧、操控灵活等产品特点，因其里面大手笔地集结了流行一时的电影及风云人物——时尚、界于恶搞的视频嫁接——幽默，再加上抢车位的热点，所以标致新车型 BB1 跟风大热。

"病毒"传播营销是顺应年轻消费者接收新信息习惯的很好的营销方法，但是一条好的"病毒"却是可遇不可求的。标致接连两条"病毒"传播营销案例的成功，除了贴近人们当下的生活，在视频里增添了时尚、幽默元素外，更重要的是对于新媒体传播方式的把握和运用。

阅读上述材料思考下列问题：
1. 请说明上述两个法国标致车型的营销策划的策划目标。
2. 请说明在上面两个营销案例中的"病毒"视频具有什么特点？怎样的"病毒"才能算好"病毒"？

思考与练习

一、判断题
1. 价格昂贵、购买风险较大的耐用消费品首选的促销方式是广告。　　　　（　　）
2. 推销过程中，推销人员必须坚持以产品为中心。　　　　　　　　　　（　　）
3. 公共关系注重的是间接促销。　　　　　　　　　　　　　　　　　　（　　）
4. 在产品生命周期的不同阶段，应选择不同的促销手段，在产品的导入期，最适宜的促销手段是人员促销。　　　　　　　　　　　　　　　　　　　　　　　　（　　）
5. 促销方式主要有人员促销、营业推广、销售促进、广告。　　　　　　（　　）

二、名词解释
1. 汽车促销。
2. 汽车促销组合。
3. 营销策划。

三、问答题
1. 汽车销售促进的工具主要有哪些？它们各有什么特点？
2. 阐述人员推广的特点、程序和常用技巧。
3. 汽车公共关系营销的工具有哪些？
4. 要成功地进行营销策划的创意，需要策划者具备哪些素质与能力？
5. 促销活动中，如何有效邀约客户？

模块十

国际汽车市场
营销策略

汽车是世界贸易的重要组成部分。经济全球化和通信、交通、资金流动的加快，使世界正在变小，汽车营销全球化的观念被更多的企业所接受。全球汽车生产厂商都想方设法扩大世界市场份额，同时延长汽车产品的生命周期。为此，世界汽车巨头纷纷进入中国和其他发展中国家。我国加强汽车进出口的目的是与世界分享汽车贸易的利益，提升汽车产业的整体实力。

我国汽车产品出口始于1957年。在20世纪六七十年代，我国汽车产品主要按国家间的协定，以无偿援外的形式出口。20世纪80年代，我国开始了汽车产品贸易出口。在这一时期，汽车产品的整体出口水平仍较低。到了20世纪90年代，我国汽车工业引进了大量先进技术和设备，改善了汽车工业产品构成，提高了产品质量，为扩大汽车产品出口奠定了基础。伴随中国这个世界最大汽车市场的快速发展，我国汽车进口从2009年开始出现了较大幅度的增长，2019年国家将二手车出口也列入了汽车出口的范畴，但汽车出口行业压力依旧较大。更加深入地进行国际汽车市场分析，提升参与国际汽车市场竞争的营销策略，强化国际汽车市场营销的各类实务，成为增强我国汽车国际市场竞争能力的重要课题。

任务一
国际汽车市场的环境分析

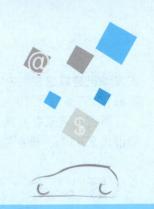

学习目标

1. 了解国际汽车市场营销的概念。
2. 熟悉国际汽车市场营销的特点。
3. 知道如何进行国际汽车市场营销的环境分析。
4. 知道如何进行国际汽车市场细分。
5. 熟悉国际汽车市场营销的基本策略。

任务导入

资料阅读：

2018 年汽车零部件行业进出口情况

1. 进出口维持良好态势

2018 年，尽管受中美贸易摩擦等影响，但我国汽车零部件进出口市场依旧维持着良好态势。根据海关总署统计，去年全年汽车零部件进口金额 2309.5 亿元，同比增长 7.1%；汽车零部件出口金额 3627.7 亿元，同比增长 7.9%；实现贸易顺差 1318.2 亿元（图 10-1）。

具体产品来看，在四大类汽车零部件主要品种中，2017 年，汽车零件、附件及车身进口再次超过 300 亿美元，达到 309.20 亿美元，同比增长 7.17%；汽车、摩托车轮胎和其他汽车相关商品进口金额增速均高于行业，分别进口 6.41 亿美元和 34.93 亿美元，同比增长 12.79% 和 10.64%，增速高于行业 5.70 个百分点和 3.55 个百分点。

发动机进口是唯一下降的大类，共进口 66.26 万台，同比下降 8.82%；进口金额 19.94 亿美元，同比下降 1.31%。在发动机主要品种中，1L＜排量≤3L 系列所占比重依旧最大，但进口结束上年增长，呈一定下降趋势。2017 年，该系列品种进口 62.84 万台，同比下降 10.02%，

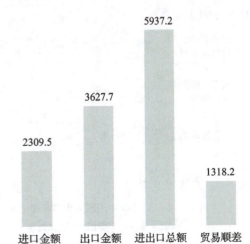

图 10-1 2018 年中国汽车零部件进出口情况（单位：亿元）

占发动机进口总量的94.84%；进口金额18.02亿美元，同比下降3.20%，占发动机进口总额的90.37%（图10-2）。

所占比重来看，汽车零件、附件及车身进口金额占比最大，达到83.46%；其他进口金额占比9.43%，排在第二；汽车、摩托车轮胎占比最小，仅为1.73%（图10-3）。

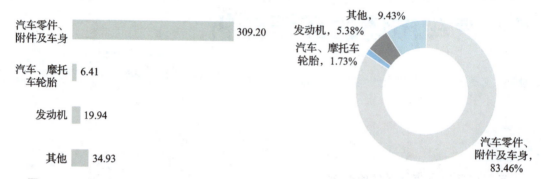

图10-2　2017年中国四大类汽车零部件产品进出口额（单位：亿美元）

图10-3　2017年中国四大类汽车零部件产品进口额占比

出口方面，2017年，汽车零件、附件及车身出口金额381.42亿美元，同比增长8.89%。在七大类细分品种中，电控燃油喷射装置和座椅安全带出口金额同比小幅下降，其他五类品种各有增长，其中车身、变速器和减振器增速更快。

汽车、摩托车轮胎出口金额也结束上年下降，呈一定增长趋势，共出口129.46亿美元，同比增长9.99%。其他汽车相关商品出口金额降幅比上年略有扩大，共出口106.48亿美元，同比下降8.44%，降幅比2016年扩大3.10个百分点。

发动机出口金额20.41亿美元，同比增长12.02%。在发动机主要出口品种中，排量大于3L系列出口量略有下降，其他品种均呈增长，其中1L＜排量≤3.0L增速更快；从出口金额来看，其他车辆用柴油机同比略有下降，其他品种呈不同程度增长，其中排量大于3L系列增速更为明显（图10-4）。

所占比重来看，汽车零件、附件及车身出口金额占比最大，达到59.81%；汽车、摩托车轮胎出口金额占比也超过20%，达到20.30%，排在第二；发动机出口金额占比也超过16%（图10-5）。

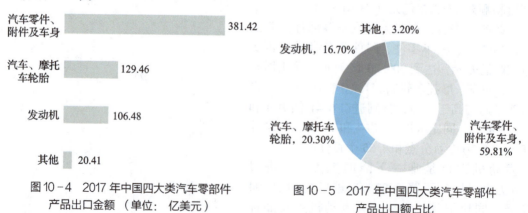

图10-4　2017年中国四大类汽车零部件产品出口金额（单位：亿美元）

图10-5　2017年中国四大类汽车零部件产品出口额占比

2. 行业将发生深刻变化

汽车零部件进口方面，目前进口汽车零部件制造仍没有在中国落地生根，在进口汽车零部件制造中，除了拉菲、卡斯特等少数几个品牌外，为消费者普遍熟悉的品牌并不多，中国消费者对进口汽车零部件制造的认知度总体而言并不高。由于目前进口汽车零部件制造仍没出现一个占据市场主导地位的领导性品牌，这将使得未来进口汽车零部件制造业呈现百花齐放的局面。

汽车零部件出口方面，未来几年，我国汽车零部件出口将面临严峻的、下行压力较大的形势。我国汽车产品在国际市场的"性价比"优势虽然存在，但将不再明显；它将进入一个重大的调整期，这对我国汽车行业来说也是一个重大的战略机遇期。摆在我国汽车零部件出口企业面前的必由之路，是转变增长方式，由简单的产品出口向技术、资本输出转变，加快产品结构调整和产业转型升级。

总的来说，我国汽车零部件制造业将会发生深刻的变化，进出口市场也不例外。国内企业不仅仅要关注产品概念的开发与传播，还要重视产品质量本身，用更为规范的工艺与策略来开发与引导市场消费。

(资料摘自：前瞻经济学人)

阅读以上资料，了解中国汽车参与国际竞争的现状，请结合本项目的学习思考下列问题：
1. 中国汽车零部件进出口情况。
2. 中国汽车零部件进出口存在的基本问题。

知识准备

一、国际汽车市场的营销概述

1. 研究国际汽车贸易体系

国际汽车贸易体系是指调整各国之间汽车贸易关系的各种法规、机制和机构。开展国际汽车市场营销，必须首先理解国际贸易体系，了解国际规则和营销环境，了解税收制度、出口配额、外汇管制等贸易管制，以及非关税贸易壁垒等可能对国际汽车营销产生正面或负面影响的各种因素。

2. 国际汽车市场营销的概念

国际汽车市场营销是指跨国界的汽车营销活动，包括与汽车营销有关的生产经营、产品和服务销售以及营销管理活动。国际汽车市场营销以全球化企业的视野和国际化的发展战略规划企业的经营活动，在世界范围内寻找更大的目标市场，并为之提供适应国际汽车市场需求的满意服务。开展国际汽车市场营销的目的在于扩大汽车销售，延长已有产品的生命周期，分享全球汽车市场的利益，提升汽车企业的整体实力和国际竞争力。

3. 国际汽车市场营销的特点

国际汽车市场营销具有许多国内汽车市场营销不同的特点，不可控因素更多。

（1）环境比较复杂

国际汽车市场营销企业所面临的综合环境十分特殊且相当不稳定，目标市场所在国的政治、经济、文化、法律环境各有差异，需要悉心研究，因应而对。

（2）游戏规则各异

国际汽车市场营销中的游戏规则不是某一个国家单方面制定的，涉及国际贸易规则或相关各国的利益博弈。

（3）经营风险更多

国际汽车市场营销中的资金结算、商品流通更具风险性，包括一系列运输安全、信用风险、汇率风险等。

（4）营销管理困难

国际汽车市场营销管理半径扩大，涉及关系庞杂，管理内容更多，不可控因素增加，协调相对困难。

（5）策略要求更高

国际汽车市场营销面临的目标市场由于国家、民族、信仰、风俗、贸易风格等各种情况的差异，对产品和服务的标准化、个性化、本土化，以及车型设计、价格定位、渠道建设、促销手段等提出了更高的要求。

二、国际汽车市场的环境分析

国际汽车市场营销环境是指各种直接或间接影响和制约国际营销的外部因素的集合，包括宏观环境和微观环境。

1. 国际汽车市场营销宏观环境

国际汽车市场营销宏观环境是指企业在从事国际汽车市场营销活动中难以控制也较难影响的营销大环境。国际汽车市场营销宏观环境包括目标市场所在国家或地区的社会经济环境、人口环境，国际汽车市场营销所面临的社会文化环境、经济环境、政治法律环境、自然环境、科学技术环境和其他正在发生或可能发生的重大事件等。

2. 国际汽车市场营销微观环境

国际汽车市场营销微观环境也称直接营销环境或企业作业环境，是直接制约和影响国际汽车市场营销活动的条件和因素，包括供应商、销售渠道、竞争对手、顾客、社会公众、利益相关者和企业内部的运营特征。国际汽车市场营销微观环境的各种因素对市场营销活动中各种关系的协同、合作、竞争、服务、监督发生直接影响。

3. 国际汽车市场营销环境的重大变化

当前国际汽车市场营销环境已经出现了一系列重大的变化，主要表现为：

（1）价值是重点

当前国际汽车市场的竞争已经从价格竞争向非价格竞争变化，消费者更加重视产品的功能质量和服务，也即十分重视产品的价值，而非仅仅是价格。

（2）国际化路线

参与国际汽车市场营销竞争的企业一般选择首先产品出口，进而在境外建厂，然后实现本土化生产，最后占领国际汽车市场的国际化路线（图10-6）。

（3）市场新格局

当前世界汽车制造企业频繁地在世界范围内的兼并合作，使集团化、跨国生产进一步加强。从汽车设计、制造到销售进一步趋

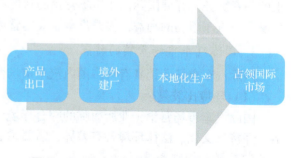

图10-6　汽车市场营销国际化的一般路线

于被几个大的跨国集团所垄断。市场呈现出寡头垄断竞争格局。汽车主要销量被北美、西欧和亚洲所占,2010年世界汽车销量接近7000万辆,其中美国、日本、德国销量最大。"金砖四国"的增长不断加快,已经超过大约世界1/3的销量,中国车市则遥遥领先。

(4) 产品新趋势

世界范围内的汽车产品结构正在发生明显变化。环保、安全、节能、舒适、方便、新能源、新材料、模块化、智能化、小型化、轻量化、电子化成为产品结构的主流。

(5) 竞争更激烈

由于全球经济动荡的情况不断出现,当前国际汽车市场营销的竞争更为激烈,包括一些国家通过奖励出口、设置关税和非关税壁垒,积极参与国际市场的争夺。

三、国际汽车营销的市场细分

1. 国际汽车市场细分

分析国际汽车细分市场的前提是研究细分变量。在社会经济方面包括年龄、性别、收入、职业、家庭生命周期、宗教、种族、社会阶层;在地理方面包括洲、国家、地区、地域、气候、人口密度、城镇大小;在心理方面包括强制性与非强制性、独立和依赖、保守或激进、成就欲、领导欲等;在行为方面包括理智与情感、独立或依赖、保守或激进等。

2. 分析国际汽车细分市场的重要性

分析国际汽车细分市场有利于汽车企业分析和发现新的国际市场;有利于汽车企业扬长避短,集中人力、物力资源;有利于汽车企业较快地察觉汽车市场的变化,以便随行就市;有利于促进汽车企业与竞争对手抗衡;有利于企业明确选择目标市场的标准;有利于企业估计市场潜量与销售潜量。

任务实施

1. 目的要求

通过网络搜索,了解我国汽车进出口的发展情况。

2. 器材与设备

1) 计算机和外联网络。

2) 笔记本。

3) 中国汽车进出口的发展趋势和面临挑战演讲比赛评分表(表10-1)。

表10-1 中国汽车进出口的发展趋势和面临挑战演讲比赛评分表

考核要点	评分标准与细则	得 分
PPT制作 (40分)	逻辑结构完整,主题突出;层次清晰,能准确表达方案精要;幻灯片衔接得当,能体现与陈述内容的契合度;PPT内容无错漏	
风采展示 (10分)	选手着装整洁;仪容规范;行为举止得体;自信大方;眼神坚定,表情自然	

(续)

考核要点	评分标准与细则	得　分
语言表达能力及沟通技巧（40分）	表达流畅，口齿清晰、语速适中；语音、语调、语气得当；演讲内容准确、恰当；用词准确，条理清楚；逻辑架构间有恰当的衔接语	
时间管理（10分）	能根据策划方案重点合理分配时间；规定时间内陈述内容完整	

3. 注意事项

1）资料来源要注明出处。

2）数据尽可能准确。

4. 操作过程

1）老师布置任务。

2）学生分组搜集资料。

3）参照项目任务导入的形式，用PPT形式撰写去年中国汽车进出口情况的简要报告。

4）组织学生进行演讲比赛。题目：中国汽车进出口的发展趋势和面临挑战，时间：每位10min。

任务评价

1）通过交流评出优秀小组。

2）为优秀小组成员奖励学分。

知识拓展

资料阅读：

从车到山前必有路到车到山前没有路

丰田有38位首席工程师，遵命行事，处于与外界隔离的状态。他们接触不到市场信息。丰田回避了质量问题，因为担心丢面子，他们不愿把问题提交给管理高层。

公司规模不断扩大，丰田日籍领导人丝毫不肯放松对全球业务的严格控制，并继续坚持所有重要决定都必须在日本做出。

丰田陆续宣布了多起召回事件以后，丰田章男一点也没有表现出要改变公司结构的意向，导致质量问题不断恶化，罪魁祸首是其糟糕的公司结构。

丰田傲慢和僵硬的公司文化使其走向落后。

丰田在管理自己的成功方面存在失误。内部的不信任和不畅的沟通渠道是造成当前危机的根源。

"丰田公司不肯向海外部门下放与其所担职责相当的权力。"决策权与执行权的分离，"导致公司运行步调缓慢，阻碍了沟通和策划。"

丰田强大的操作技能掩盖了改变这种结构的必要性。在召回危机发生之际，丰田经销商需要传递客户投诉时，必须经由美国公司转交日本本部，在那里由一个特别委员会做出裁定，然后再把决定传回到美国。

"丰田家族热衷于微观管理，害怕放弃控制。"

召回造成的损害像不断扩散的油污一样向丰田公司渗透。丰田公司制造高质量汽车和尊重客户的声誉也受到沉重打击。

在最近 J. D. Power 一项关于购车 90 日后做的质量调查中，丰田的排名大幅下滑，这其中既有车辆质量的原因，也有公司声誉受损的原因。

一项统计显示，美国政府收到的有关汽车速度控制的投诉中，丰田应该负责的占近 3/4。

丰田拥有约 300 亿美元的现金，事件导致的财务损失累计可能超过 50 亿美元，但声誉的损失则更难计算。

有些缺陷丰田已经知道多年，但丰田拒不召回的传统几乎与高效制造和革除浪费一样根深蒂固。

丰田公司坚持要加州销售公司分销一些美国高管认为不符合客户要求的汽车。1999 年源于日本的微型汽车 Echo，最先是为其他海外市场设计的，美国人根本不喜欢，要求卸掉它的掀背。日本人于是把掀背改装成了行李舱，结果非常难看，公司内部有人戏称为"驼背车"。此车销路很差，但直到 2005 年丰田才准许美国加州销售公司停止销售。

关于新车定价，丰田日本本部通常坚持要收取一定的溢价，以反映公司的声誉并保证公司的利润率，不能根据市场进行调价。

双方之间最为持久的摩擦，是关于要不要为美国市场设计大型皮卡的争执。配备 V8 发动机的全尺寸皮卡，如福特公司的 F-150 和雪佛兰 Silverado，一度是美国市场上最畅销和利润最丰厚的车型。但丰田高管并不了解这种车，因为日本市场上没有出售。几乎在 20 年间，丰田迟迟不肯向这一细分市场推出有竞争力的车型。直到 2007 年推出第 2 代 Tundra 时，丰田才真正为底特律生产的皮卡制造了一个像样的竞争对手，但此时个人卡车市场已经达到了巅峰。

丰田章男明显希望继续维持分而治之的现状。在接受采访时他指出，丰田在美国有 50 年的销售历史和 25 年的生产历史，并强调各个附属公司的历史都是独立的。

丰田太成功了。它的规模扩张得过大，成长速度过快，内部控制未能及时跟上步伐。几乎可以肯定，丰田必然知道规模并不是公司危机的唯一原因。丰田变得自满了。他们相信丰田模式是唯一正确的模式，把自己变成一个无法从其最深刻的危机中吸取教训的公司。

（资料摘自汽车网）

通过资料阅读，分析丰田召回事件，对照本项目教学内容，说说丰田召回事件的主要问题出在哪里？

任务二
国际汽车市场营销实务

学习目标

1. 了解国际汽车市场营销的主要形式。
2. 掌握国际汽车市场营销的基本策略。

任务导入

资料阅读：

中国汽车如何"驶入"中东市场

根据对全球汽车市场的分析，目前，最适合我国汽车出口的市场是中东地区，最适合出口中东地区的汽车是载货汽车。

中东地区包括17个国家，人口近4亿。中东地区汽车制造业比较落后，而其唯一的交通工具又是汽车，因此，中东地区每年都需要从国外进口大量的各类汽车。

目前，中东地区进口汽车主要来自日本（48%）、欧洲（26%）、美国（17%）及其他地区（9%）。这些国家的汽车消费力强，对汽车的档次和质量要求很高，汽车的更新也较频繁。除海湾国家以外，其余中东国家更注重汽车的价格和实用性。

中东地区公共交通运输主要使用瑞典沃尔沃50~70人的大型客车。20~30人的中型客车用于公共交通运输，也用于公司上下班的班车。9~15人的微型客车主要用于公司上下班的班车，需求量不大。

1. 中东市场的特点

许多中东国家规定，国外商品进入本国市场必须有该国的代理商。有实力的中东代理商能够通过低成本和高效率的销售渠道和促销活动，增加产品的销售量。

有实力的中东代理商在当地的信用都比较好，当地人都愿意找大的代理商购买汽车。

做中东生意，一要与中东经销商一起做汽车的宣传和促销活动，投放大量的电视广告和路边广告牌，由双方按一定比例分摊汽车促销宣传费用；二要建立营销网络；三要依靠中东代理商建立售后服务网和零部件供应体系；四要通过对当地技术工人的培训，实现售后服务人员本地化。

2. 中东市场面临的主要问题

第一，对于中东市场，中国汽车厂商可以说还处于打"游击战"的阶段。在进入中东市场前，中国汽车厂商缺少系统和完整的营销方案，缺乏品牌意识。

第二，中东地区气候炎热、风沙大，要求汽车的发动机散热性好、越野性强。德国等国家出口中东地区的汽车都是特制的，以便适合在中东地区行驶。我国出口中东地区的汽车性能指标不适合中东地区的气候和地理条件，往往使用不长时间，汽车就会出现严重故障。

第三，不熟悉中东汽车市场，没有建立具有支配地位的销售体系，与中东经销商谈判时，处于不利地位。

第四，没有建立起完善的售后服务体系。由于中国出口汽车不适合在中东地区行驶，容易出故障，而车主又难以找到需要更换的零部件，中国出口汽车还没有在中东地区建立起良好的形象。

3. 进入中东汽车市场的策略

第一，中国出口汽车要适合中东地区的气候和地理条件。

第二，加强中国汽车品牌在中东地区的宣传。

第三，中国汽车进入中东市场，一定要找当地最具实力的代理商。

第四，中国汽车应把握进入中东市场的时机。每年三月，在阿联酋的迪拜都会举行规模宏大的商品交易活动，这是个好机会。

第五，要打入一个市场可以有两种方式：产品差异化和替代。通过对中东汽车市场和中国汽车的分析，中国汽车进入中东汽车市场的策略应该是替代，替代的主要对象是韩国汽车。

> 阅读以上案例后回答：
> 1. 中东市场的环境特点。
> 2. 进入中东市场的基本策略。

知识准备

一、国际汽车营销的主要形式

1. 包销

国际贸易中的包销是指汽车出口企业与国外经销商达成协议，在一定时间内，把指定商品在指定地区的独家经营权授予该经销商，经销商则承诺不经营其他来源的同类或可替代的商品。包销双方的权利、义务通过包销协议确定，内容包括双方关系、经营的地理范围、商品范围、数量、金额、作价方法、广告宣传、商标保护、专卖权和专卖义务等。

包销对出口方来说风险最小，能够调动包销商的积极性，并能利用包销商的渠道拓展市场，减少多头经营的自相竞争，但控制不好可形成包销方的垄断地位，操纵价格，使出口处于不利地位。

包销对包销方来说虽然自负盈亏、风险较大，但有利于价格控制，有利于品牌形象和服务系统的建立，包销强势品牌还可以形成局部垄断地位。

2. 代理

代理是国际汽车贸易惯用的做法。代理是指汽车企业作为委托人，授权代理人招揽生意，签定进出口销售合同或办理与交易有关的各项事宜。由此产生的权利义务直接对委托人发生效力。代理不是包销，不是买卖关系。代理商不垫付资金，不承担风险，不自负盈亏，只通过代理活动获取双方约定的佣金。

代理的形式包括总代理、独家代理和普通代理等。

（1）总代理

总代理是指在指定地域内，代理人独家代销指定的汽车产品，并代表委托人从事有关商务活动。

（2）独家代理

独家代理是指在指定地区内，单独代表委托人行为的代理人，代理人的交易行为必须经过委托人充分授权。

（3）普通代理

普通代理也称一般代理，代理人根据推销汽车的数量、金额或根据协议商定的办法收取佣金。

3. 展卖

展卖是利用展览会、交易会等活动，对汽车产品实行展销结合的一种贸易方法。展卖有利于宣传出口商品，扩大影响，招揽潜在买主，促进交易；有利于建立和发展客户关系，扩大销售地区和范围；有利于开展市场调研，听取消费者意见，改进产品销售，增强出口竞争能力；有利于客户直接获取汽车产品的详细信息；有利于节约费用等。

4. 寄售

寄售不是买断销售，而是一种委托代售方式。委托人将汽车产品运至寄售地，委托国外代销人按照协议规定销售。寄售协议是一种信托合同。货物售出前所有权仍然属于寄售人，所有风险由寄售人承担。寄售在行情变动较大时是一种比较灵活的销售方式。

5. 对销贸易

对销贸易在我国又称为"反向贸易""对等贸易""互抵贸易"等，它是以进出结合、出口和进口互为条件为共同特征的各种贸易方式的总称。对销贸易是在易货贸易基础上发展起来的，与汽车进出口相结合的一种贸易方式。对销贸易包括易货、互购、产品回购、转手贸易、抵消贸易等，属于货物买卖范畴。

6. 加工装配贸易

汽车加工装配贸易是一种委托加工方式，是一种以汽车为载体的劳动出口，是劳动贸易的一种。汽车加工装配贸易是汽车商将原材料运交加工方（并不发生所有权的转移），汽车加工方（受托人）按照汽车商的要求，将原材料加工成成品，收取委托企业的劳动报酬。

二、国际汽车进出口营销实务

1. 工作过程

国际汽车市场营销的进出口业务流程包括交易前的准备阶段，交易磋商、签订汽车进出口合同阶段和履行合同三个阶段（图10-7）。

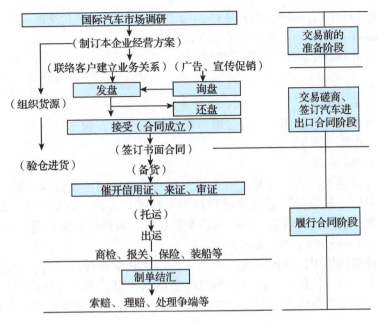

图 10-7 汽车进出口业务流程

2. 磋商环节

（1）询盘

询盘也叫询价，是指一方向另一方发出购买询问，只是一种买卖意向，没有法律约束力。

（2）发盘

进出口贸易中的一方为买卖商品向对方提出贸易条件，在法律上叫作"要约"。发盘一旦被收盘人接受，必须履行合同义务，具有法律责任。有效发盘必须有特定受益人、内容清楚、表明对方有效接受，可按发盘内容订立合同。

（3）还盘

还盘是指收盘人对发盘人的贸易条件不完全同意，提出修改、限制、增加新内容的表示。一经还盘，原发盘作废。

（4）接受

接受是指接受发盘，同意签订合同。

3. 价格术语

国际汽车市场营销中的价格合同使用专门的价格术语，主要的术语是：

FOB（Free on Board）：装运港船上交货。

CIF（Cost Insurance and Freight）：成本加保险费、运费。

CFR（Cost and Freight）：成本加运费。

DES（Delivered EX Ship——Named Port of Destination）：目的港船上交货——指定目的港。

DEQ（Delivered EX Quay——Named Port of Destination）：目的港码头交货——指定目的港。

DAF（Delivered at Frontier）：边境交货。

FCA（Free Carrier——Named Place）：货交承运人——指定地点。

EXW（EX Works）：工厂交货。

FAS（Free Alongside Ship）：船边交货（指定装运港）。

CIP（Carriage and Insurance Paid to）：运费、保险费付至（指定目的地）。

DDU（Delivered Duty Unpaid——Named Place of Destination）：未完税交货——指定目的地。
CPT（Carriage Paid to）：运费付至（指定目的港）。
DDP（Delivered Duty Paid）：完税后交货。

4．支付方式

（1）汇付（Remittance）

汇付即买方按约定的条件和时间通过银行将款项汇交卖方的支付方式。汇付一般有三种方式，包括信汇、电汇和票汇。

（2）托收（Collection）

托收即出口商（或委托人）在货物装出后，开立汇票连同全套货运单据，填列托收指示书，委托出口地银行（托收行）通过其进口地的分行或代理行（代收行），要求进口商按照委托书的指示付款，代收行将收妥后的款项拨交托收行，再转付给出口商。

（3）信用证（Letter of Credit，L/C）

信用证是一种银行信用，在国际贸易中经常使用，它是银行开列的、有条件的承诺付款书面文件。在汽车进出口销售中，进口方的银行根据汽车出口方的申请向出口方开立书面文件。只要出口方在一定期限内提供符合该文件的单证，银行则保证履行付款责任。

三、国际汽车市场的营销策略

国际汽车市场营销的所有决策应当建立在对国际汽车贸易规则的了解、对国际汽车市场营销环境的分析的基础之上。在此基础上，才可能研究是否进入和如何进入国际汽车市场，决策具体进入的地区和国家，研究和实施具体的市场营销计划（图10-8）。

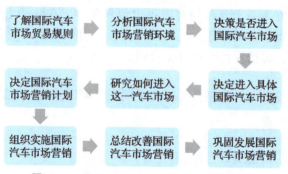

图10-8　国际汽车市场营销决策和执行过程

1．国际汽车市场营销的产品策略

国际汽车市场营销可以采取不同的产品策略，包括：为出口量身定做，采取产品和信息改造的组合策略；直接出口，采取产品直接延伸，信息传递改变策略；采取产品修改，信息传递直接延伸策略；采取产品和信息传递双调整策略；采取全新产品信息策略等（图10-9）。

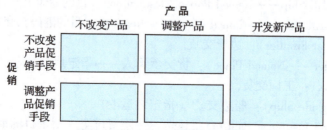

图10-9　五种全球产品和促销策略

2. 国际汽车市场营销的渠道策略

营销渠道也称分销渠道，是促使产品或服务顺利地被使用或消费的一整套相互依存的组织，包括中间商和代理商。国际汽车市场营销分销渠道策略可以分为直接渠道或间接渠道策略、长渠道或短渠道策略、宽渠道或窄渠道策略、单一营销渠道和多营销渠道策略、传统营销渠道和垂直营销渠道策略（图10-10）。

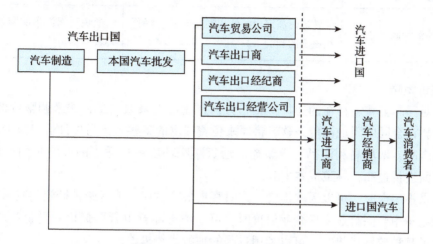

图10-10　国际汽车市场分销渠道

3. 国际汽车市场营销的定价策略

（1）定价因素

汽车定价最基础的三大要素是成本、竞争和需求。成本决定价格的低限；竞争决定价格的高限；需求取决于顾客的支付能力或需求弹性。定价会受到诸多因素的影响，例如：市场差异、政府税收政策、管制法令、运输成本等国际性制约，关税中的歧视税、汇率、通货膨胀等影响成本、价格确定的金融成本和风险成本，生产国与消费国定价制度基础的矛盾，垄断企业的联合定价策略，政府干预对经营活动的限制性措施等因素都会对国际汽车市场营销的产品定价产生影响。

（2）定价策略

国际汽车市场营销的定价要考虑两大因素：第一，由于渠道延长、关税、运输费、保险费增加等原因成本较之国内销售更高；第二，由于汇率存在波动，不同币种之间存在差价，国际汽车市场营销定价一般选用可兑换货币计价。在出口时一般争取用"硬货币"，即在国际金融市场上汇价坚挺并能自由兑换、币值稳定、可以作为国际支付手段或流通手段的货币计价；进口时争取用"软货币"，即指在国际金融市场上汇价疲软，不能自由兑换他国货币，信用程度低的国家货币计价。跨国公司母公司和子公司之间可用"国际转移定价"的方法，通过避税，争取最大利润（表10-2）。

表10-2　常用的国际转移定价方法

情　况	方　法	效　果
产品由A国到B国，B国采用从价税，且关税高	采用较低的国际转移价格	减少应纳关税

(续)

情况	方法	效果
某国所得税高时	把产品进入的转移价格定高；把转出的转移价格定低，降低跨国公司的利润	少交所得税
某国出现通货膨胀时	采用高进低出的办法	避免资金在该国大量沉淀
某国实行外汇管制时	转进时高定价，转出时低定价，降低在该国的利润	避免利润汇出的麻烦，少纳所得税

(3) 提价策略

为了应对国际上普遍存在的通货膨胀趋势，企业可以采取很多方法来调整价格，包括采取推迟报价、在合同中附加调价条款、将原来免费提供的某些劳务另外计价、减少价格折扣、取消低利润产品、增加高利润品种等策略。通货膨胀环境中最适当的办法是用后进先出法，预防由于后面进价过高，导致成本上升。

在产品供不应求时，可以采取提价，或对客户限额供应，或者两种措施共同采用的策略。

在市场竞争中当同行业主导企业提价时，可以考虑随竞争者而提价。当企业产品在顾客心理上确立了某种差别优势时，可以利用自己的独特优势提价。

在汇率贬值或升值情况下，汇率贬值国家的产品以本国货币表示的实际价格就会比前期低，价格有较大上升调整空间。

(4) 降价策略

产品供大于求，竞争加剧，或企业具有成本优势时可以考虑降价。但在采取降价策略之前，一定要考虑降价对整个产品线的影响以及对企业利润的影响。降价会减少企业的收益，必须权衡利弊，慎重选择降价策略。

4. 国际汽车市场营销的促销策略

(1) 广告策略

在国际汽车市场营销中可采用广告标准化或个性化策略、广告媒体选择策略和国际广告控制策略。

(2) 人员促销策略

在数量上，按照市场集中度、用户类型、产品技术含量、产品价格决定促销人员；在人才选用上，注意选择市场国家中的双语专业人才；在素养提升上，重视相关营销人员的专业培训；在人员管理上，注意采取多种手段激励销售人员。

(3) 营业推广策略

在国际汽车市场营销中可以采取国际上通用的展销会、订货会、汽车大赛、有奖销售、分期付款、交易折扣、赠车和免费供车等策略。

(4) 公共关系策略

重在使用确立品牌形象、保持良好公共关系等策略。

任务实施

汽车进出口企业市场营销优秀案例分析

1. 目的要求

到学校图书馆或图文中心，通过阅读相关报纸杂志或搜索网上信息，寻找当前汽车进出口市场中汽车营销的优秀案例。提高学生运用汽车市场营销基本理论发现、分析、总结市场营销实战案例的能力。

2. 器材与设备

1）利用学校的图书馆或图文中心。

2）学生带好用以记录的文具用品。

3. 注意事项

1）摘录材料需注明来源。

2）摘录材料需要经过整理后，进行分析、总结，明确说明案例的成功原因和与市场营销相关的理论依据。

4. 操作过程

1）教师事先说明作业要求及正确步骤。

2）事先设计好汽车进出口企业市场营销优秀案例采集表。

3）组织学生到学校图书馆或图文中心查阅资料。

4）正确填写汽车进出口企业市场营销优秀案例采集表（表10-3）。

5）组织学生选择若干优秀案例进行讨论。

表10-3 汽车进出口企业市场营销优秀案例采集表

姓名		班级		学号	
案例名称					
所涉企业					
材料来源					
案例实录					
成功表现					
理论依据					
实施体会					
教师评价					

学生自评、小组互评、教师评分（表10-4）。

表10-4 汽车进出口企业市场营销优秀案例采集评价表

评价要素	得分	评分细则
汽车进出口企业市场营销优秀案例采集	5	任务明确、操作合理、内容完整、信息正确、分析准确、填写完整
	4	以上内容中有1项不符合要求
	3	以上内容中有2项不符合要求
	2	以上内容中有3项不符合要求
	1	总体上不符合要求
最终得分		

资料阅读：

汽车进出口案例

1. 韩国的汽车工业发展

韩国汽车工业的发展大体经历了4个阶段，即 KD 组装（国外拆散、国内组装）阶段（20世纪60年代）、固有模式开发阶段（20世纪70年代）、批量生产与扩大出口阶段（20世纪80年代）和自主开发阶段（20世纪90年代）。1973年，韩国政府制定了《汽车工业长期发展计划》，该计划要求韩国企业必须开发自主设计的韩国汽车。这种开发模式的成功也一度被评价为现代汽车不甘做跨国汽车企业附庸、走独立自主路线的原动力。

通过与外企的技术合作，韩国汽车工业提高了自身的整体技术水平，为自主开发奠定了坚实的基础。1998年，现代汽车的100辆汽车还曾发现272处质量问题，而通过技术改进之后，这一数字在2004年便锐减为117处，这意味着6年间现代汽车的品质已提高了57%。

现代汽车副会长朴炳载有一句名言："第一是自主开发，第二是自主开发，第三还是自主开发，一家汽车企业最重要的不是做生意，而是建立自己的研发能力。"

韩国汽车成功的基本原因在于以产品针对性取胜，并采取了独一无二的策略。

2. 通用强攻中国市场大获全胜

通用汽车公司（GM）曾经是全球最大的汽车公司，其核心汽车业务及子公司遍及全球，共拥有325000名员工。通用汽车公司进入中国已超过80年。目前，通用汽车在中国的员工超过20000人。

通用汽车在中国的愿景是：携手战略合作伙伴，致力于成为中国汽车工业的最佳参与者和支持者。为了实现这一目标，通用汽车公司将继续与中国汽车工业携手并进。通用汽车在中国开展业务一贯遵循如下五大原则。

1) 承诺在中国长期发展，并建立和保持一种对通用汽车、中国和中国人民均有利的合作关系。

2) 广泛涉足整车和零部件的生产、销售、设计与测试等领域。

3）积极参与技术交流活动，保持技术领先。
4）致力于培养中国员工的管理水平与专业技能。
5）将中国业务融入其全球网络，以确保为中国市场提供最高质量的产品与服务。
通用的成功在于理解品牌的战略意义，以整体化营销取胜。

思考与练习

一、填空题

1. 国际汽车贸易体系是指调整各国之间汽车贸易关系的各种_____、机制和机构。
2. 国际汽车市场营销_____环境是指企业在从事国际汽车市场营销活动中难以控制也较难影响的营销大环境。

二、名词解释

1. 国际汽车市场营销。
2. 包销。

三、简答题

1. 什么是国际汽车市场营销？
2. 国际汽车市场环境中的不可控因素有哪些？目前发生了哪些新的变化？
3. 企业进入的国际市场分销渠道应当如何选择？
4. 转移价格应当如何制订？
5. 举例说明如何把握国际汽车市场营销策略。

读者服务

机械工业出版社立足工程科技主业,坚持传播工业技术、工匠技能和工业文化,是集专业出版、教育出版和大众出版于一体的大型综合性科技出版机构。旗下汽车分社面向汽车全产业链提供知识服务,出版服务覆盖包括工程技术人员、研究人员、管理人员等在内的汽车产业从业者,高等院校、职业院校汽车专业师生和广大汽车爱好者、消费者。

一、意见反馈

感谢您购买机械工业出版社出版的图书。我们一直致力于"以专业铸就品质,让阅读更有价值",这离不开您的支持!如果您对本书有任何建议或意见,请您反馈给我。我社长期接收汽车技术、交通技术、汽车维修、汽车科普、汽车管理及汽车类、交通类教材方面的稿件,欢迎来电来函咨询。

咨询电话:010-88379353　　编辑信箱:cmpzhq@163.com

二、课件下载

选用本书作为教材,免费赠送电子课件等教学资源供授课教师使用,请添加客服人员微信手机号"13683016884"咨询详情;亦可在机械工业出版社教育服务网(www.cmpedu.com)注册后免费下载。

三、教师服务

机工汽车教师群为您提供教学样书申领、最新教材信息、教材特色介绍、专业教材推荐、出版合作咨询等服务,还可免费收看大咖直播课,参加有奖赠书活动,更有机会获得签名版图书、购书优惠券。

加入方式:搜索QQ群号码317137009,加入机工汽车教师群2群。请您加入时备注院校+专业+姓名。

四、购书渠道

机工汽车小编
13683016884

我社出版的图书在京东、当当、淘宝、天猫及全国各大新华书店均有销售。

团购热线:010-88379735

零售热线:010-68326294　88379203

推荐阅读

书号	书名	作者	定价（元）
智能网联、新能源汽车专业教材			
9787111678618	智能网联汽车技术入门一本通（全彩印刷）	程增木	69
9787111715276	智能汽车技术（全彩印刷）	凌永成	85
9787111702696	智能网联汽车技术原理与应用（彩色版）	程增木 杨胜兵	65
9787111628118	智能网联汽车技术概论（全彩印刷）	李妙然 邹德伟	49.9
9787111693284	智能网联汽车底盘线控系统装调与检修（附任务工单）	李东兵 杨连福	59.9
9787111710288	智能网联汽车智能传感器安装与调试（全彩活页式教材）	中国汽车工程学会 等	49.9
9787111712480	智能网联汽车底盘线控执行系统安装与调试（全彩印刷）	中国汽车工程学会 等	49.9
9787111709800	智能网联汽车计算平台测试装调（全彩印刷）	中国汽车工程学会 等	49.9
9787111711711	智能网联汽车智能座舱系统测试装调（全彩印刷）	中国汽车工程学会 等	49.9
9787111710318	新能源汽车检测与故障诊断技术（彩色版配实训工单）	吴海东 等	69
9787111707585	新能源汽车电动空调 转向和制动系统检修（彩色版配实训工单）	王景智 等	69
9787111702931	新能源汽车整车控制系统检修（彩色版配实训工单）	吴东盛 等	69
9787111701637	新能源汽车动力电池及管理系统检修（彩色版配实训工单）	吴海东 等	59
9787111707165	新能源汽车技术概论（全彩印刷）	赵振宁	55
9787111706717	纯电动汽车构造原理与检修（全彩印刷）	赵振宁	59
9787111587590	纯电动/混合动力汽车结构原理与检修（配实训工单）（全彩印刷）	金希计 吴荣辉	59.9
9787111709565	新能源汽车维护与故障诊断（配实训工单）（全彩印刷）	林康 吴荣辉	59
9787111700524	新能源汽车整车控制系统诊断（双色印刷）	赵振宁	55
9787111699545	智能网联汽车概论（全彩印刷）	吴荣辉 吴论生	59.9
9787111698081	新能源汽车结构原理与检修（全彩印刷）	吴荣辉	65
9787111683056	新能源汽车认知与应用（第2版）（全彩印刷）	吴荣辉 李颖	55
9787111615767	新能源汽车概论（全彩印刷）	张斌 蔡春华	49
9787111644385	新能源汽车电力电子技术（全彩印刷）	冯津 钟永刚	49
9787111684428	新能源汽车高压安全与防护（全彩印刷）	吴荣辉 金朝昆	45
9787111610175	新能源汽车动力电池及充电系统检修（全彩印刷）	许云 赵良红	55
9787111613183	新能源汽车电机驱动系统检修（全彩印刷）	王毅 巩航军	49
9787111613206	新能源汽车辅助系统检修（全彩印刷）	任春晖 李颖	45
9787111646242	新能源汽车维护与故障诊断（全彩印刷）	王强 等	55
9787111670469	新能源汽车结构原理与检修（彩色版）	康杰 等	55

(续)

书号	书名	作者	定价（元）
9787111448389	电动汽车动力电池管理系统原理与检修	朱升高 等	59.9
9787111675372	新能源汽车动力蓄电池与驱动电机系统结构原理及检修	周旭 石未华	49.9
9787111672999	电动汽车结构原理与故障诊断（第2版）（配实训工作手册）	陈黎明 冯亚朋	69.9
9787111623625	电动汽车结构原理与维修	朱升高 等	49
9787111610717	新能源汽车结构与维修（第2版）	蔡兴旺 康晓清	49
9787111591566	电动汽车电机控制与驱动技术	严朝勇	45
9787111484868	电动汽车动力电池及电源管理（"十二五"职业教育国家规划教材）	徐艳民	35
9787111660972	新能源汽车专业英语	宋进桂 徐永亮	45
9787111684862	智能网联汽车技术概论（彩色版配视频）	程增木 康杰	55
9787111674559	混合动力汽车结构与检修一体化教程（彩色版）（附赠习题册含工作任务单）	汤茂银	55
	传统汽车专业教材		
9787111678892	汽车构造与原理 （彩色版）	谢伟钢 范盈圻	59
9787111702474	汽车销售基础与实务（全彩印刷）	周瑞丽 冯霞	59
9787111678151	汽车网络与新媒体营销（全彩印刷）	田凤霞	59.9
9787111687085	汽车销售实用教程（第2版）（全彩印刷）	林绪东 葛长兴	55
9787111687351	汽车自动变速器原理与诊断维修 （彩色版）	张月相 张雾琳	65
9787111704225	汽车机械基础一体化教程（彩色版配实训工作页）	广东合赢	59
9787111698098	汽车检测与故障诊断一体化教程（彩色版配工作页）	秦志刚 梁卫强	69
9787111699934	汽车舒适与安全系统原理检修一体化教程（配任务工单）	栾琪文	59.9
9787111711667	汽车发动机电控系统结构原理与检修（彩色版配实训工单）	李先伟 吴荣辉	59
9787111689218	汽车底盘电控系统原理与检修一体化教程（彩色版）（附实训工作页）	杨智勇 金艳秋 翟静	69
9787111676836	汽车底盘机械系统构造与检修一体化教程（全彩印刷）	杨智勇 黄艳玲 李培军	59
9787111699637	汽车电气设备结构原理与检修（配实训工单）（全彩印刷）	管伟雄 吴荣辉	69
	汽车维修必读		
9787111715054	动画图解汽车构造原理与维修	胡欢贵	99.9
9787111708261	汽车常见故障诊断与排除速查手册（赠全套352分钟维修微课）（双色印刷）	邱新生 刘国纯	79
9787111649571	新能源汽车维修完全自学手册	胡欢贵	85
9787111663546	汽车构造原理从入门到精通（彩色图解＋视频）	于海东 蔡晓兵	78
9787111626367	新能源汽车维修从入门到精通（彩色图解＋视频）	杜慧起	89
9787111661290	汽车电工从入门到精通（彩色图解＋视频）	于海东 蔡晓兵	78
9787111602699	汽车维修从入门到精通（彩色图解＋视频）（附赠汽车故障诊断图表手册）	于海东	78